Nur ein Mausklick bis zum Grauen ...

Jugend und Medien

Nur ein Mausklick
bis zum Grauen ...

Jugend und Medien

von
Rainer Richard und
Beate Krafft-Schöning

Schriftenreihe der MSA
Medienanstalt Sachsen-Anhalt
Band 7

Bibliografische Information der Deutschen Nationalbibliothek
Die Deutsche Nationalbibliothek verzeichnet diese Publikation in der
Deutschen Nationalbibliografie; detaillierte bibliografische Daten
sind im Internet über http://dnb.d-nb.de abrufbar.

Herausgeber:
Medienanstalt Sachsen-Anhalt (MSA)
Reichardtstraße 9
06114 Halle (Saale)

Schriftenreihe der MSA;
Band 7 von Rainer Richard und Beate Krafft-Schöning

Copyright © 2007 by
VISTAS Verlag GmbH
Goltzstraße 11
10781 Berlin
Telefon: 030 / 32 70 74 46
Telefax: 030 / 32 70 74 55
E-Mail: medienverlag@vistas.de
Internet: www.vistas.de

Alle Rechte vorbehalten
ISSN 1438-7476
ISBN 978-3-89158-451-4

Umschlaggestaltung: kontur, Berlin
Satz und Layout: Schriftsetzerei – Karsten Lange, Berlin
Druck: Bosch-Druck, Landshut
Produktion: VISTAS media production, Berlin

Inhalt

Vorwort

Das Internet entwickelt sich für Kinder und Jugendliche zunehmend zu einem wichtigen Leitmedium, das eine kaum noch überschaubare Fülle von Inhalten bietet. Ob es sich um Bilder, Filme, Musik oder Spiele handelt – kein anderes Medium verfügt über ein derart weit gefächertes Angebot. Mit einem einzigen Klick können Kinder und Jugendliche Teil eines weltweiten Netzes werden und Datenmaterial in nahezu unbegrenzter Menge (täglich kommt neues hinzu) nutzen.

Um so wichtiger ist es, Heranwachsende vor Inhalten und Einflüssen der Erwachsenenwelt, die nicht ihrem Entwicklungsstand entsprechen, zu schützen und sie somit bei ihrer Persönlichkeitsentwicklung zu unterstützen.

Hier ist es Aufgabe des Staates, durch entsprechende Gesetze und Bestimmungen für einen zuverlässigen Jugendmedienschutz zu sorgen. Dabei geht es darum, Internetinhalte aufgrund ihres Gefährdungspotenzials zu beurteilen und deren öffentliche Verbreitung bis hin zum Verbot zu regeln. Zugleich liegt aber in der Umsetzung dieser Forderung eine ihrer größten Schwierigkeiten, denn eine totale Kontrolle kann es nicht geben. So unterliegen Inhalte von ausländischen Anbietern eben nicht automatisch der deutschen Rechtsprechung.

Die Erfolge der staatlichen Aufsicht – Verbote von Internetseiten, rechtliche Verfolgung und Bestrafung der Anbieter – sind zwar beachtlich, können aber angesichts der zu kontrollierenden Menge immer nur ein Tropfen auf den heißen Stein sein. Die Verantwortung für einen Jugendmedienschutz kann und darf nicht allein an das staatliche Engagement gekoppelt sein.

Deshalb ist nicht nur der Staat gefordert, um Kinder vor nicht altersgerechten Angeboten im Internet zu schützen. Eltern und Pädagogen wie Lehrer und Erzieher stehen hier genauso in der Verantwortung nachvollziehen zu können, was Kinder am Computer machen, wo sie im Internet surfen, bedingt aber, selbst über das Internet Bescheid zu wissen. Dies kann nur geschehen, indem auch Erwachsene Begleitung und Anleitung erfahren, mit diesem Medium kompetent umzugehen. Angebote für Weiterbildungen in diesem Bereich konsequent auszubauen, hat sich die Medienanstalt Sachsen-Anhalt als Aufgabe gestellt, aus deren Fortbildungsveranstaltung „Internet Control Training" dieses Buch hervorgegangen ist.

Peter Vogt
Oberstaatsanwalt, Halle (Saale)

Vorwort der Autoren

„Nur ein Mausklick bis zum Grauen ..." – zugegeben, klingt ziemlich reißerisch. Oder vielleicht doch nicht? Wer sich mit der Thematik „Jugend und Medien" etwas genauer befasst, wird vielleicht anders denken.

„Nur ein Mausklick bis zum Grauen" berichtet über die Schattenseiten des Umgangs von Kindern mit den *neuen Medien*. Nach Jahren der Recherche im Internet, Erfahrungen mit Opfern und Tätern auf unterschiedlichen Ebenen, der Arbeit mit Pädagogen, Eltern, Kindern und Jugendlichen und der Betrachtung der Entwicklungen in unterschiedlichen Bereichen ist es aus unserer Sicht dringend Zeit, über diese Schattenseiten umfassend zu informieren.

Neben den wertfreien Informationen zu den einzelnen Sachgebieten ist es uns sehr wichtig, auch über die möglichen Folgen, die der falsche Mediengebrauch beziehungsweise der Medienmissbrauch von Kindern und Jugendlichen mit sich bringen kann, nachzudenken. Wie wird ein Jugendlicher mit der eigenen Sexualität umgehen, wenn er bereits mit zehn Jahren täglich *entsprechende* Erfahrungen im Internet-Chat gemacht hat? Worauf muss sich die Gesellschaft möglicherweise einstellen, wenn Gewalt verherrlichende Spiele, Schriften und entsprechende Freunde im Netz bereits im Kinderzimmer auf die Jüngsten einwirken? Sind die Männer und Frauen, die Kinder via Internet sexuell, missbrauchen alle pädophil? Alles Fragen, die aus unserer Sicht bis heute kaum Gewicht haben, wenn es darum geht, den Nutzen der *neuen Medien* für Kinder und Jugendliche darzustellen.

Neben Informationen und kritischen Betrachtungen bietet „Nur ein Mausklick bis zum Grauen" auch hilfreiche Tipps für Erziehende, die sich auf den Weg machen wollen, sinnvolle, sichere und reflektierte Medienerziehung zu betreiben. Aber was erst einmal leicht aussieht, ist mit viel Arbeit verbunden. Wer meint, dass es mit einer guten Filtersoftware getan ist, irrt. Das Bewusstsein für die vielfältigen Nutzungsmöglichkeiten der *neuen Medien* gilt es zu erlernen und zu erfahren. Es geht hier weniger um die Technik als um die Menschen, die diese Technik nutzen. Gute Präventionsarbeit setzt sehr viel Wissen um die Art und Weise der unterschiedlichen Nutzung der *neuen Medien* voraus. Die vielfältigen Möglichkeiten der Kommunikation mit anderen werfen Probleme auf, die sich „im echten Leben" in der Form kaum ergeben. Außerdem bieten eben diese differenzierten Kommunikations- und Informationswege dem Individuum die Chance, Entwicklungen zu durchlaufen, die vor dem Medienzeitalter undenkbar waren.

„Nur ein Mausklick bis zum Grauen" soll dazu anregen, sich kritischer als bisher mit den *neuen Medien* „in Kinderhänden" auseinander zu setzen. Die Kernfrage lautet: Wie viel Internet, Handy, Ballerspiel und Cybersex braucht ein Kind, um gesund erwachsen zu werden? Kinder und Jugendliche haben ein Recht auf seelische und körperliche Unversehrtheit. Eltern dürfen ihre Kinder in Deutschland nicht mehr körperlich züchtigen – per Gesetz. Die Rechte der Kinder werden in diesem Land hoch gehandelt – im „echten Leben". Sobald dieselben Kinder den Cyberspace betreten, scheinen diese Kinderrechte ausgesetzt ... „Nur ein Mausklick bis zum Grauen", klingt ziemlich reißerisch? Oder, vielleicht doch nicht?

Rainer Richard
Kriminalhauptkommissar
München

Beate Krafft-Schöning
Journalistin
Gründerin der Initiative NetKids

JUGEND UND ELEKTRONISCHE MEDIEN

von *Rainer Richard*

Einleitung

Junge Menschen wachsen heute in einer durch Medien geprägten Welt auf, in der auch der Computer und das Internet eine bedeutende Rolle spielen. Diese veränderte Kultur des Aufwachsens hat aber auch nachhaltige Auswirkungen auf den Erziehungsprozess der Kinder. Schon seit Jahren haben die Privathaushalte damit begonnen, sich mit moderner medialer Technik auszustatten. Der größte Teil der Haushalte, in denen Kinder heute aufwachsen, ist sehr gut mit Medien ausgestattet. Das klassische Leitmedium ist das Fernsehen, mit dem die Kinder häufig schon früh konfrontiert werden. Das haben die Fernsehmacher schon längst erkannt und auch Kleinkinder als potenzielle Zielgruppe entdeckt. Durch Zeichentrick- und Puppenfilme, versehen mit das Alter der Kinder berücksichtigender Werbung, wird das Medium Fernsehen schon sehr bald zur eigenen Orientierung der so erreichten Zielgruppe herangezogen.

Darf man neuesten Umfragen Glauben schenken, so befinden sich inzwischen in über 90 Prozent der Haushalte mit Kindern mindestens ein PC. Argumente wie „... die Kinder brauchen den Computer für die Schule, spätestens jedoch für künftige Arbeitsstellen," sind ja auch nicht ganz von der Hand zu weisen. Einzelne Schulen beauftragen die Schüler zum Teil schon mit Hausaufgaben, die ohne das Internet als Recherchemedium kaum oder nur schwerlich zu bewältigen sind.

Umso wichtiger erscheint es, die Erziehungsziele an einer sich verändernden Medienkultur und Lebenswelt auszurichten und sich den damit verbundenen neuen Aufgaben zu stellen.

Der schulisch gewünschte Umgang mit dem PC lässt Jugendliche nicht nur nach Lehrstoff recherchieren, sondern auch jede Menge für sie ungeeignete Inhalte finden. Die Konfrontation mit jugendgefährdenden Inhalten im Internet mag für manche Jugendliche als „cool" gelten. Das Medium Internet, als Spiegelbild unserer Gesellschaft, scheint keinerlei Grenzen oder Werte mehr zu kennen. Die Abscheulichkeiten, die selbst bei abgeklärtesten Erwachsenen Wut, Ekel und Übelkeit hervorrufen, können auch an Jugendlichen nicht spurlos vorübergehen. Tatsächlich kommt es dann bei den Kindern zu solchen Reaktionen wie Tränenausbrüchen, Appetitlosigkeit oder Albträumen, wie Gespräche mit Eltern im Laufe der letzten Jahre ergeben haben. So „cool" kann es dann also doch nicht sein, Bilder und Videos mit Hinrichtungsszenen, Obduktionsfotos oder Misshandlungen von Menschen und Tieren zu konsumieren.

Glücklicherweise genießt der Jugendschutz innerhalb der Bevölkerung einen sehr großen Stellenwert. Noch nicht ganz oben auf der Skala stehen in diesem Bereich die elektronischen Medien, die jedoch aufgrund der tagtäglichen Konfrontation mit den negativen Konsequenzen durch die Nutzung von Kindern und Jugendlichen immer öfter in den Fokus des Interesses von Erwachsenen geraten und damit zu einem wichtigen Thema aufgestiegen sind. Dieser spezielle Bereich, der Jugendmedienschutz, erstreckt sich auf alle Medien, und gerade bei der Nutzung des Internets geht hier das größte Gefahrenpotenzial für die junge Generation aus.

Jugendschutz als gesetzliche Aufgabe

Die Elternverantwortung ergibt sich aus dem elterlichen Erziehungsrecht des Artikels 6 Abs. 2 Satz 1 Grundgesetz (GG), der zugleich eine Erziehungspflicht statuiert. Wie ernst diese Elternverantwortung genommen wird, wird in den Familien natürlich individuell unterschiedlich gehandhabt. Dies zeigt sich in der Praxis in verschiedenen Erziehungsmethoden und in der Wertevermittlung.

Wie ernst dieser Erziehungsauftrag in Bezug auf Computer und Internet genommen wird, kann jeder Leser selbst für sich selbst überprüfen:

Können Sie mit Sicherheit von sich behaupten, dass Sie genau wissen, welche Spiele Ihre Kinder auf dem PC installiert haben und um welche Inhalte es bei diesen Spielen geht? Oder wissen Sie, welche Web-Seiten die Kinder aufsuchen oder ob sie zum Beispiel in Chat-Systemen präsent sind?

Die Aussage, man würde sich zu wenig mit Computern auskennen, lassen die Autoren an dieser Stelle nicht gelten. Erziehungsberechtigten müssen zwar keine Computerexperten sein, aber auf der anderen Seite darf man es sich auch nicht so einfach machen und sagen: „Ich kann es nicht, also kontrolliere ich es nicht". Auch gelegentliche Aussagen von Eltern, es wäre ein Vertrauensbruch, wenn man auf den Computer der Kids die Inhalte überprüfen würde, kann nicht als Rechfertigung herangezogen werden. Diese Eltern würden ja wohl ihre Kinder auch nicht unbeaufsichtigt durch ein Rotlichtviertel oder einen Stadtteil schicken, von dem bekannt ist, dass hier ein sehr hohes Kriminalitätsrisiko besteht.

Meinungsforschungsinstitute haben festgestellt, dass rund drei Viertel der befragten Eltern sich im Bereich der neuen Medien wenig bis gar nicht informiert fühlen. Wenn es an entsprechendem Know-how der Eltern fehlt, dann kann dieser Mangel an Kontrollfunktion nicht gänzlich ohne Verbesserungsmaßnahmen gelassen werden. In diesen Fällen *müssen* Eltern einfach Elternverantwortung und Eigeninitiative übernehmen, und sich gegebenenfalls fort- und weiterbilden. Wenn entsprechende Informationsveranstaltungen an Schulen bundesweit angeboten werden, erreicht man vielleicht zwanzig Prozent der Elternschaft – und muss sich damit über eine rege Beteiligung freuen. Hieraus lässt sich durchaus ein gewisses Desinteresse an diesem Themenkomplex oder Fehleinschätzung des Gefahrenpotenzials und Trägheit der Erziehungsberechtigten und -verpflichteten ableiten.

Im Gegensatz zu dem elterlichen Jugendschutz steht bei staatlichem Jugendschutz nicht der erzieherische Aspekt im Vordergrund, sondern der Grundgedanke einer möglichst unbelasteten Entwicklung der Persönlichkeit junger Menschen. Eng damit verbunden ist der Verfassungsauftrag des Art. 2 Abs. 1 i. V. m. Art. 1 Abs. 1 GG, in dem ein klarer Auftrag an den Staat gerichtet ist, Kinder und Jugendliche so zu schützen, dass sie sich zu eigenständigen, sozial verantwortlichen Persönlichkeiten entwickeln können und sie vor Fehlentwicklungen in ihrer Persönlichkeit zu schützen. Nichtsdestotrotz bleibt festzustellen, dass dem Staat dadurch keine Blankovollmacht für Maßnahmen des Jugendschutzes erteilt wird, denn die vorgenannten Vorschriften sind im Kontext mit dem Stellenwert der Kommunikationsgrundrechte zu sehen, wie sie in Art. 5 GG, dem Recht auf Meinungs-, Informations-, und der Kunstfreiheit definiert sind und dem Erziehungsrecht der Eltern aus Art. 6 GG.

In einer Reihe von Regelungen und Gesetzen zum Jugendschutz hat der Gesetzgeber diesen verfassungsrechtlichen Auftrag umgesetzt. So existieren Vorschriften zum Arbeitsschutz und der Suchtprävention in Bezug auf den Genuss von Alkohol und Tabak. Genauso lange existieren Vorschriften zur Zugangsbeschränkung von Minderjährigen zu ungeeigneten Schriften, Filmen Ton- und Bildaufzeichnungen. Erst relativ neu sind diese Bestimmungen um elektronische Medien erweitert und mit den Jugendschutzbestimmungen des Rundfunks zum Jugendmedienschutz zusammengeführt worden. Ziel des Jugendmedienschutzes ist es, Kinder und Jugendliche vor Inhalten zu schützen, die sie psychisch oder physisch schädigen oder in ihrer Entwicklung beeinträchtigen könnten. Zu betonen ist dabei, dass der Schutz Jugendlicher vor für sie schädlichen Inhalten zu schützen nicht notwendigerweise nur verbotene Inhalte umfasst, sondern darüber hinaus geht. Beispielhaft sei hier der Konsum von erotischen Schriften und Darstellungen genannt, die von Erwachsenen zwar konsumiert werden dürfen, für Jugendliche jedoch entwicklungsgefährdend sein können.

Ziel des Jugendschutzes ist es auch, die Rechte der Kinder und Jugendlichen auf eine positive psychosoziale und physische Entwicklung zu sichern und zu fördern. Zudem soll sichergestellt werden, dass sie zu eigenverantwortlichen und gemeinschaftsfähigen Persönlichkeiten erzogen werden können. Da Menschen Individuen sind und auf äußere Einflüsse unterschiedlich reagieren, steht daher die Prävention im Vordergrund des staatlichen Handelns.

Aufgrund der Entwicklung des Medienmarktes und neuer Medientechnologien werden Jugendliche und Erwachsene permanent mit Medien konfrontiert. Medieninhalte, die für das eine Kind in jüngstem Alter noch ohne Bedeutung sein können, können für ein anderes selbst im fortgeschrittenen jugendlichen Alter bereits katastrophale Folgen haben, da hier die Wahrnehmung eine ganz andere ist. Deshalb sind gerade die Eltern gefordert, auch beim Medienverhalten der Kinder eine konsequente Erziehungspraxis durchzuführen. Nur, wie sieht die Realität aus? Wer von den Eltern und Erziehern ist überhaupt willens und in der Lage, den Medienkonsum der Kinder zu kontrollieren und tagtäglich zu organisieren? Dieses dürfte vermutlich nur ein Bruchteil des oben genannten Personenkreises sein. Der PC und das Fernsehen als moderner Babysitter? Diese Frage muss man in den meisten Fällen wohl bejahen, obwohl Kinder und Jugendliche heute einen wesentlich leichteren Zugang zu Medieninhalten bekommen, die für sie ungeeignet oder gar schädlich sind, als deren Eltern noch vor 30 Jahren. Es wäre aber fatal, wenn die Eltern angesichts des technischen Wissensvorsprungs ihrer Kinder jetzt resignieren oder einfach aus Bequemlichkeit sich diskret im Hintergrund halten mit dem Ergebnis, dass nun der Nachwuchs völlig unkontrolliert alle Medieninhalte konsumieren kann.

Hinzu kommt, dass in unserer Gesellschaft ein nicht unerheblicher Wertewandel in den letzten Jahrzehnten stattgefunden hat. Was früher als jugendgefährdend galt, wird heute als harmlos beurteilt. Hier muss man sich die Frage nach dem „Warum" stellen. Kennt man diese Inhalte schon so lange? Zwingen uns heute viel härtere Inhalte zu einem neuen Mittelwert des Akzeptablen? Sind Jugendliche heute abgebrühter als früher? Klar scheint, dass sich das Thema Sexualität einem Wandel unterzogen hat. Waren homophile Beziehungen bis Ende der 70er Jahre noch ein Vergehenstatbestand, werden heute bereits eheähnliche Beziehungen von Homosexuellen staatlich toleriert. Oder sehen wir uns das Thema Nacktheit an: Vor 25 Jahren war die Sendung „Tutti-Frutti" im Fernsehen ein Skandal, heute nimmt kaum einer noch Notiz, wenn Frauen barbusig im Sommer zum Baden gehen. Gerade deswegen ist auf eine Einhaltung noch bestehender Grenzen besonderer Wert zu legen.

Jugendschutz im internationalen Kontext

Die Bundesrepublik Deutschland hat die wohl strengsten Jugendschutzbestimmungen, weltweit.

Tatsache ist jedoch, dass Inhalte im Internet nicht an den Landesgrenzen halt machen. Mit einem Mausklick auf eine generierte Liste einer Suchmaschine, und man kann sich Angebote aus der ganzen Welt auf den Monitor holen. Dabei gelten in den unterschiedlichen Ländern, in denen die Internet-Angebote auf Web-Servern abgelegt sind, zum Teil völlig unterschiedliche Vorschriften zum Thema „Jugendschutz". Dies soll durch einige Beispiele belegt werden:

- In den Niederlanden spielt die Veröffentlichung von pornografischen Inhalten praktisch keine Rolle. So mag es den Deutschen verwundern, wenn abends, unverschlüsselt oder mit anderen Altersverifizierungssystemen versehen, Hardcore-Pornografie im Fernsehen gesendet wird.
- In Dänemark gibt es zwar Altersfreigaben zum Beispiel bei Kinofilmen. Letztlich entscheiden aber die Erziehungsberechtigten, ob die Jugendlichen auch unterhalb der empfohlenen Altersfreigaben einen Film sehen dürfen oder nicht.
- Ähnlich sieht man dieses Problem in Spanien: Auch hier haben Altersfreigaben lediglich empfehlenden Charakter.
- Wesentlich restriktiver geht man in Großbritannien mit dem Jugendschutz um. Hier genügen bereits Kleinigkeiten, um einen Film als jugendgefährdend einzustufen. Eine solche Kleinigkeit könnte sein, wenn einer der Schauspieler das Wort „fuck" ausspricht.
- Der Kino-Film „American Beauty" kam in Frankreich und Belgien ohne Beschränkungen bei den Altersfreigaben in die Kinos. In Deutschland empfahl die „Freiwillige Selbstkontrolle" (FSK) eine Altersfreigabe ab 16 Jahren, in Großbritannien wurde der Film erst ab 18 Jahren freigegeben.

Angesichts der Tatsache, dass das Gros der Internet-Pornoseiten von Anbietern aus den USA stammen, erscheint es uns als Hohn, wenn Frauen dort durch den örtlich zuständigen Sheriff festgenommen werden, weil sie an öffentlichen Plätzen wie z. B. am Strand ihr Bikinioberteil abgelegt haben und damit gegen Jugendschutzbestimmungen verstoßen.

Anhand dieser Beispiele wird klar, dass in den anderen Ländern zum Teil völlig konträre Vorstellungen zum Jugendmedienschutz bestehen. Diese Tatsache beruht zum größten Teil darauf, dass in diesen Staaten unterschiedliche Wertvorstellungen herrschen, die durch moralische, politische, religiöse oder soziokulturelle Überzeugungen geprägt sind.

Diese unterschiedlichen Wertvorstellungen aus den einzelnen Ländern machen die Einführung eines einheitlichen Jugendmedienschutzes problematisch.

Was nützen gut formulierte Jugendschutzgesetze in Deutschland, wenn die Kids mit einem Mausklick auf einem Server in den USA, Argentinien, Schweden, Japan oder Russland landen und überall herrschen entweder gar keine oder sehr großzügige Jugendmedienschutz-Regularien? Wichtig ist deshalb für Eltern zu wissen, dass das Internet eben nicht an deutschen Grenzen halt macht.

Internet-Nutzung
durch Kinder und Jugendliche
Konsumverhalten und Interessen von im Internet
agierenden Kindern und Jugendlichen

Einmal pro Jahr erscheint die sog. KIM-Studie (Kinder und Medien), die durch den Medienpädagogischen Forschungsverbunds Südwest erstellt wird. Hier wird die Mediennutzung von deutschen Jugendlichen untersucht. Dabei werden sowohl die Kinder und Jugendlichen als auch die Eltern parallel zu den gleichen Themen befragt, so dass ein objektives Ergebnis der Untersuchung gewährleistet sein müsste.

Dieser Studie zufolge nutzten 1998 noch durchschnittlich 18 Prozent der Jugendlichen im Alter von zwölf bis 18 Jahren mehr oder weniger das Internet, im Jahr 2005 waren es bereits 86 Prozent.[1] Diese Zahlen belegen, welchen Stellenwert das Medium Internet inzwischen in deutschen Kinderzimmern eingenommen hat. Den Umgang mit dem Internet erlernen die Kinder in der Regel bereits in der Grundschule. Bereits am Anfang ihrer „Internetausbildung" kann nur gehofft werden, dass die jeweilige Schule durch entsprechende Aufsicht und/oder durch den Einsatz von Filtern Kinder und Jugendlichen vor jugendgefährdenden Inhalten bewahrt. Leider ist das, bundesweit betrachtet, nicht immer der Fall.

Erotik und Pornografie
Zugang leicht gemacht

Die Konfrontation mit erotischen und pornografischen Inhalten im Internet ist allgegenwärtig. Selbst auf den Startseiten der großen, renommierten Internet-Provider finden sich entsprechende Links zu solchen Inhalten. Die Werbebranche, die erkannt hat, dass man mit nackter Haut Produkte einfach besser verkaufen kann, hat den kurzen Satz „Sex sells" geprägt. Typische Beispiele sind leicht bekleidete Frauen in der Werbung für Autos, Körperpflegeprodukte oder das so genannte „Girlspotting" in Fernsehshows. Dabei kann man nicht alleine durch Werbung mit nackter Haut Umsatz machen. Am besten vermarktet man die nackte Haut gleich selbst als Produkt. Und wo wäre das einfacher und günstiger als im Internet. Die hier

---

1   Quelle: mpfs/KIM-Studie 2002–2005

Selbst auf den Startseiten der renomierten deutschen Internet-Provider findet man entsprechende Links zu erotischen Inhalten. …

erreichten Umsatzzahlen sind beeindruckend: Bereits im Sommer 2001 schätzte die Wirtschaftszeitschrift „Capital" den Wert der Internet-Domäne „sex.com" auf 100 Millionen Euro. Aussagekräftig sind auch die Statistiken der Suchmaschinen, die einiges über die Interessen der Websurfer verraten: Innerhalb eines Monats wird über 1,7 Millionen mal nach dem Begriff „Sex" gesucht. Auf Platz vier der am meist gelesenen Diskussionsforen des Usenets landet die News-Gruppe „alt.sex." (Quelle: Der Tagesspiegel Online)

Es wäre verwunderlich gewesen, wären die kommerziellen Internet-Anbieter nicht auf den „Sex sells – Zug" aufgesprungen und das in einem atemberaubenden

... Nur ein bis zwei Mausklicks, und man wird mit massiven nackten Tatsachen konfrontiert.

Tempo: Während die Suchmaschine Altavista 1998 zum Suchbegriff „Sex" noch 2,94 Mio. Treffer brachte, waren es genau ein Jahr später schon 14 Millionen Treffer. Inzwischen liefern sog. Meta-Suchmaschinen wie „alltheweb.com" rund 460 Millionen Treffer zum Thema. Nicht alle dieser angezeigten Anbieter zum Thema Sex zeigen automatisch pornografische Inhalte an, denn es gibt natürlich auch eine ganze Reihe von Anbietern, die sich durchaus seriös mit der Thematik „Sexualität" auseinander setzen. Trotzdem führen die meisten der Treffer zu knallharten Sex-angeboten auf Web-Seiten. Es gibt bislang keine gesicherten Erhebungen, wie viele Anwender Online-Sex- und Erotik-Angebote nutzen. Doch dass sich hiermit viel

Geld verdienen lässt, ist nachvollziehbar. Die Angebote sind fast ausschließlich für Männer geschaffen worden, da der Anteil weiblichen Kunden von den Abrechnungsunternehmen, die für die Pornoanbieter das Geld abrechnen, unter drei Prozent beziffert wird. Wie viel Geld in dieser Branche umgesetzt wird, weiß niemand, da die Anbieter nicht ihre Umsätze offen legen. Sicher dürfte trotzdem sein, dass es sich um ein Milliardengeschäft handelt. Der zunächst unbedarfte Internet-Nutzer kann virtuell die extremsten Obsessionen erleben und neue Seiten und Neigungen auch bei sich selbst entdecken. Dinge, von denen er bislang gar nicht wusste, dass es das überhaupt gibt, und damit lassen sich neue Kundenkreise erschließen.

Die Präsentation von Prostituierten mit entsprechenden aussagekräftigen Fotos und Beschreibungen sexueller Praktiken ist gemäß § 120 Ordnungswidrigkeitengesetz (OWiG) eine Ordnungswidrigkeit, die allerdings von den zuständigen Verfolgungsbehörden, den Kreisverwaltungsreferaten oder Ordnungsbehörden der Kommunen, kaum mehr verfolgt werden.

Zur Verdeutlichung: Wenn Sie Geschwindigkeitsbeschränkungen oder Parkverbote nicht beachten, sind das ebenfalls Ordnungswidrigkeiten! Ungeachtet der fehlenden Verfolgung dieser Ordnungswidrigkeiten sind eine Vielzahl der deswegen frei zugänglichen Werbeseiten des Rotlichtmilieus sicherlich nicht geeignet für Kinder und Jugendliche.

Zudem ist das Internet für die Kunden dieser Angebote so schön anonym. Jeder hat von den Sex-Angeboten im Internet gehört, aber keiner war je auf den Seiten, das heißt, keiner will es zugeben. Online kann man seinen Neigungen freien Lauf lassen, ohne sich der Gefahr auszusetzen, von irgendjemandem dabei entdeckt zu werden. Alle Arten der Lust, legale oder illegale Spielarten, werden im Web vorgeführt. Dies ist aber offensichtlich sogar den Betreibern der Suchmaschinen wie Google peinlich, denn in den neuesten Statistikzahlen für das Jahr 2006 tauchen Begriffe wie Erotik oder Sex unter den Top-Listen der meist gesuchtesten Begriffe überhaupt nicht mehr auf!

Die Darstellung von erotischen und pornografischen Inhalten ist, zumindest in der Bundesrepublik Deutschland, nicht automatisch illegal. So genannte „Hardcore-Pornografie", bei der die primären Geschlechtsteile von Mann und Frau deutlich zu erkennen sind oder sexuelle Handlungen an sich selbst oder zwischen zwei Personen gezeigt werden, darf von Erwachsenen hierzulande konsumiert werden. Hier aber genau liegt das Grundproblem: Wie kann man einen wirksamen Jugendmedienschutz im Internet gewährleisten? Ziel des Jugendschutzes ist der Schutz der Minderjährigen vor schädlichen, wenn auch nicht unbedingt unerlaubten Inhalten wie zum Beispiel Erotika für Erwachsene. Schon auf den Portalseiten, vor allem der ausländischen Anbieter, wird bereits detailliertes Anschauungsmaterial geliefert, so dass

Home >> Modelle >> Setcard   Dienstag, 09.01.2007

<< zurück zur Auswahl

Mara

Lass Dich verwöhnen

Ich bin eine kleine süsse 22Jährige Maus aus Südamerika

Gerne lassen sich mein großer Kitzler und meine großen
Schamlippen von Dir verwöhnen, auch meine nie versiegende
Natursektquelle wird Dir munden, auch bin ich ganz rasiert und mag,
wenn mein Körper besamt wird.

Französisch beidseitig
Analverkehr beidseitig
Zungenanal passiv, Analmassagen und Dildospiele
Hodenmassage
Natursekt
Rollenspiele auch devot
Facesitting und leichte Erziehung
Fusserotik, Schuherotik und KB
Viel Zärtlichkeiten
auch Escort-Service möglich

Alles ohne Zeitdruck !!

Montag-Donnerstag 12:00 - 24:00 Uhr

München Obersendling

EG links
bei Mara läuten

Foto 1 | 2 | 3 | 4

Ziemlich deutlich wird in den Online-Anzeigen der Prostituierten beschrieben,
was man seinen potentiellen Kunden für sexuelle Dienstleistungen
bereit ist zu erbringen.

man sich nicht einmal in den Erwachsenen-Bezahlbereich einwählen muss. Dies ist möglich, weil aufgrund unterschiedlicher internationaler gesetzlicher Bestimmungen im Ausland zum Teil weitaus freizügigere Bestimmungen gelten, so dass dort das Angebot ohne Zugangshindernisse für Kinder und Jugendliche legal ist. Mit anderen Worten: die deutschen Gesetze in Form des Strafgesetzbuches (§§ 184, 184 c StGB), des Jugendschutzgesetzes und des Jugendmedienschutzstaatsvertrags sind teilweise wesentlich restriktiver verfasst, als die Gesetze unserer Nachbarstaaten. Dies führt verständlicherweise auch zu einer Art Wettbewerbsverzerrung. Während der deutsche Anbieter noch nicht einmal auf seiner Startseite seines Portals annähernd pornografische Darstellungen zeigen darf, bringt ein Mausklick auf den Link eines Konkurrenten, zum Beispiel aus den USA, ungefiltert alle Details der menschlichen Anatomie.

Natürlich ist Pornografie auch in der realen Welt vorhanden. Nur hier ist eine ungleich leichtere Kontrolle des Konsumenten möglich als in der virtuellen Welt. Der deutsche Gesetzgeber hat für das Anbieten von jugendgefährdenden Inhalten die Geschäftsinhaber verpflichtet, in Zweifelsfällen eine Altersüberprüfung durchzuführen. Natürlich gibt es auch hier Lücken, wenn z. B. ein 17jähriger vom Verkaufspersonal schon auf 19 oder gar 20 Jahre geschätzt wird. Diese Lücken sind jedoch ungleich kleiner als in der virtuellen Welt. Hier sitzt zunächst einmal grundsätzlich niemand, der das Alter der Internet-Konsumenten überprüft. Deshalb hat man deutsche Anbieter dazu verpflichtet, vor dem Freischalten jugendgefährdender Angebote eine von der Kommission für Jugendmedienschutz (KJM) zertifizierte Altersverifikation durchzuführen. Mausklicks auf Menü-Punkte, die da lauten: „Hiermit bestätige ich, dass ich das 18. Lebensjahr vollendet habe" reichen verständlicherweise nicht aus, Jugendliche von solchen Inhalten fernzuhalten. Genauso wenig effizient erwies sich bei kommerziellen Anbietern das Abfragen der Nummer des Bundespersonalausweises (BPA), aus der das Geburtsdatum errechnet werden kann. Nach heutiger Beurteilung reicht die BPA-Nummer nicht aus, einen wirksamen Jugendmedienschutz zu gewährleisten. Es ist zu leicht, sich die Ausweisnummer eines Erwachsenen zu besorgen wie zum Beispiel vom Vater oder der Mutter.

Gerade Pornoanbieter aus den USA, bei denen auf den ersten Web-Seiten und den Vorschau-Galerien alles unzensiert an nackter Haut und den Geschlechtsteilen gezeigt wird, sind der Ansicht, dass erst eine Altersüberprüfung stattfinden muss, nachdem sich die potenziellen Kunden einen Eindruck vom Film- und Videoangebot gemacht haben. Dann melden sich Altersverifikationssysteme wie „Adult Check", „Age pass" usw., die als Altersnachweis die Kreditkartennummer des Nutzers abverlangen. Dieses vermeintliche Altersverifikationssystem ist in Deutschland nicht anerkannt.

Anhand dieser Beispiele sieht man im Übrigen, wie inkonsequent die Amerikaner mit dem Thema Jugendmedienschutz umgehen. Wollte man tatsächlich die Jugend vor diesen Inhalten bewahren, dürften ja auch schon auf den Eingangsseiten keine entsprechenden Inhalte angeboten werden. Und überhaupt: die Kreditkartennummer als Nachweis für die Volljährigkeit? Wie leicht ist es für Jugendliche, an die entsprechenden Nummern zu gelangen. Normalerweise besitzen die Jugendlichen noch keine eigene Kreditkarte. Sie benötigen die Plastikkarte in körperlicher Form auch nicht, denn letztlich geht es nur um die Nummer, die auf die Karten aufgedruckt ist. Diese Nummer könnte man sich zum Beispiel von der Karte der Mutter oder des Vaters in einem unbeobachteten Augenblick abschreiben oder man recherchiert im Internet nach diversen Programmen, mit denen Kreditkartennummer der verschiedenen Karten-Organisationen generiert werden. Diese, durch das Softwareprogramm errechneten Nummern, können tatsächlich an Berechtigte bereits vergeben sein oder der Algorithmus der errechneten Kreditkartennummer wird als schlüssig und damit gültig akzeptiert.

Über Suchmaschinen findet man auch sehr schnell Angebote mit den Links zu diversen Pornoanbietern, auf denen eine gültige Benutzerkennung und das Kennwort aufgelistet sind. Diese Seiten werden regelmäßig gepflegt und unter der Voraussetzung, man macht keine Fehler beim Abschreiben der Zugangsdaten, ist es wirklich einfach nun Zugang zu allen Inhalten der Anbieter zu erhalten.

Carding

- American Express Card Generator (Dos)
- BeaZly Card Generator v. 1.0 (Windows)
- Card Check (Dos)
- Card It! v3.0 (Mac)
- CC#001 (Dos)
- CCards (Dos)
- CCC (Dos)
- CCnum (Dos)
- ChaSeR's CC Generator (Windows)
- CrayZ Carder1.0 (Mac)
- Credit Card Sleuth 2.0 (Mac)
- Credit Master v4.0 (Dos)
- Credit Wizard v1.1 (Windows)
- Dos Banks (Dos)
- CCC (Dos)
- CCnum (Dos)
- ChaSeR's CC Generator (Windows)
- CrayZ Carder1.0 (Mac)
- Credit Card Sleuth 2.0 (Mac)
- Credit Master v4.0 (Dos)
- Credit Wizard v1.1 (Windows)
- Dos Banks (Dos)
- Fraud3r v1.0 (Dos)
- Neo's Bank Finder (Mac)
- Project X 2.0b (Mac)
- THC Credit (Dos)
- Visa Prefixes 1.0 (Mac)

H Flashback.se

Im Internet wird man schnell fündig,
wenn es um die Suche nach Programmen zur Generierung
von Kreditkartennummern geht.

- http://members.campusbabes.com/ L:jimbo P:golf Krackbab
- http://www.eyerotic.com/members/index.html l:anonymous p:anonymous
- http://www.amateurskin.com/members/ l:she p:hack
- http://www.pussypower.com/members/ L:test P:test
- http://www.pussypower.com/members/ L:berlin P:berlin
- http://www.pchardcore.com/members/index.html l:rick p:rick
- http://www.cydult.com/members/ L:beta P:beta
- http://www.hystuff.com/MEMBER/fpindex.html l:firm p:breasts
- http://www.eyerotic.com/members/index.html l:867396 p:159880
- http://www.moonmistique.com/members/ l:1217 p:0213
- http://www.love-com.com/amateurs/index.html L:jeff P:comp99
- http://eroticcenterfolds.com/mem/index.html L:ocean P:waves
- http://www.sex-shows.com/mem/index.shtml L:amanda P:amanda
- http://www.orgasm.com/members/indexnext.html l:xxxxx p:xxxxx
- http://eroticcenterfolds.com/mem/index.html L:chad P:qwe1998
- http://members.maturewomen.com/ L:oldpussy P:isbest
- http://members.gsd.com.au/members l:prophet8 p:scamedyou
- http://www.backdoorbimbos.com/members/index.html L:bim P:bo
- http://www.seemetan.com/Protect/Index.html L:TheGreat P:hyperlad
- http://www.dirtyonline.com/membersonly/ L:hacked P:inside
- http://www.pchardcore.com/members/index.html L:HyperLad P:isdabomb
- http://www.thegirlshouse.com/members L:TKobow P:lew
- http://www.virtualhardcore.com/pictures/index.html L:eric P:eric

Im Netz werden auf vielen Seiten in Listenform
kostenlos die Zugangsdaten zu Porno-Anbieter verbreitet.

Neben den Anbietern von pornografischen Inhalten im World Wide Web gibt es noch andere Internet-Dienste, in denen man sehr leicht an pornografische und andere illegale Inhalte gelangen kann, so zum Beispiel in den Diskussionsgruppen des so genannten Usenets. Obwohl das Usenet bereits 1979 aus der Taufe gehoben wurde und somit schon mehr als ein Jahrzehnt älter das das WWW ist, ist dieser Dienst bei der Mehrheit der Internet-Nutzer völlig unbekannt. Das Usenet ist in verschiedene virtuelle Diskussionsforen nach unterschiedlichen Sprachen und Interessenbereichen untergliedert. Technisch gesehen handelt es sich bei den Newsgroups-Beiträgen um E-Mails, die nicht einer bestimmten Person, sondern in bestimmte Themenforen gesendet werden. Der Zugriff auf solche Gruppen erfolgt über spezielle Computerprogramme, die man Newsreader nennt, oder über Webschnittstellen wie die Google-Groups. Moderne E-Mail-Programme wie Outlook sind ebenfalls in der Lage, diesen Dienst zu nutzen. Die entsprechenden Zugangsdaten zum Newsserver seines Providers muss man sich von diesem geben lassen.

Eine Vielzahl von kommerziellen Anbietern werben mit dem Zugang zum Usenet. Dies auch aus gutem Grund: Deutsche Internet-Provider filtern aus gesetzlichen Gründen ganz stark aus den mehr als 100.000 Newsgroups aus, insbesondere die Bereiche, die Pornografie in all ihren Facetten oder offensichtliche Urheberrechtsverstöße beinhalten. Dies sind aber gerade die Marktnischen, die die kommerziellen Anbieter ausnutzen und den potenziellen Kunden anbieten. Diese Dienstleister, meist mit Firmenstandorten im Ausland, gestatten Zugriff auf mehr oder weniger alle Newsgroups, die derzeit verfügbar sind. Durch Dateianhänge beim sog. Posten in die Newsgroups können neben Texten natürlich auch alle anderen Dateiformate wie die von Fotos, Videos, Musik oder Computerprogramme in den Foren abgelegt werden. So ist es für den Newsgroups-Teilnehmer ein Leichtes, sich mit allen Arten von Pornografie zu versorgen.[2]

Ähnlich leicht gelangt man über die Tauschbörsen oder auch Filesharing-Systeme (siehe auch Seite 53 ff.) an solche jugendgefährdenden Inhalte, da auch hier keine Filtermaßnahmen oder Altersverifikationssysteme greifen.

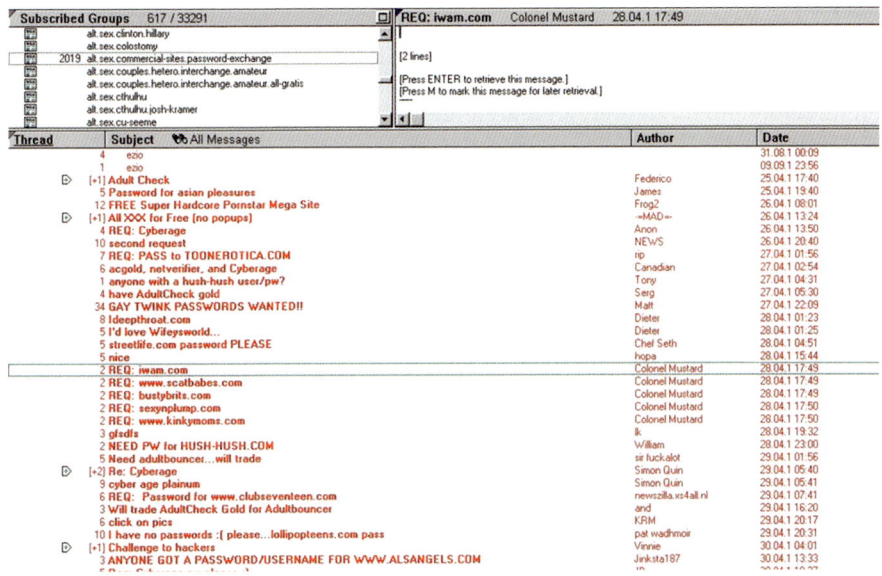

In den Diskusiongruppen des sog. Usenets werden ebenfalls Zugangsdaten zu kommerziellen Porno-Anbietern von Privatpersonen bekannt gegeben.

---

2   Mehr zum Thema Usenet finden sie im Internet unter http://www.usenet-abc.de.

Im Jahr 2005 wurde in Australien von Jane Marquard, Mitglied der Australian Broadcasting Authority, eine Studie in Auftrag gegeben, die die Konfrontation von Kindern mit pornografischen Internet-Inhalten untersuchen sollte. 40 Prozent aller Kinder zwischen acht und dreizehn Jahren sind beim Surfen auf Webseiten gestoßen, deren Besuch ihnen die Eltern verbieten würden. Sehr häufig landen die Kinder über Pop-up-Fenster an pornografische Inhalte. Zahlen, die auch auf andere Länder wie die Bundesrepublik zutreffen dürften.

Pop-up-Fenster sind Werbeeinblendungen auf Webseiten, die automatisiert aufspringen und die Nutzer mit ihren Inhalten am Betrachten der eigentlichen Seiteninhalte behindern. Gerade auf den Webseiten ausländischer Anbieter befinden sich sehr häufig in diesen Pop-up's eindeutige pornografische Abbildungen mit Hinweis auf den Anbieter dieser Webseiten.

Das Fatale daran ist: Versucht der Nutzer, das Fenster durch einen Mausklick zu schließen, öffnen sich im Hintergrund wie von Zauberhand dutzende neue Pop-up-Fenster mit ähnlichen Inhalten. Technisch kann man nur bedingt das Aufspringen solcher Werbeeinblendungen verhindern. Dazu müssen im Web-Browser die ent-

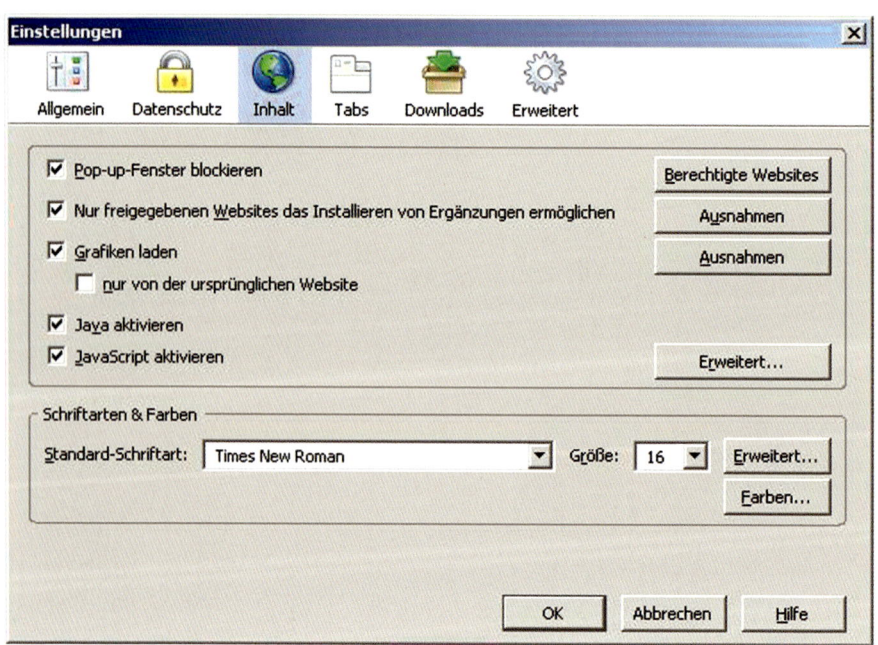

Durch wenige Einstellungen im Browser kann man lästige Werbeeinblendungen in sog. Popup-Fenstern meistens verhindern.

sprechenden Einstellungen vorgenommen werden, zum Beispiel bei Mozilla/Firefox unter „Extras", „Einstellungen", „Pop-up-Fenster blockieren" (hier ein Häkchen setzen) oder im Internet Explorer der Firma Microsoft unter „Extras", „Popupblocker", „Popupblocker aktivieren".

Trotz der gewählten Einstellungen im Browser gelingt es den Programmierern durch entsprechende Gestaltungen der Web-Seiten immer wieder, dass trotzdem Werbeeinblendungen auf den Monitor gelangen. Mit etwas Programmierkenntnissen ist man relativ leicht in der Lage, eine Webseite so zu manipulieren, dass die Wirkungsweise von Pop-up's aktiv wird.

Verbotene Pornografie und Gewaltdarstellungen

Pornografie per se ist ja strafrechtlich nicht bewehrt. Eine Schwierigkeit bei der Durchführung des Jugendmedienschutzes in Bezug auf pornografische Inhalte ist, dass das Material von Erwachsenen konsumiert werden kann, von Jugendlichen jedoch ferngehalten werden muss.

Es gibt jedoch einen Bereich an pornografischen Darstellungen wie Kinder-, Tier- und Gewaltpornografie, bei denen sich der Anbieter auch gegenüber Erwachsenen strafbar macht. Leider ist es gar nicht so selten, dass man im Internet gewollt oder auch ungewollt auf solche Inhalte stoßen kann. Einige dieser Web-Seiten mit den genannten Inhalten sind dafür bekannt, dass sie gerade bei Jugendlichen als die Top-Seiten gelten. Es sind zum Teil moderne Arten von Mutproben, wenn junge Menschen ihre Freunde dazu auffordern, unbedingt die bekannten Seiten mit Hinrichtungsszenen anzusehen, damit derjenige am nächsten Tag davon berichten kann, welche schrecklichen Dinge es dort zu sehen gibt. Namentlich findet man dort Abbildungen von zerfetzten Unfallopfern, Hinrichtungsvideos, sodomitische Filmsequenzen, Tatort-Fotos von Ermordeten, Kannibalismusszenen u. v. m.

So wandern inzwischen beispielsweise seit 1996 Fotos aus einer Bilderserie durch das Internet, in denen ein Ehepaar aus den USA mitdokumentiert hatte, wie sie einen durch sie getöteten Mann zerstückelt und die Extremitäten in widerwärtiger Art und Weise nach dem Abtrennen für Fotos aufgebahrt hatte. Diese Fotos, die aus der Gerichtsakte des bereits rechtskräftig verurteilten Paares kopiert wurden, wandern wie ein Virus durch das Netz. Internet-Nutzer hatten sich das Bildmaterial von der Web-Seite kopiert, tauschten die Bilder mit anderen Nutzern oder stellten die Dateien sogar auf ihre eigenen Homepages.

Wenn diese Bilder selbst Erwachsene noch lange nach dem Betrachten „verfolgen", wie sehr müssen sich solche Sequenzen in den Köpfen junger Menschen einprägen, die in dieser Form solche Abbildungen bislang sicherlich noch nicht zu sehen bekommen haben? Es wäre nur eine logische Folge, wenn der Konsum solchen Bildmaterials durch Jugendliche bei diesen zu einem psychischen Schaden führen würde.

Gewaltdarstellung, Gewaltverherrlichung und Hass

Man braucht nur täglich die Medien aufmerksam zu verfolgen: Aggressionen scheinen zur Tagesordnung zu gehören und können in den unterschiedlichsten Verhaltensweisen auftreten:

- Offene, physische Aggressionen, zum Beispiel durch Sachbeschädigung, körperliche Bedrohung, Schlagen oder Töten
- Offene, verbale oder nonverbale Aggressionen, zum Beispiel Gesten, Mimik, Beleidigen
- Verdeckte Aggressionen, die nur in Fantasien „gelebt" werden
- Indirekte Aggressionen wie Schikanen, Mobbing, üble Nachrede
- Emotionale Aggressionen in Form von Hass, Stress

Die meisten Menschen haben gelernt, ihre angeborenen Aggressionen so unter Kontrolle zu halten, dass diese Verhaltenweisen nicht offen ausgelebt, sondern die dadurch frei werdenden Kräfte in positive Verhaltensweisen umgesetzt werden, wie dies zum Beispiel beim Kampfgeist im Sport möglich ist.

Umgang von Kindern mit Gewalt und Pornografie

Aggressionen können aber auch erlernt werden. Empirische Untersuchungen haben ergeben, dass Pornografie und sexuelle Gewalt sexuelle Aggressionen zu enthemmen scheinen. In den 40er bis 80er Jahren stellte man zum Beispiel in mehreren Ländern eine Wechselbeziehung zwischen sexuellen Übergriffen und der Verfügbarkeit von pornografischem Material fest. Diese Wechselbeziehung sagt jedoch nichts über eventuelle kausale Zusammenhänge oder die Beeinflussung durch andere Faktoren aus.[3]

Die Konfrontation von Gewalt in den Medien wie im Fernsehen, im Internet oder in Computerspielen kann in Einzelfällen zur Replizierung des Erlebten in der Realität führen.

---

3   Quelle: Pornografie im Internet, *Dr. Andreas Hill, Peer Briken, Wolfgang Berner,* Veröffentlichung: „Internet-Devianz", Deutsche Stiftung für Kriminalprävention

Geradezu erschreckend sind die dargestellten Gewaltszenen im Internet: die massive Darstellung von Hinrichtungsszenen, zerfetzten Körpern von Unfallopfern, Körperverletzungsdelikte bis hin zu Tierquälereien zeigen besonders deutlich, dass hier Aggressionen in Form von Gewalt zum reinen Selbstzweck werden oder diese Gewalttaten sogar verherrlicht werden, indem die negativen Auswirkungen positiv für den Betrachter dargestellt werden. Hier muss man wohl von einer Jugendgefährdung ausgehen, da in solchen Fällen die Gewalt als Konfliktlösungsmethode oder zur Aggressionsentladung geradezu empfohlen wird. Häufig ist mit diesen Aggressionen auch ein politischer Kontext verbunden, nämlich dann, wenn sich die Gewalttaten gegen Minderheiten, gegen Menschen eines bestimmten Geschlechts oder Hautfarbe oder Religion richten.

Ähnlich wie bei der Darstellung von Pornografie vermag es uns mehr als merkwürdig anmuten, wenn man solches Bild- und Videomaterial auf amerikanischen Web-Servern vorfindet, auf das man natürlich auch von Deutschland aus zugreifen kann. Unter dem Postulat der Meinungsfreiheit werden hier die schlimmsten Perversionen bildlich dargestellt, die sich ein menschliches Gehirn nur ausdenken kann.

Wie vermag es da einer 12jährigen Schülerin ergehen, die als Mutprobe von ihren Freunden auferlegt bekam, eine so genannten Snuff-Seite[4] aufzurufen und der Clique über die Inhalte am nächsten Tag zu berichten, was es denn dort alles für Videos zu betrachten gibt, wenn es uns als Erwachsene schon den Magen umdreht?

Wenn die Mutter des betroffenen Mädchens dann am nächsten Tag berichtet, dass seit der Betrachtung dieser Inhalte ihre Tochter nur noch weinend zu Hause sitzt, Albträume hat und eigentlich gar keine Lust mehr verspürt, ihre Freundinnen und Freunde zu sehen, kann man sich vorstellen, welchen seelischen Schaden dieses Mädchen wohl genommen hat.

Problematisch werden vor allem die Fälle, in denen Jugendliche und Kinder den Unterschied zwischen realer und virtueller Gewalt noch nicht wirklich differenzieren können und Gewalt am PC als Unterhaltung „spielen". Diese Kinder werden sich die falschen Werte und „Vorbilder" möglicherweise zu Eigen machen und sich damit verhaltensgestört und sittlich desorientiert entwickeln.

Jugendliche sind ja noch auf dem Weg zur Erlebnisfähigkeit zum Beispiel von Sexualität. Diese Materie müssen sie erst einmal erforschen. Jedoch bekommen sie die Erlebnismöglichkeit durch die Allgegenwart von Pornografie und von Gewalt abgesprochen, weil die Bilder eine Vorstellung von Sexualität und zwischenmenschlichen Beziehungen vorfertigen. Von Anfang an sind die Themen Sexualität und

---

4   to snuff out – Darstellung von realen oder gespielten Tötungsszenen

Gewalt „in einem Topf vermengt", so dass Jugendliche so etwas wie eine eigene Sexualität, Zärtlichkeit und Mitfühlen gar nicht entwickelt können. Die Folge ist: Es entsteht ein falsches Bild von Sexualität, es kommt zur Verrohung und steigenden Gewaltbereitschaft sowie zu einer ethisch-moralischen Abstumpfung. (Siehe hierzu auch Seite 155 ff.)

„Die Konfrontation mit sexuell traumatisierendem Material in der Umgebung von Kindern und Jugendlichen trägt zur Entwicklung von Täterverhalten bei."[5]

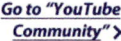

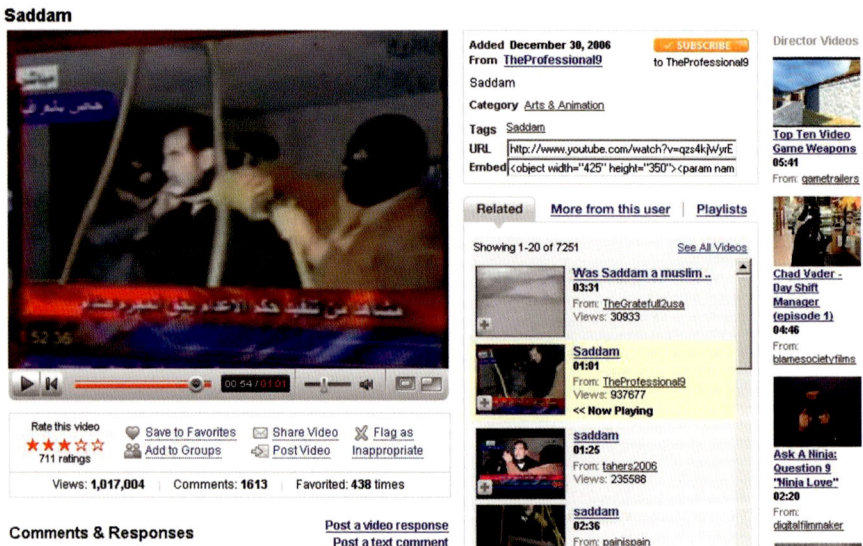

Im Januar 2007 ist das Hinrichtungsvideo Saddam Husseins eines der am meisten aufgerufenen Videos auf dem Video-Blog-System „You Tube".

---

5   W. H. Bera (1994) Family System Therapy for Adolexcent Male Sex Offenders. In J. C. Gonsiorek „Male sexual abuse: A Triology of Intervention Strategies". London: Sage Publication, S. 123

Welche Auswirkungen die Darstellung von Gewalt in Medien hat, konnte man im Januar 2007 erleben, als nach der Hinrichtung Saddam Husseins innerhalb weniger Tage vier Buben beim „Nachspielen" der gesehenen Hinrichtungsszene ums Leben kamen:

01. 01. 2007 (Texas)
Ein 10jähriger erhängt sich versehentlich, als er die Hinrichtung Husseins in seinem Kinderzimmer nach stellt.

05. 01. 2007 (Pakistan)
Ein 9jähriger erhängt sich, nachdem er im Fernsehen die Berichtserstattung über die Hinrichtung sah.

07. 01. 2007 (Riad)
Ein 12jähriger erhängte sich beim Nachspielen der Hinrichtung.

09. 01. 2007 (Türkei)
Nachdem ein 12jähriger die Exekution Husseins im Fernsehen gesehen hatte, stellte er seinen Eltern viele Fragen zu den Ursachen der Hinrichtung. Später entdeckten die Eltern ihren erdrosselten Sohn mit einer selbst gefertigten Schlinge in seinem Zimmer.

Sichere Altersverifizierungssysteme?

Die Kommission für Jugendmedienschutz der Landesmedienanstalten (KJM) hat mit Beschluss vom Juni 2003 die Eckpunkte für die Anforderungen an geschlossene Benutzergruppen formuliert, die auf den gesetzlichen Vorgaben im Jugendmedienschutz-Staatsvertrag (JMStV § 4 Absatz 2 Satz 2) beruhen. Bestimmte Inhalte, die als jugendgefährdend einzustufen sind, dürfen nur sog. geschlossenen Nutzergruppen von Erwachsenen zugänglich gemacht werden. Diese Vorgaben sind durch zwei Verfahren sicherzustellen:

– Identifizierung
  Durch eine mindestens einmalige Identifizierung in Form der Volljährigkeitsprüfung, die über den persönlichen Kontakt erfolgen muss. Dies ist zum Beispiel durch das so genannte „Post-Ident-Verfahren" der deutschen Post möglich. Weiterhin gibt es Identifizierungsmodule, mit denen unter bestimmten Voraussetzungen auf eine bereits erfolgte Gesichtskontrolle (Face-to-Face) zurückgegriffen werden kann. Die KJM empfiehlt z. B. das „fun SmartPay AVS" der fun communications GmbH und den „Identitäts-Check mit Q-Bit" der SCHUFA. Werden solche sog. Teillösungen in die Altersprüfsysteme ein-

gebaut, wird die Entwicklung von Systemen, die den Anforderungen des JMStV genügen, vereinfacht.

– Authentifizierung
Durch ein Authentifizierungs-Prozedere bei jedem einzelnen Nutzungs-/Anmeldevorgang, damit das Risiko einer Weitergabe von Zugangsdaten an Minderjährige wirksam reduziert wird. Die Authentifizierung dient der Sicherung, dass nur identifizierte und altersgeprüfte Personen Zugang zu geschlossenen Benutzergruppen erhalten. Um zu gewährleisten, dass jugendgefährdende Inhalte nur von den zuvor identifizierten Personen genutzt werden, können unterschiedliche Authentifizierungsmethoden zum Einsatz kommen. Beispielhaft sind der Einsatz einer Geldkarte oder eines ID-Chips (in Form auch eines USB-Sticks).

Nach diesen Vorgaben kann man zu dem Schluss kommen, dass ein wirksamer Jugendmedienschutz gewährleistet ist, doch gelten diese Vorschriften eben nur für deutsche Anbieter. Hier zeigt sich erneut das Problem: Wir haben weltweit unterschiedliche Jugendschutzbestimmungen und noch nicht einmal unter den Mitgliedsstaaten der Europäischen Union ist es geglückt, einheitliche Vorschriften oder Richtlinien für Internet-Anbieter von jugendgefährdendem Material zu erarbeiten. Sicherlich ist es auch sinnvoll, wenn die EU beispielsweise aus Verbraucherschutzgründen eine Qualitätsnorm für Bananen und Gurken erlässt, die unter anderem festlegt, dass Bananen „frei von Missbildungen und anomaler Krümmung der Finger" sein müssen, damit sie in den Handel gelangen können. Aber einmal ganz ehrlich: Sind das wirklich die Probleme, die uns heute akut unter den Nägeln brennen?

Immer wieder wird dem Staat von Kritikern bei Maßnahmen gegen die Veröffentlichung von Pornografie und Gewalt vorgeworfen, bereits im Vorfeld eine Zensur durchzuführen. Nach Artikel 5 Abs. 1 des Grundgesetzes (GG) „hat jedermann das Recht, seine Meinungen in Wort, Schrift und Bild frei zu äußern und zu verbreiten und sich aus allgemein zugänglichen Quellen ungehindert zu unter unterrichten. Die Pressefreiheit und die Freiheit der Berichterstattung durch Rundfunk und Film werden gewährleistet. Eine Zensur findet nicht statt."

Jedoch nennt der Absatz 2 des gleichen Artikels Einschränkungen bei dieser Meinungs- und Informationsfreiheit:

„Diese Rechte finden ihre Schranken in den Vorschriften der allgemeinen Gesetze, den gesetzlichen Bestimmungen zum Schutze der Jugend u. im Recht der persönlichen Ehre."

Damit hat der Gesetzgeber deutlich ausgedrückt, dass dem Jugendschutz ein ähnlicher Stellenwert eingeräumt wird wie der allgemeinen Meinungsfreiheit. Allerdings sind die Einschränkungen der Meinungsfreiheit nach dem Bundesverfassungsgericht ihrerseits einschränkend auszulegen. Im so genannten Lüth-Urteil (BVerfGE 7, 198 ff.) hat das Bundesverfassungsgericht unter anderem postuliert: „Deshalb sei es nicht richtig, die sachliche Reichweite von Artikel 5 Absatz 1 GG schon durch jedes einfache Gesetz ohne weiteres Hinterfragen einzuschränken. Die allgemeinen Gesetze müssten vielmehr in ihrer das Grundrecht beschränkenden Wirkung ihrerseits im Lichte der Bedeutung dieses Grundrechts gesehen und interpretiert werden. Sein besonderer Wertgehalt, nämlich die grundsätzliche Vermutung für die Freiheit der Rede in allen Bereichen müsse gewahrt bleiben. Es finde daher eine Wechselwirkung in dem Sinne statt, dass die „allgemeinen Gesetze" zwar dem Wortlaut nach dem Grundrecht Schranken setzen, ihrerseits aber aus der Erkenntnis der wertsetzenden Bedeutung dieses Grundrechts im freiheitlichen demokratischen Staat ausgelegt und so in ihrer das Grundrecht begrenzenden Wirkung selbst wieder eingeschränkt werden müssen."

Jegliche Jugendschutzmaßnahmen im publizistischen Bereich müssen sich somit auch an dieser Entscheidung messen lassen, was wirksame Eingriffe erschwert.

Auch in anderen Verfassungen der Staaten der Erde gibt es teilweise noch weitergehende Kernaussagen zum Grundrecht der freien Meinungsäußerung. Auf der Grundlage des 1. Zusatzartikels zur Verfassung der Vereinigten Staaten von Amerika darf auf Web-Seiten amerikanischer Server so ziemlich alles gezeigt und geschrieben werden, was in der Bundesrepublik Deutschland als jugendgefährdend eingestuft würde oder bei uns sogar Straftatbestände erfüllt. Das ist auch der Grund, warum sich zum Beispiel rechtsradikale Organisationen in den USA Speicherplatz auf Servern anmieten oder auf WWW-Seiten die brutalsten Hinrichtungsszenen präsentiert werden dürfen, ohne dass die Anbieter Angst vor staatlicher Verfolgung haben müssen.

Rassismus und politischer Extremismus

Das Grundwesen einer demokratischen Gesellschaft ist das gegenseitige Respektieren der Meinungen politisch Andersdenkender. Dieser gegenseitige Respekt hört aber meist auf, wenn die demokratische Ordnung des Verfassungsstaates fanatisch oder gewaltsam bekämpft wird. Häufig werden von den Extremisten Feindbilder aufgebaut, die sehr ausdifferenziert sind. Da Extremisten in aller Regel Überzeugungstäter sind, bauen sie Feindbilder aus und in der Realität auf.

Wir kennen heute im Internet mehr als 300 deutsche, 140 europäische und über 200 amerikanische Websites von Rechtsextremisten, wobei rund 90 Prozent der deutschsprachigen Angebote vom Ausland betrieben werden. Im Grunde genommen spielen in unserer vernetzten Gesellschaft solche Dinge wie Wohnort keine Rolle mehr, denn jeder deutsche Staatsbürger kann sich auch im Ausland Speicherplatz anmieten.

Es ist sehr leicht, an die Web-Angebote der Rechtsradikalen zu gelangen. Such-begriffe wie „Revisionismus", „Auschwitz" oder „Holocaust" bieten neben wissen-schaftlich fundierten Informationen und Quellen auch eine Vielzahl von zunächst seriös scheinenden Anbietern, die sich nach einer tieferen Recherche aber all zu oft als rechtsextremistische Angebote herausstellen. So finden sich beispielsweise auf der Homepage des Institute for Historical Review (IHR) seriös aufgemachte Angebote und erst nach genauerer Analyse kann man entdecken, dass diese zu der wichtigsten Schaltfläche der Holocaust-Gegner im Internet zählen. David Irving, ein Revisionist und Geschichtsfälscher, bietet auf seiner Website die Möglichkeit, kostenlos seine irreführenden Bücher herunterzuladen.

Zitat Irving:

„Wenn ein Student jetzt in einer Universität eine Aufgabe bekommt, eine Schul-aufgabe, einen Aufsatz über Hitler oder den Holocaust schreiben muss, da geht er sofort ins Internet und schaut nach, was über diese Themen vorhanden ist. Und da stößt er unweigerlich auf meine Website."

David Irving verzeichnet täglich über 1.000 Besucher auf seiner Homepage.

Ende 2005 waren 120 NPD-Verbände und Gruppierungen aus Deutschland mit einer Internet-Präsenz online. Bei einer Analyse dieser Seiten stellt man fest, dass Teile der Angebote speziell für jugendliche Internet-Nutzer gestaltet wurden. Zu diesen Angeboten gehören Musikangebote, Schriften, Computerspiele sowie Platt-formen mit der Möglichkeit zur Kommunikation über Themen, die Jugendliche ansprechen und bewegen. Auf anderen Websites stellten die Betreiber Kennzeichen verfassungswidriger Organisationen wie Hakenkreuzsymbole, SS-Runen etc. dar und veröffentlichen volksverhetzende Aussagen und revisionistische Texte, welche im Tenor die Aussage treffen:

Relativierung und Leugnung
- der Schuld Deutschland am Zweiten Weltkrieg
- der Massenvernichtung der Juden und
- des „Führerbefehls" für diese Vernichtung.

Auf rechtsradikalen Seiten findet ein klares Feindbilddenken statt. Mit schlagkräfti-gen Parolen und rechter Propaganda wird gegen die jeweilige Regierung geschimpft und die Angst der Bürger vor sozialem Abstieg geschürt. Zu den Vorgehensweisen der Rechtsradikalen gehört es auch, ganze Bevölkerungsgruppen zu stigmatisieren.

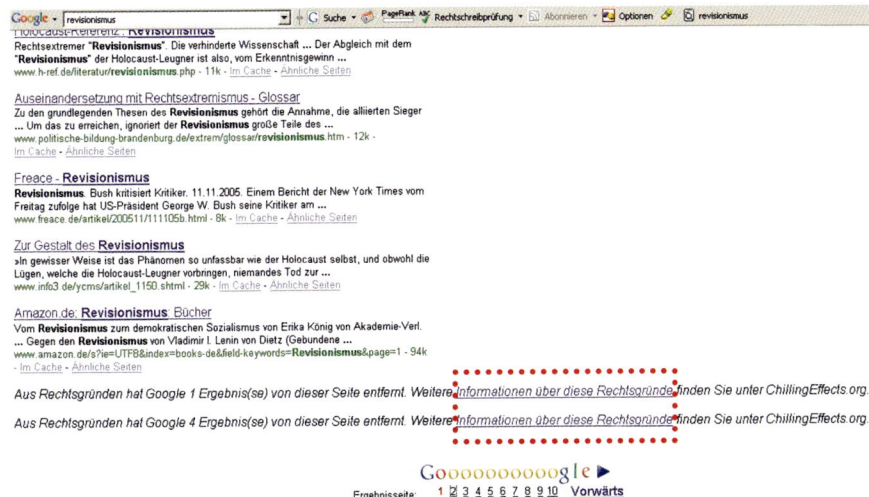

Suchmaschinenbetreiber wie Google sind inzwischen dazu übergegangen, Links zu strafrechtlich relevanten Inhalten zu filtern.

„Keine Gewalt an unseren Schulen – Friedliche Einheit statt kriminelle Vielfalt" suggeriert gerade Schülern als Zielgruppe, dass Ausländer alle gewalttätig und kriminell sind. Schulgewalt und Drogenmissbrauch könne nur durch das Abschieben von Ausländern gelöst werden. Auffällig ist, dass z. B. die auf den von der NPD betriebenen Websites behandelten Themen sehr viele Bereiche angesprochen werden, die gerade den Interessen der Jugendlichen entgegenkommen.

Musik und Computerspiele als Propagandamittel der rechtsradikalen Szene

Die vielen Fälle, in denen rechtsradikale Musik-CD's vor Schulen verbreitet wurden, sind schon gefährlich. Das Internet als Verbreitungsplattform für Musik spielt heute aber eine essenziellere Rolle. Ausgehend von der Tatsache, dass Musik immer eine wichtige Rolle im Alltag der Jugendlichen spielt und auch einem selbst gelebten Lebensgefühl entspricht, nutzen rechte Gruppierungen Song-Texte um Einfluss auf Jugendliche zu nehmen. Zitat aus der rechtsradikalen Musikzeitschrift „Kreuzritter":

> „Musik ist für uns eine Waffe. Wenn die sich Lieder zwanzig Mal anhören, dann haben sie den Text voll drauf!"

Rechtsradikale Musik untergliedert sich in verschiedene Sparten wie Skinhead-Musik, Black-Metal, Hatecore oder Rock Against Communism (RAC). Auf ausländischen

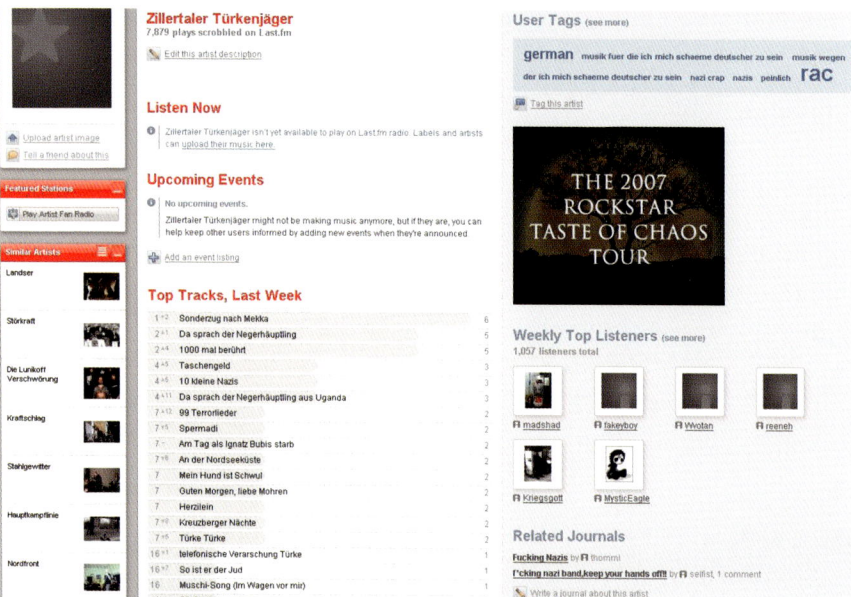

Bekannte Melodien anderer Interpreten werden von rechtsradikalen Musikgruppen wie den „Zillertaler Türkenjäger" mit fremdenfeindlichen, volksverhetzenden Texten versehen.

Webservern werden die Musikwerke, deren Verbreitung in Deutschland verboten wurde, kostenlos zum Download angeboten. Die Texte der indizierten oder gar ganz verbotenen Musikproduktionen verherrlichen den Nationalsozialismus, betreiben Volksverhetzung oder fordern sogar zur Begehung von Straftaten auf. Schon lange gibt es eine rechtsextreme Liedermacherszene, über Balladensänger bis hin zu Hardrock-Bands. Entweder sind komplett neue Songs geschrieben worden oder man covert bekannte Lieder mit neuen Texten wie „An der Nordseeküste, am arischen Strand ...", „Am Tag, als Ignatz Bubis starb" (original: „Der Tag, als Conny Cramer starb") usw.

Diskjockeys sind dazu übergangen, Techno-Musik mit Originalansprachen Adolfs Hitlers oder Goebbels zu unterlegen.

Neonazis verwendeten in der Vergangenheit schon vielfach Musik als Aufputschmittel für spätere Gewalttaten. Im Januar 2001 feierte eine Gruppe Neonazis in der Münchener Innenstadt in einem Lokal eine Geburtstagsparty mit entsprechender Hintergrundmusik. Im Laufe des Abends begaben sich drei Personen aus dieser Gruppe auf die Straße. Unglücklichweise lief ihnen ein junger griechischer Staatsbürger geradewegs in die Arme. Der Grieche passte leider genau in das gerade wieder vergegenwärtigte Feindbild von „Ausländern in Deutschland, die deutschen Arbeitnehmern die Arbeit wegnehmen". Mit brutaler Gewalt wurde der Grieche niederschlagen, und er konnte von Glück reden, dass ihm fünf junge Türken, die den Vorfall beobachtet hatten, zur Hilfe kamen. Es bleibt fraglich, wie dieser Angriff ohne die Hilfe dieser Männer ausgegangen wäre.

Zwei Tage nach diesem Vorfall erschien auf einer deutschsprachigen Neonazi-Seite folgende Neuigkeitsmeldung: „Türkenschläger – Deutscher bewusstlos geschlagen!"

Der folgende Text stellte die Tatsachen völlig verdreht dar. Zusätzlich wurden am Ende des Textes die Fotos und die Namen der fünf Türken veröffentlicht, die man aus Zeitungsveröffentlichungen eingescannt hatte. Unter den Fotos stand folgender Text:

> *„Das Thule-Netz vertraut auf die argumentative Auseinandersetzung und verbindet mit dieser Veröffentlichung dieser Informationen keine Aufforderung zur Gewalt."*

Auf der Homepage des Neonazis Garry Lauck gibt es Empfehlungen, „Wie Du das Internet als Propaganda-Waffe nutzen kannst: Besuche Chat-Räume, sende folgende Nachricht: Neues Computerspiel – GRATIS zum Herunterladen unter www ..." Gerade das Wort „Gratis" übt eine mächtige Faszination auf Jugendliche aus, denn was nichts kostet, wird bei einem kleinen Taschengeld-Budget dankbar angenommen. Die Spiele, die auf rechtsradikalen Seiten angeboten werden, sind meist sehr simpel programmiert und haben nur eines zum Ziel: Die Vernichtung des erklärten Gegners in Form von Juden oder Ausländern.

Bei einem Kursus zum Thema „Rechtsradikalismus und Internet" wurde mit Schülern im Alter von zwölf bis 16 Jahren ausführlich die Problematik diskutiert. Zu diesem Zweck hörten die Jugendliche auch Reden von Hitler und Goebbels, Reden, die von alten Schellack-Platten kopiert und digitalisiert wurden, damit man sie zum Download auf entsprechenden Seiten anbieten kann. Es handelte sich dabei sowohl um Radioansprachen als auch um öffentliche Auftritte. Nach dem Vorspielen dieser Reden wurden die Jugendlichen aufgefordert, ihre Emotionen und Gedanken niederzuschreiben. Es kam dann zu Aussagen wie:

> *„... ich habe von einem heutigen Politiker im Bundestag noch nie eine solch mitreißende Rede gehört, wie sie Hitler gegenüber seinem Publikum gehalten hatte ..."* oder
> *„... die Politiker früher haben es aber verstanden, die Menschen in ihren Bann zu ziehen. Respekt! ..."*

Sicherlich ist es interessant und lehrreich, zum Beispiel im Geschichtsunterricht zum Thema „Das Dritte Reich" solche multimedialen Inhalte mit entsprechendem geschichtlichen Hintergrund in den Unterricht einzubauen. Die Wirkung ist jedoch kaum vorhersehbar, wenn Jugendliche mit solchem Material alleine gelassen werden. Wenn man sich die oben zitierten Aussagen der Jugendlichen ansieht, könnte der Verdacht aufkommen, dass dieses Wirken der Führungsriege der Nationalsozialisten möglicherweise in einem Jugendlichen falsche Eindrücke entstehen lässt, die völlig an der Realität vorbei laufen.

Sekten, Satanismus, okkulte Gruppierungen
Manipulation leicht gemacht

Bereits 1995 entdeckten die katholische und evangelische Kirche das Internet als Medium für sich. Neben aktuellen Informationen aus den Landeskirchen, Akademien, Fortbildungsstätten und Gemeinden werden auch christliche Inhalte wie Predigten, das Glaubensbekenntnis, Auszüge aus der Bibel, sog. Blogs[6] für Gebetsanliegen usw. veröffentlicht. Vielleicht ist dies durchaus eine Möglichkeit im Kampf gegen leere Gotteshäuser, wo Gebete heute vielfach verhallen. Man denkt ernsthaft sogar schon darüber nach, den Gottesdienst in einen virtuellen Raum zu verlegen, bei dem die Teilnehmer über das Internet mit Videokonferenz miteinander verbunden sind.

Im Internet sind aber nicht nur die staatlich anerkannten Religionsgemeinschaften zu finden. Wie sieht es mit den unzähligen Sekten aus, die ebenfalls das Internet für Nachwuchswerbung benutzen? Satanische Organisationen, die Gothic-Szene, Universelles Leben oder Scientology – um nur einige wenige zu nennen, nutzen ebenfalls das World Wide Web für ihre Zwecke. Gerade bei der Scientology-Organisation kennt und nutzt man äußerst raffinierte Infiltrations-, Anwerbe- und Werbestrategien. Über Tarnorganisationen werden zuerst Erwachsene angesprochen, aber auch Drogensüchtige und Schulkinder. So wurden beispielsweise im Jahr 2004 in Stuttgart Schüler in eine Ausstellung über den Gründer der Scientology-Organisation (SO) L. Ron Hubbard gelockt, da angeblich die Organisation „gerade von Schulen und Schülern aus den oberen Klassen verstärkt Anfragen zu den Zielen der Organisa-

---

6   Blog oder auch Weblog (zusammengesetzt aus Web und Log) sind Webseiten, die periodisch neue Eintragungen enthalten. Die neuesten Einträge stehen an oberster Stelle. Die aktive Teilnahme durch Schreiben in einem Blog bezeichnet man als bloggen.

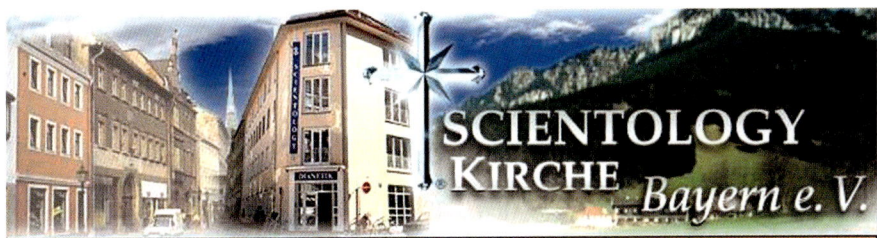

| Kostenloser Persönlichkeitstest | Weitere Informationen | Sonntagsandacht | Kontaktstellen |

**Willkommen in der
Scientology Kirche Bayern e. V.**

„Wir respektieren den Menschen und glauben, dass er Hilfe verdient. Wir respektieren Sie und glauben, dass auch Sie helfen kï¿½nen." – L. Ron Hubbard

Wï¿½REND DIE KRISE IM MITTLEREN OSTEN ESKALIERT und der Krieg gegen Terrorismus sowie verschiedene Skandale Schlagzeilen machen, wï¿½rend die Tageszeitungen und das Fernsehen uns mit den aktuellsten schlechten Neuigkeiten von Verlust, Versagen, Tod und Zerstï¿½ung bombardieren, kï¿½nten Sie sich sagen: Es wird immer schlimmer. Kï¿½nen wir den Menschen von sich selbst befreien?

Vielleicht fragen Sie sich dann: Was kann ich dagegen tun? Was kann man berhaupt dagegen tun?

Nun, es ist fr Sie mï¿½licherweise eine Erleichterung zu wissen: MAN KANN **IMMER** ETWAS TUN. Sie kï¿½nen fr einen Unterschied sorgen – angefangen damit, dass Sie der Person gleich neben Ihnen helfen.

Als Lorraine Baritz aus   von einer Freundin, dessen dreizehnjï¿½riger Sohn im Koma lag und der nach einem schweren Motorradunfall seit vier Tagen knstlich am Leben gehalten wurde, ins Krankenhaus gerufen wurde, wusste sie genau, was sie tun musste, um zu helfen.

**Standortplan: Klicken Sie hier
Wir sind Mo-Fr 9:20 - 23:30
geöffnet; Sa-So 9:20 - 23:30**

Beichstrasse 12
80802 München
Germany
Tel: 089 3860700
E-Mail:
info@scientology-muenchen.org
Web Site:
munich.scientology.org

Come to our next event... Click here for more information

Die Scientology Organisation wirbt in fast allen Ländern der westlichen Welt über das Internet für Ihre Ziele und damit für neue Mitglieder.

tion" erhalten hätten. Ziel der Ausstellung war es, L. Ron Hubbard als Menschenfreund darzustellen.

Insbesondere in Baden-Württemberg und Hessen versuchen Scientologen mit so genannten „Professionellen Lerncentern" ein Nachhilfeprogramm für Schüler zu starten, um mit diesem getarnten Angebot Eltern und Schulkinder in die Lehre Hubbards einzuführen. Andere Bezeichnungen für solche Lernzentren sind „Zentrum für individuelles und effektives Lernen" (ZIEL).

Auch auf den deutschsprachigen Internetseiten der SO findet man einen Persönlichkeitstest, der unter Fachleuten als äußerst umstritten, ja gar gefährlich gilt.

Scheinbar harmlose Web-Site einer christlichen Organisation: Universelles Leben.

Dieser Test, auch als Oxford Capacity Analyse[7] bezeichnet, täuscht die Probanden mit dem Ergebnis der beantworteten 200 Fragen. Die Auswertung des Tests erfolgt mit Hilfe von Tabellen, getrennt nach weiblich und männlichen Teilnehmern sowie nach den Altersgruppen 14 bis 18 Jahre und über 18 Jahre. Durch die vielen Fragen bekommt die SO gute Einblicke in die private Situation der Testpersonen. Die angebliche Auswertung wird in Diagrammform dargestellt, wobei hier nur ein Auf und Ab der Kurve zu erkennen ist. Am Ende des Tests verläuft die Kurve aber immer in den negativen Teil der Skala und zwar in dem Bereich, der die zwischenmenschliche Kommunikation darstellen soll. Als Testergebnis wird dem Probanden ein dringender Behandlungsbedarf diagnostiziert, meist in Form eines Kommunikationskurses. Andere Testergebnisse diagnostizieren mit Hilfe des Persönlichkeitstests eine Suizidgefahr. Die Häufigkeit dieser Diagnose nährt den Verdacht, dass die Testergebnisse manipuliert werden, um die Probanden zu Vertragsabschlüssen mit den Scientologen zu bewegen.

Ähnlich agieren auch andere Gruppierungen. So unterhält zum Beispiel das „Universelle Leben" (UL) eine „reich gefüllte" Homepage im Internet, die vor Harmlosigkeit nur so strotzt. Der unwissende Besucher, der auf der Seite dieser „Religionsgemeinschaft" landet, weil er möglicherweise Informationen zu Vegetarier-Organsationen sucht, findet zu „seinem Suchthema" reichliche Informationen. Allerdings wird unter dem Deckmantel der Tierliebe und dem Respekt vor der lebenden Kreatur auf „Jüngerfang" gegangen. Nicht selten landen hier tierliebende Jugendliche. Mit einem niedlichen Schäfchenbutton verlinkt sich der eine oder andere vielleicht auch, um das heute unter jungen Menschen so populäre „Vegetarier-Sein" auch nach außen zu demonstrieren und ist damit der Einflussnahme der Sekte ausgeliefert.

Satanismus

Satanismus ist ein nicht festgeschriebener Begriff über eine bestimmte Philosophie und Weltanschauung, die unterschiedlichste Traditionen, ausgehend von altägyptischen Mythologien über Kelten- und Voodoo-Praktiken, im modernen Satanismus gemischt hat und in neu entwickelte Systeme integriert wurden. Interessanterweise geht es in der Philosophie und in der Praxis vieler satanischer Systeme nicht in erster Linie um die Anbetung bzw. Anrufung des personifizierten Teufels, sondern um die „Selbstvergottung" des Menschen.

---

7   Oxford Capacity Analys (OCA) = ein Kunstname, der weder mit Oxford, geschweige denn mit der dort ansässigen Universität etwas zu tun hat.

Haupttenor der satanistischen Ideologie ist das euphorische Lob der Herrschaft des Menschen über den Menschen. Im Satanismus wird der Egoismus, die Gewalt, die Durchsetzungskraft des Starken zur kultischen Verehrung gebracht.

Gerade in unseren Tagen hat der Teufel Hochkonjunktur. Das Thema Satanismus weckt, natürlich auch durch die mehr oder weniger seriöse Medienberichterstattung, Emotionen, bündelt Ängste und Befürchtungen. Oftmals werden Verzweiflungstaten Jugendlicher wie Suizidhandlungen oder Vandalismus auf Friedhöfen und in Kirchen mit dem Teufel in Verbindung gebracht. Sogar Tötungs- und Vergewaltigungsdelikte werden den Satansjüngern angehängt, und das in Einzelfällen leider auch zu recht.

Gerade weil sich der Satanismus grundsätzlich im Verborgenen abspielt, haben Außenstehende naturgemäß keinen Einblick in die inneren Zusammenhänge okkulter Gruppierungen. Unter manchen Jugendlichen ist der Satanismus auch „trendy", zum Beispiel benutzen Musikbands aus der so genannten „Black-Metal-Scene" bei Texten und CD-Cover satanistische Texte und Symbole in erster Linie, um die Verkaufszahlen zu steigern. Das Tragen von satanistischen Symbolen fällt in den gleichen Bereich. Es ist letztlich für viele nur ein Ausdruck von Protest oder der Versuch der Aufmerksamkeitserregung gegenüber der Erwachsenenwelt, wie man sie in anderen Bereichen z. B. Punkerszene ebenfalls findet.

Daneben gibt es jedoch auch noch den sog. religiösen Satanismus, dem ein mehr oder weniger geschlossenes weltanschauliches System zugrunde liegt und der durch den Einsatz von liturgischen Ritualen und magischen Handlungen gekennzeichnet ist.

Für Prof. Dr. Hans-Dieter Schwind, renommierter Kriminologe an der Universität Osnabrück, sowie einige szenekundige Kriminalbeamte in Deutschland, ist klar zu erkennen, dass das Gefahrenpotenzial, das von okkulten Straftätern ausgeht, in den vergangenen Jahren deutlich zugenommen hat. Schwind sieht deshalb Handlungsbedarf. Der Kriminologe sieht das Problem auch vor dem Hintergrund von Auflösungserscheinungen unserer Gesellschaft. „Die Hemmschwellen der Brutalität wird sinken. Deshalb ist sinnvolle Jugendarbeit dringend gefragt."

Derzeit schätzt man, dass in Deutschland rund 7.000 Personen zu den Satanisten zählen. Die Palette der Straftaten, die durch diese Menschen begangen werden, ist unterschiedlich: Sie reicht von der einfachen Sachbeschädigung bis zu rituellen Tötungsdelikten. Fakt ist: Immer wieder verschwinden Menschen aus dem Umfeld der Satanisten, meist fehlt es aber an Beweisen, so dass mögliche Verbrechen nicht aufgeklärt werden können. Seit einigen Jahren ist zu beobachten, dass in Bereichen der Satanismus- und Okkultszene ein Umbruch stattfindet. Gerade Jugendliche in den neuen Bundesländern, häufig auch aus der Skinhead-Szene, orientieren sich vermehrt an neonazistischem und satanistischem Gedankengut. Verfassungsschützer sprechen von einer Allianz zwischen Neo-Satanisten und Neo-Nazis. Einige der Black-Metal-Bands mixen satanistische Ansätze in ihren Texten mit germanischen und rechtsextremistischen Inhalten.

Das Internet spielt bei der Werbung neuer Mitglieder eine entscheidende Rolle. Wohl wissend, dass gerade Jugendliche dem Medium Internet sehr offen gegenüberstehen, locken einige der Sekten junge Menschen über Freizeitaktivitäten oder esoterische Angebote an.

Bomben basteln – leicht gemacht ...
Sprengstoff und Chemikalien

Der Kick nach immer extremeren Freizeitbeschäftigungen lässt auch immer mehr Jugendliche nach Anleitungen zur Herstellung von Sprengstoffen und Bomben suchen. Diese Tatsache ist nicht nur für die Umwelt äußerst brisant, sondern stellt insbesondere für die Nachwuchs-Bombenbastler natürlich ein hohes Risiko dar, da über den richtigen Umgang mit diesen hochexplosiven Stoffen meist keine aus-

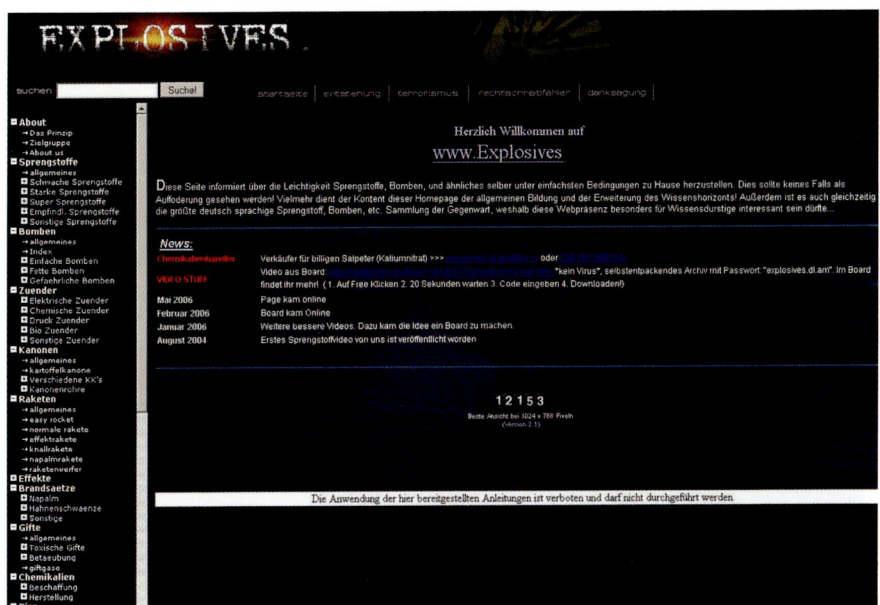

Auf einschlägigen Websites findet man relativ ausführliche Anleitungen zur Herstellung von Sprengkörpern und Zündmechanismen.

reichenden Vorkenntnisse herrschen. Nach offiziellen Angaben der Umweltminister starben alleine im Jahr 2005 mindestens sechs Menschen durch die Explosion selbst gebauter Sprengsätze, 34 erlitten schwerste Verletzungen. Großartige Kenntnisse in Chemie setzen die Autoren von ausführlichen Sprengsatz-Bauanleitungen genauso wenig voraus wie aufwendige technische Apparate, die ebenso wenig zum Nachbau erforderlich sind. Fast idiotensicher wird in diesen Werken erläutert, wie man Napalm, Apex oder Nitroglycerin herstellt. Die zum Zusammenmixen der Bomben erforderlichen Ausgangsstoffe sind leicht im Handel erhältlich, da es sich um Alltagsprodukte wie Haushaltsreiniger, Kunstdünger, Nagellackentferner usw. handelt. Noch fehlende Stoffe besorgt man sich online. Große Schlagzeilen verursachte ein 27jähriger Chemiestudent, der 1,5 Tonnen hochgefährlicher Chemikalien über das Internet verkaufte. Über 1.000 Kunden fand man in Dateien auf seinem Computer.

Auszug aus einer Nachbauanleitung: „Das Produkt kann, solange noch feucht, berührt werden (ist aber trotzdem noch SAU empfindlich!). Trocken ist es dermaßen empfindlich, dass die leiseste Berührung mit einer Hühnerfeder zur Explosion führt. Auch ein Fotoblitz oder der höchste Ton des Klaviers verursachen die Detonation!"

Angesichts solcher Anleitungen liest sich die Einleitung des Sprengstoffautors fast wie ein Hohn:

> „Ich appelliere hiermit noch einmal an eure linke Gehirnhälfte: BAUT KEINEN SCHEISS MIT DIESEN ANLEITUNGEN! AM BESTEN IHR LASST EINFACH DIE FINGER DAVON!"

Wie wäre es, wenn der Autor es gleich unterlassen würde, diese Anleitung ins Netz zu stellen?

Auch wenn es etwas harmloser klingt, die Kartoffelkanone kann auch beträchtlichen Schaden verursachen und das Zusammenspiel von Treibgasen und offenen Flammen ist selbst für den gelernten Pyrotechniker eine kaum zu kontrollierende explosive Mischung. In Videos, häufig von Jugendlichen produziert, wird detailliert der Nachbau gezeigt.

Hohe kriminelle Energie wird man den Jugendlichen wohl nur in den seltensten Fällen unterstellen können. Neugierde oder das Verüben von „Dummen-Jungen-Streichen" sind Hauptmotive zur Herstellung von Sprengsätzen. Trotzdem kann schon das Aufbewahren von Eigenlaboraten eine teuere Angelegenheit werden. Wie im schleswig-holsteinischen Schwarzenbeck, als die eingesetzte Polizei nach Entdeckung von hochexplosivem Sprengstoff anlässlich einer Wohnungsdurchsuchung über 40 Wohnungen im Umkreis des Durchsuchungsobjektes räumen ließ.

Über 100 Rettungskräfte wirkten bei der Evakuierung mit, die dem Bombenbastler schließlich eine Rechnung von 15.000 Euro nach dem Einsatz präsentierten.

Abgesehen von der Experimentierfreudigkeit junger Menschen mag es dem Leser doch mehr als seltsam vorkommen, wenn sich Bundesbildungsministerin Annette Schavan in einem offenen Brief „… gegen die Kontrollen durch die Staatsgewalt" ausspricht, da diese „die Kreativität und naturwissenschaftliche Neugier lähmen würden". Hat die Ministerin eventuell übersehen, dass die auf den entsprechenden Internet-Seiten angebotenen Informationen zur Herstellung von Flüssigsprengstoff, Paket- und Briefbomben und anderen teuflischen Zündmechanismen wie die Zündung von Sprengstoffen per Handy, gerade auch in terroristischen Kreisen zur Begehung von Anschlägen genutzt werden?

Suizid in der virtuellen Welt

Jährlich beenden alleine in Deutschland rund 12.000 Menschen durch Freitod ihr Leben. Das sind wirklich dramatische Zahlen. In inzwischen über 30 so genannte Suizidforen tummeln sich vor allem junge Menschen, die hier ein riskantes Spiel mit dem Tod treiben.

Die Fragen nach dem Sinn des Lebens und der möglichen Sinnlosigkeit sind typischerweise Problemfelder des Erwachsenwerdens, und vor allem in der Anonymität des Internets können Jugendliche diese Fragen ohne die vielleicht als störend empfundenen oder Unverständnis zeigenden Eltern hervorragend diskutieren. So ist es auch nicht verwunderlich, dass das Thema Selbstmord aus den Tagebüchern oder nächtelangen Intensivgesprächen mit Freunden oder Gleichgesinnten ins jugendspezifische Medium Internet abgewandert ist.

Das Internet kann natürlich nicht die Ursache eines Suizids sein. Die Gründe dafür liegen viel früher und tiefer begründet, in der Entwicklung und Erziehung eines Menschen. Aber durch die Nutzung des Internets können die vielfältigen Informations- und Kommunikationsangebote Wünsche und Sehnsüchte kanalisieren und im Guten wie im Bösen unterstützen. Die Flucht der Jugendlichen in die virtuelle Welt des Internets kann Eltern verständlicherweise Angst machen und dieses Medium noch unheimlicher erscheinen lassen.

Erschreckend offen gehen junge Menschen mit dem Thema Tod und Suizid um. Zitate von entsprechenden Web-Sites:

„Ich plane meinen Tod … mir fehlt der Partner … wer mir helfen kann und will soll es bitte tun …"
„Schreibt doch mal übers Sterben oder traut sich keiner"?

„Was stellst Du Dir vor … ich möchte z. B. nicht unbedingt ersticken".
„Ich habe schon einen Termin. Heute Nacht werde ich aus dem Fenster springen,
ich kann nicht mehr".

Menschen, die regelmäßig in Freitod-Foren Gäste sind, ist diese Gemeinschaft der
Gleichgesinnten häufig wichtiger, als die der Eltern und Freunde, die oft von den

---

www.freitodforum.de

Das Online-Portal zum Thema Suizid, Selbsttötung, Freitod, Selbstmord

Home | Kulturelles | Foren | Private HPs | Humor | Archiv | Impressum | Gästebuch

Linkliste Suizid-Foren

www.freitodforum.de betreibt zur Zeit kein eigenes Suizid-Forum. Auch bin ich in keinem Forum in irgendeiner Form aktiv, weder administrativ noch schreibend. Daher beschränke ich mich darauf, hier eine Linkliste verschiedener Foren zusammenzustellen.

Diese Liste erhebt keinerlei Anspruch auf Vollständigkeit und stellt keine Wertigkeit dar. Außerdem unterliegt sie dem Urheberrecht und darf ohne Genehmigung nicht kopiert, abgeschrieben, in Frames eingebunden oder sonst irgendwie weiter verwendet werden.

Für Vorschläge neuer Links steht unser Link-Formular zur Verfügung, ebenso für Änderungen oder zum Löschen bestehender Links .

Sterbende Seelen
Community bestehend aus Forum, Chat (beide mit Registrierungspflicht) und Info-Seiten.

www.selbstmordchat.de
Chat zum Thema Selbstmord

The Last Way
Community aufgeteilt in Chat, Methoden- und allgemeines Diskussionsforum, beide Foren moderiert

Das Suizid-, Freitod- und Selbstmord-Forum
Das ehemalige 3222 - bekannt aus Funk und Fernsehen ;-)

Suizid-Forum für Erwachsene
Methodenfragen und Verabredungen sind nicht erlaubt.

Selbstmordgedanken.info
"Selbstmord ist keine Lösung!" ist die Grundhaltung dieser Community mit Registrierungspflicht.

Selbstmordforum.de
Forum mit angeschlossenem Chat; Methodendiskussionen sind nicht erlaubt.

Hilfe zur Selbsthilfe - Die Onlinecommunity
Eine umfangreiche Community, die sich mit psychischen Erkrankungen befasst. Es gibt einen Expertenrat (Diplom-Psychologinnen), der sich um die Fragen und Probleme der User kümmert.

Suizid-Area
Unser Leben, unsere Schmerzen und unsere Wahl! Methodendiskussionen erlaubt; Selbsthilfe-Bereich vorhanden

Suizid-World
Suizid-Forum mit Mehtodendiskussion, in welchem sich einige User des ehemaligen Selbstmord.com-Forums wiederfinden.

Engel im Himmel
Plattform für verwaiste Eltern

no eternity
Forum zum Austausch über verschiedene psychische Störungen

Nur Ruhe - Portal über Depressionen und Selbstmord
Das Forum setzt sich überwiegend mit dem Thema Depressionen auseinander.

Unter der Seite „Freitodforum.de" sind Links
zu den verschiedesten Foren aufgelistet.

Kontakten auch gar nichts wissen. Viele dieser Menschen wollen keine gut gemeinten Ratschläge wie „es wird bald wieder besser" oder „Du wirst sehen, morgen scheint die Sonne wieder". Da man sich in den Foren mit Menschen austauschen kann, die ähnliche Gefühle oder Probleme haben, fühlt man sich besser verstanden. Auf der einen Seite kann die Kommunikation via Internet mit anderen Menschen sicher erleichternd sein, auf der anderen Seite können eben solche virtuellen Kontakte aber auch immer mehr in den Bann der Todessüchtigen ziehen. Oft findet hier eine regelrechte Entfremdung und ein Realitätsverlust statt.

Bislang fehlen tatsächlich Untersuchungen zu der Frage, ob Selbstmordforen Menschen zu einem Suizid motivieren beziehungsweise anstiften. Gerade pubertierende Jugendliche sehen den Freitod oftmals als einzigen Ausweg zur Lösung ihrer Probleme, sei es in der Schule, mit den Eltern oder dem Freund/der Freundin an. Gefährlich wird es dann, wenn solchen Personen in dieser Phase „Suizidmittel" schnell und suggestiv angeboten werden. Immer wieder wird beobachtet, dass Teilnehmer in Foren zum Beispiel Schlaftabletten in tödlichen Dosen anbieten, ja sogar Zyankali findet man gelegentlich im Angebot. Abgesehen davon, dass man sich zum gemeinschaftlichen Selbstmord verabredet, beispielsweise um sich gemeinsam von einer Brücke zu stürzen oder sich vor einen Zug zu werfen. Forenbetreiber beteuern immer wieder, niemand in den Tod treiben zu wollen, jedoch wird der Suizid grundsätzlich als Lösung akzeptiert. Gerade wenn junge Menschen mit dieser Thematik allein gelassen werden, wenn offene Fragen über Bezugsquellen von Waffen oder Selbstmordpraktiken diskutiert werden, kann dies auf labile Menschen fatale Auswirkungen haben.

Es wurde auch schon mehrfach angedacht, in Deutschland den Betrieb von Suizidforen zu untersagen. Vergebens, denn die meisten der Forenbetreiber sitzen unerreichbar für die deutsche Justiz im Ausland.

Immerhin, die Problematik wurde erkannt und inzwischen bieten auch einige Psychologen ihre Hilfe direkt in den Foren an. Hilfe, die zum Glück gelegentlich auch wirklich von Jugendlichen angenommen wird. Oftmals dauert es in einem persönlichen Gespräch relativ lange, bis ein Ratsuchender seinem Therapeuten erzählt, dass er sich selbst ernsthaft mit Suizidgedanken auseinander setzt. Anders in den Foren. Hier ist es häufig schon der Begrüßungssatz „Mein Name ist Jana, ich habe ein Messer in meinem Zimmer liegen und habe jetzt vor, mich selbst zu verletzen …". Es gibt hier also weniger Tabus als im realen Leben. Therapeuten sind der Meinung, dass Suizidforen nicht verteufelt, sondern als Chance genutzt werden sollten. Nur dürfte die Anzahl der notwendigen Therapeuten bei weitem nicht ausreichend sein, allen Menschen, die sich in diesen Foren tagtäglich treffen, entsprechend psychologische Hilfestellungen zu leisten.

Beratungsforen und Chats/Lebenshilfe via Internet

Immer mehr Angebote für die „Hilfe im Leben" finden sich heute auch für Kinder und Jugendliche im Internet. Ob sexueller Missbrauch oder pubertäre Probleme – ein Klick und es melden sich „Mitleidende" oder „Therapeuten". Nicht immer ist es ratsam, auf so ein Hilfsangebot via Internet einzugehen. Letztlich weiß man nie, mit wem man tatsächlich kommuniziert. Zudem gibt es Foren, in denen sich zum Beispiel Menschen treffen, die sexuelle Gewalt erfahren haben und hier auf den Austausch mit anderen hoffen, um sich selbst zu erleichtern. Dagegen ist zunächst einmal nichts zu sagen. Das Problem ist lediglich, dass sich in diesen häufig offenen Foren jeder anmelden kann. Nicht selten werden solche Foren auch schon mal von Menschen besucht, die sich an den Leidensgeschichten der Missbrauchsopfer „erfreuen". Die Nutzung einer Telefonhotline bei einer seriösen Hilfsorganisation (zum Beispiel Kinderschutzbund) ist für Kinder und Jugendliche deshalb sicher ratsamer, als auf Hilfsangebote aus dem Internet einzugehen. Zudem „sitzt" auf der anderen Seite einer solchen Hotline *sicher* ein Mensch, der auf seine Arbeit mit Kindern in Notsituationen vorbereitet ist oder dafür ausgebildet wurde.

Auch über diese Fallen im Internet müssen Eltern und Kinder sich klar werden.

Geschäfte im Internet
Wenn es teuer wird …

Glücklicherweise sind die Preise für die Verbraucher, sprich: für den Internet-Nutzer aufgrund des Preiskampfes der Internet-Provider, rückläufig. Flat-Rate[8] und DSL[9]-Anbindungen machen das Surfen zu einem schnellen und vor allem günstigen Vergnügen, bei denen die monatlichen Kosten grundsätzlich kalkulierbar sind.

Kostenfallen verbergen sich eher auf den Web-Seiten der unzähligen Anbieter von Dienstleistungen aller Art, deren Geschäftsgebaren entweder bereits den Tatbestand des Betruges oder zumindest eine Vorstufe dazu ist. So werden mit „kostenlosen" Angeboten wie Musik, den sog. MP3[10], Filmen, Software usw. geworben. Doch studiert man aufmerksam die Allgemeinen Geschäftsbedingungen der An-

---

8   DSL = Abkürzung für Digital Subscriber Line. Dabei handelt es um eine breitbandige
     digitale Verbindung über Telefonnetze, die sich insbesondere durch eine hohe Daten-
     übertragungsrate auszeichnet.
9   Flat-Rate bezeichnet die Kosten in Form einer monatlich festgelegten Pauschale, die
     von den Internet-Providern verlangt werden.
10 mp3 ist ein Dateiformat zur wenig verlustbehafteten Audio-Datenkompression. Im
     Gegensatz zu normalen Größen von Musikdateien, werden durch die Kompression
     die Originaldaten um den Faktor 10 verkleinert.

bieter, wird man häufig enttäuscht, da man als Gegenleistung für das Herunterladen der genannten Dateien doch Geld bezahlen muss. Gerade Kinder und Jugendliche übersehen sehr oft aufgrund fehlender Lebenserfahrung oder wegen Unkenntnis kaufmännisch-juristischer Formulierungen diese Fallstricke. Oder sie übersehen einfach das berühmte Kleingedruckte mit den entsprechenden Kostenhinweisen. Die Folge ist, dass die jungen Menschen online Verträge abschließen, aus denen sie möglicherweise ohne weiteres nicht mehr herauskommen.

Generell gilt: Kinder bis zum vollendeten siebten Lebensjahr sind geschäftsunfähig, das heißt, von ihnen eingegangene Verpflichtungen, wie das Akzeptieren von Verträgen, sind nichtig und somit ungültig. Anders ist es bei Kindern und Jugendlichen zwischen sieben und dem vollendeten 18. Lebensjahr: In diesem Alter sind die Kinder beschränkt geschäftsfähig, d. h., dass bestimmte, von ihnen abgeschlossene Rechtsgeschäfte gültig sind. Welche das sind, regelt der § 110 des Bürgerlichen Gesetzbuches (BGB), der besagt, dass ein Vertrag mit einem Minderjährigen wirksam ist, wenn der Minderjährige seine Verpflichtung aus dem Vertrag mit eigenen Mitteln erfüllt. Schließt jetzt beispielsweise ein 14jähriger einen Online-Vertrag ab, bei dem er nun ein monatliches Abonnement in Höhe von sieben Euro mit einer Laufzeit von zwei Jahren bestellt hat, so wäre zumindest über die bereits bezahlten Beträge der Vertrag wirksam und die Eltern müssten die Unwirksamkeit des Vertrages gegebenenfalls erstreiten.

Gar nicht selten werden so Jugendliche Opfer von Anbietern von Geschäften, deren Tragweite sie bei Bestätigung der Vertragsbedingungen noch gar nicht absehen. Ganze Geschäftszweige, wie die Anbieter von Klingeltönen, Fotos und Logos für Mobilfunktelefone, die auch massiv auf Kinder- und Jugendseiten werben, leben von der Unkenntnis von Jugendlichen.

Tauschbörsen und Filesharing

Was sagen dem elterlichen Internet-User folgende Bezeichnungen?

- eMule
- eDonkey
- Overnet
- KaZaA
- Shareaza
- Morpheus
- WinMX
- iMesh
- XoloX Ultra
- Lime Wire
- Direct Connect
- AudioGallaxy
- Filetopia
- DCPlusPlus
- Grokster?

Wahrscheinlich nicht viel … Nun, dann sollte der elterliche Internet-User vielleicht einmal seinen Nachwuchs befragen! Die Autoren sind sich ziemlich sicher, dass die meisten Jugendlichen jedem Erwachsenen eine fachkundige Auskunft über die Bedeutung dieser merkwürdig anmutenden Wortkreationen geben könnten.

Die oben genannten Bezeichnungen stehen als Synonyme für Software-Programme, mit denen die Teilnahme an den sog. Tauschbörsen – auch Peer-to-Peer-Netzwerke oder Filesharing-Communities bezeichnet – möglich ist.

Filesharing

Filesharing bedeutet, durch einen gemeinsamen Dateizugriff Computerdateien zwischen Benutzern des Internets zu ermöglichen. Nach der Installation eines der oben erwähnten Programme kann man sich über ein spezielles Protokoll mit anderen, zum Teil mehrere Millionen anderen Nutzern verbinden und Dateien von einem Computer auf den anderen weiterzugeben. Zu diesem Zweck müssen die Nutzer ein bestimmtes Verzeichnis auf ihrem Computer für den Zugriff anderer Tauschwilliger frei geben. Als Anbieter hat man keinen Einfluss darauf, wer von seinen Dateien Kopien fertigt. Im Zeitalter von sehr schnellen Internet-Verbindungen floriert der Tauschhandel mehr denn je.

Gerade junge Menschen sehen die Tauschbörsen als Medium, sich kostenlos mit Musik und aktuellen Kinofilmen zu versorgen. Wie populär diese Dienste bei deutschen Nutzern sind, belegen folgende Zahlen, die von der Firma Ipoque GmbH erhoben wurden: Demnach verursacht File-Sharing in Deutschland tagsüber rund die Hälfte und nachts sogar 80 Prozent des gesamten Internetverkehrs! Durch DSL und Flatrate können die Rechner Tag und Nacht laufen und Dateigrößen für einen Kinofilm in der Größenordnung von 700 MB bis mehrere Gigabyte sind hier nicht mehr das Thema. Schlimmstenfalls läuft der PC mehrere Tage ununterbrochen im Internet, bis die angeforderten Dateien auf der heimischen Festplatte abgespeichert wurden.

Neben den Urheberrechtsverletzungen, die in Tauschbörsen begangen werden können, lauern jedoch auch Gefahren, die aus Jugendschutzgründen zu betrachten sind. Tests mit Suchbegriffen von Pop-Stars, Comicfiguren oder Schauspielern führten in sehr vielen Fällen zu Treffern mit pornografischen Inhalten, auch wenn diese Namen direkt mit Pornografie nichts zu tun haben. Oft werden die Dateien bewusst unter falschen Namen angeboten, d. h., dass die ursprünglichen Dateinamen von den Anbietern umbenannt worden sind.

Vielfach bemerken die Nutzer erst beim Öffnen der Dateien, dass man sich anstatt des erhofften Musik-Videos jetzt einen pornografischen Film geladen hat.

Rechtliche Aspekte des Filesharings

Da in den Filesharing-Netzwerken eine unüberschaubare Anzahl an Daten wie Musik, Filme, Software usw. angeboten und kopiert werden und es sich bei dem größten Teil um urheberrechtlich geschützte Dateien handelt, läuft man sehr schnell als Teilnehmer Gefahr, von Detektiven der Rechteinhaber oder der Strafverfolgungsbehörden ermittelt zu werden. Sowohl das aktive Anbieten als auch das Herunterladen zur Erstellung von Kopien sind nach dem deutschen Urherbrechtsgesetz unter Strafe gestellt. Neben den strafrechtlichen Konsequenzen müssen die Teilnehmer auch mit zivilrechtlichen Folgen in Form von hohen Schadensersatzansprüchen rechnen. Durchschnittlich müssen Personen, die eine außergerichtliche Einigung erzielen wollen, mehrere Tausend Euro an die Rechteinhaber zahlen. Hierbei sind die Kosten der Gerichtsverfahren nicht eingerechnet.

Pressemeldung vom 06.09.2005:

„Strafanzeigen-Maschine gegen Tauschbörsen-Nutzer
Tausende Strafanzeigen gegen Tauschbörsen-Nutzer wegen Verletzung des Urheberrechts überfluten derzeit die Staatsanwaltschaft Karlsruhe. Sie wurden von einer Karlsruher Rechtsanwaltskanzlei eingereicht, die mit dem Schweizer Unternehmen Logistep zusammenarbeitet. Logistep hat sich nach eigenen Angaben darauf spezialisiert, im Auftrag von Rechteinhabern Urheberrechtsverletzungen im Internet aufzuspüren. Alleine im Juni und Juli 2005 wurden 20.000 Anzeigen durch die Kanzlei eingereicht. Die durchschnittlichen Abmahngebühren lagen bei etwa 4.000 Euro. "

Kommunikationsplattformen im Internet

Messenger Systeme im Visier

Im Zeitalter von DSL-Flatrates, Routern und dem Web 2.0-Gedanken dürfen die so genannten Instant Messenger (IM) auf keinen Fall fehlen. Nur alleine die E-Mail-Funktion bereit zu halten, wäre doch zu langweilig. Wer *trendy* sein will, muss rund um die Uhr erreichbar sein, sehen, wenn Freunde online sind, chatten und Dateien verschicken, online sein ohne IM – undenkbar.

Vier große Anbieter teilen sich den Markt der Instant Messenger auf: AIM, ICQ, MSN und Yahoo. Die drei ersten verzeichnen weit über hundert Millionen registrierte Nutzer (User). Yahoo kommt noch einmal auf rund zwanzig Millionen Nutzer. Zwei der Großen gehören mittlerweile zusammen: ICQ wurde von AOL geschluckt, fungiert aber weiterhin als eigenständiges Produkt.

Relativ frisch ist Jabber als fünfter ernst zu nehmender Dienst dazugekommen. Auf ihn setzt auch Google mit seinem Google Talk. Mit vier Millionen registrierten Benutzern ist das Netzwerk noch sehr klein, und in Deutschland wird es bislang nur sehr selten benutzt. In unserem Land hat eindeutig ICQ die Oberhand. Wenn sich der Leser fragt, warum diese Zahlen wichtig sind, gibt es schnell eine Antwort darauf: Ähnlich wie bei Handy-Verträgen ist es praktisch, wenn der Freundeskreis sich auf einen Anbieter einigt. Bei den Instant Messengern ist es keine Kostenfrage, sondern Kompatibilität. Der Chat von einem ins andere Netzwerk ist möglich, aber nicht mit jedem Messenger Programm. Doch es gibt auch Multi-Protokoll-Systeme, die sich bei mehreren Netzwerken anmelden können.

Wozu nutzt man Instant-Messaging?

Sobald der Computer eingeschaltet wird, startet die Internetverbindung und gleichzeitig auch der Instant Messenger. Sofort sind Freunde und Bekannte in der Nähe und für einen Smalltalk erreichbar. Plötzlich sitzt man nicht mehr allein am Computer: Man ist im Netz und dort sind auch die „Buddies" unterwegs, so werden alle Freunde genannt, die sich in der Kontaktliste der Instant Messenger befinden. Der Client eines Benutzers kann einen Präsenzstatus veröffentlichen, um den aktuellen Kommunikationsstatus des Benutzers zu veröffentlichen. Diese Status-Veröffentlichung informiert andere, die mit dem Nutzer kommunizieren, über seine Verfügbarkeit und Bereitschaft zu kommunizieren.

Die Grundfunktionen der Instant Messenger

Alle Instant Messenger dienen dem gleichen Zweck: Textnachrichten sollen unmittelbar und vor allem kostenlos durchs Netz auf einen anderen Rechner übertragen werden. Darüber hinaus wurde die Funktionalität der kleinen Texter ständig erweitert. Mittlerweile können innerhalb aller Netzwerke auch einzelne Dateien versendet und empfangen werden. Weiterhin bieten die einzelnen Netzbetreiber noch eigene Features, die nur im eigenen Netz zur Verfügung stehen, wie zum Beispiel das Anbieten von Video- oder Telefonkonferenzen.

Die größten Messenger Systeme im Überblick

AOL Instant Messenger

Der **AOL Instant Messenger** (kurz **AIM**) ist eine Software-Anwendung von AOL, die es ermöglicht mit anderen Nutzern zu chatten. Mit dem AIM ist es auch Nicht-AOL-Kunden möglich, sowohl eine AOL-E-Mail-Adresse einzurichten als auch sich in offenen AOL-Chaträumen zu bewegen. Weite Teile der AOL-Chaträume bleiben jedoch exklusiv AOL-Mitgliedern vorbehalten. Weiter lassen sich mit AIM auch User kontaktieren, die ICQ verwenden. Mit AIM hat man die Möglichkeit, sich live mit einer Person zu unterhalten, in privaten und öffentlichen Räumen mit mehreren Personen zu chatten und Dateien auszutauschen (z. B. Bilder, Töne und Videos). Der AIM-Assistent benachrichtigt den Nutzer sofort, wenn Freunde online kommen.

ICQ
Die Bezeichnung ICQ ist ein Akronym für *„I seek you",* zu deutsch „Ich suche dich". Mit Hilfe von ICQ lassen sich auch Offline-Nachrichten senden, die ein Nutzer erhält, sobald dieser seinen ICQ-Client startet. Es ist auch möglich, kleinere Spiele mit anderen ICQ-Nutzern zu spielen. Diese Version folgt dem Trend, den andere Instant Messenger-Anbieter eingeläutet haben, um mehr zu bieten als nur die direkte Kommunikation. Mit der aktuellen ICQ-Version ist es nun auch möglich, Push-to-Talk (Sprachchat via PC-Headset) sowie Sprach- und Videoübermittlung anzuwenden.

Ein Nutzer wird anhand seiner ICQ-Nummer identifiziert. Sie ist mit einem Passwort belegt. Die Nummernfolge der ICQ-UINs (Universal Internet Number oder Unique Identification Number) beginnt bei 10.000. Derzeit sind weltweit über 470 Millionen Nutzer bei ICQ registriert. Dies gibt jedoch nicht die tatsächlich aktive Nutzerzahl wieder, da einige Nutzer mehrere Nummern besitzen und ungenutzte Nummern nicht automatisch gelöscht werden. Die Funktion zum Löschen der eigenen ICQ-Nummer ist in der ICQ-Software sehr gut versteckt und außerdem derzeit nicht nutzbar. Bei ICQ 6 besteht jedoch die Möglichkeit, die ICQ-Nummer mit der Deinstallation des Programms löschen zu lassen. Die Beantragung und Benutzung der ICQ-Nummern ist kostenlos.

Aufgrund des zunehmenden Diebstahls von kurzen oder besonders attraktiven ICQ-UINs mittels Phising- oder Brute-Force-Attacken, reagierte ICQ 1999 mit einer Verbesserung des *ICQ Password Retrieval Systems,* welches das Passwort einer UIN an die im Profil eingetragene primäre E-Mail-Adresse verschickt. Seither werden ebenfalls zurückliegende E-Mail-Adressen gespeichert, die beispielsweise von Hackern verändert worden. Somit ist es möglich, eine gestohlene ICQ-UIN mit verfälschter primärer E-Mail-Adresse nach einem Diebstahl (oder nach Erwerb über z. B. ein Online-Auktionshaus) zurück zu erlangen. Lediglich ICQ-UINs, die niemals zuvor oder lediglich vor 1999 mit einer E-Mail-Adresse assoziiert worden sind, wurden von dieser Möglichkeit ausgeschlossen. Es ist nicht unüblich diesen Trick auf ahnungslose Käufer von ICQ-UINs anzuwenden.

Bei den vom Betreiber ICQ Inc. festgelegten Nutzungsregeln tritt der Benutzer jegliche geistigen Eigentumsrechte an den über den ICQ-Service zugänglich gemachten Daten ab.

Auszug aus den Nutzungsregeln:

„You agree that by posting any material or information anywhere on the ICQ Services and Information you surrender your copyright and any other proprietary right in the posted material or information. You further agree that ICQ Inc. is entitled to use at its own discretion any of the posted material or information in any manner it deems fit, including, but not limited to, publishing the material or distributing it."

Zu deutsch:

Sie stimmen zu, dass Sie Ihr Copyright sowie jegliche andere Eigentumsrechte an gesendetem Material durch das Senden aufgeben. Des Weiteren erlauben Sie, dass ICQ Inc. irgendetwas des gesendeten Materials oder der gesendeten Information in jeder Art und Weise, die es für angebracht hält, benutzen darf, beispielsweise aber nicht ausschließlich indem es das Material veröffentlicht oder verbreitet.

In der „Privacy Policy" heißt es hingegen:

„Your ICQ Services Information will not be shared with third parties unless: – You have published such information in Public Areas …"

ICQ beinhaltet Suchfunktionen,
mit denen man auch fremde Personen
im Netzwerk aufstöbern kann.

Zu deutsch:
Informationen über Ihre ICQ-Dienste werden nicht an Dritte weitergegeben, es sei denn, Sie haben diese Informationen in öffentlich zugänglichen Bereichen veröffentlicht.

Der oben genannte Absatz bezieht sich allerdings auf ICQ Service Information, die wie folgt definiert ist:
„When you register with and/or use the ICQ Services, you may provide ICQ with, or ICQ may otherwise obtain personally identifiable information (your „ICQ Services Information")."

Zu deutsch:
Wenn Sie sich bei ICQ anmelden und/oder die ICQ-Dienste benutzen, kann es sein, dass Sie ICQ persönliche Daten zur Verfügung stellen, oder dass ICQ diese Daten auf andere Art und Weise erhält (Ihre „ICQ-Dienste-Information").

Dieser Absatz bezieht sich also nur auf die Informationen, die der Nutzer über sich selbst angibt bzw. die ICQ über den Nutzer sammelt. Er bezieht sich allerdings nicht auf den Inhalt von IM-Nachrichten. Es ist demnach unklar, wie es um die Vertraulichkeit des Inhalts von IM-Nachrichten steht. Dabei behält sich ICQ vor, diese Daten Strafverfolgungsbehörden zur Verfügung zu stellen.

Windows Live Messenger
Der Windows Live Messenger ist das IM-Programm von Microsoft und der Nachfolger des *MSN Messengers*. Es ist für die Betriebssysteme Microsoft Windows und Mac erhältlich. Seit September 2006 können die Nutzer des Windows Live Messengers und des Yahoo!Messengers dienstübergreifend miteinander kommunizieren. So will man der Marktführerschaft von ICQ begegnen. Der Dienst hat 204 Millionen User weltweit, davon sechs Millionen in Deutschland (Januar 2007). Mit dem Windows Live Messenger ist es möglich, neben dem üblichen Chatten auch Webcam-Konferenzen abzuhalten, Online-Spiele zu spielen, Dateien auszutauschen oder per Internet zu telefonieren.

Mit der Nutzung des Windows Live Messengers erlaubt man laut den „Microsoft Terms of Use" (= Nutzungsbestimmgen) den Mitschnitt von Nachrichten und E-Mails.

Yahoo! Messenger
Der Yahoo! Messenger (kurz Y!M) ist ebenfalls ein verbreiteter IM-Client, sowie ein Protokoll von Yahoo!. Der Yahoo! Messenger ist kostenlos und kann mit einem gültigen Yahoo!-Zugang heruntergeladen und installiert werden.

Die Funktionen des Yahoo! Messenger sind denen der drei zuvor genannten IM-Programme sehr ähnlich, jedoch sind keine Funktionen untereinander kompatibel.

Leider weisen die einzelnen Dienste einige Sicherheitslücken auf, von den Programmen selbst einmal ganz zu schweigen. Hauptproblem der Messenger ist, dass jeder Teilnehmer über eine Suchfunktion ausfindig gemacht werden kann. Zudem kann jeder Teilnehmer eine Vielzahl an persönlichen Daten im Messenger eingeben, die webbasiert und für alle anderen Teilnehmer einsehbar gespeichert werden.

Als allererste Sicherheitsmaßnahme sollte also überlegt werden, ob man sich nicht ein Pseudonym samt falscher Identität für das Instant Messaging zulegen möchte. So kann die eigene Person effizient gegen die Entdeckung durch Datensammler geschützt werden. Zudem sollten ein Virenscanner und eine Firewall zur Grundausstattung des PCs gehören, die eventuelle Angriffe auf offene Ports und den Dateiverkehr überwachen, denn viele Massenger geben die IP-Adresse des chattenden Rechners an alle Welt weiter. Ansonsten gilt, was immer gilt: Niemals Dateien öffnen, deren Ursprung nicht bekannt ist.

ICQ abdichten
ICQ versteckt seine Sicherheitseinstellungen unter dem Menüpunkt „Main/Security & Privacy Permissions".

General
Der Punkt „My authorization is required before users add me to their Contact List" sollte aktiviert werden. Damit lässt sich kontrollieren, in welcher Buddyliste man aufgenommen wird. Zwar gibt es Tools, die diese Option umgehen, doch weist sie so oder so darauf hin, dass man in einer Kontaktliste aufgenommen wurde.

Communication Events
Alle Punkte auf „Only Users on my Contact List", somit wird denen, die nicht in der Kontaktliste stehen, der Zugriff auf bestimmte ICQ-Funktionen verwehrt. Aber Achtung: Viele Leute nutzen ICQ, um Menschen rund um den Erdball kennenzulernen. Diese Funktion wird mit der Einstellung abgeschaltet.

Contact Infos/Files
Alle Punkte auf „Only users to my Contact-List". „AutoAccept" deaktivieren. Diese Maßnahme verhindert, dass Fremde plötzlich in meiner Freundesliste auftauchen.

Peer To Peer Connections
„Allow Peer to Peer connections with users on my Contact List", sowie „Do not allow Peer to Peer connections with previous ICQ Software versions" aktivieren. Das

unterbindet die Kommunikation mit älteren Messenger, die möglicherweise Sicherheitslücken haben und beschränkt die Direktverbindungen auf die Benutzer aus der eigenen Kontaktliste.

Messages
„World wide Pager Messages" und „EmailExpress Messages" deaktivieren. Unter „MultiRecipientMessages" „Users not on my Contact List" auswählen. Diese Nachrichtenfunktionen werden oft für lästige Spam-Nachrichten genutzt.

Sicherheitsrelevante Bedenken

Eine gesunde Form des Misstrauens sollten Sie bereits beim Download der jeweiligen Messenger Programme walten lassen. Achten Sie darauf, von welcher Quelle Sie die Messenger beziehen, denn die Tricks der Abzocker und Betrüger im Netz werden immer ausgefeilter. Seit kurzer Zeit werden wieder täuschend echte Kopien verschiedener Messenger im Netz verteilt, deren einzige Aufgabe darin liegt, die Benutzerdaten der Nutzer auszuspionieren. So leiten zum Beispiel gefälschte IM-Programme statt der Anmeldung die Login-Daten direkt an den Versender des Programmes weiter, der fortan mit der Identität Ihrer Benutzernamen auftreten kann, was im günstigsten Fall zu peinlichen Situationen führen kann.

Lassen Sie sich deshalb keine angeblichen Updates oder neuen Versionen andrehen, auch wenn sie noch so interessant angeboten werden, sondern laden den bevorzugten Messenger nur von vertrauenswürdigen Quellen, wie zum Beispiel direkt von der Webseite des Anbieters.

Die Bedrohung durch Würmer, Viren, Spam, aber auch Phishing-Angriffe über Instant Messenger-Dienste nehmen massiv zu, wie das Bundesamt für Sicherheit in der Informationstechnik (BSI) aktuell berichtet. Der US-amerikanische Anbieter von IM-Diensten IMlogic hat festgestellt, dass derartige Vorfälle im ersten Quartal 2005 gegenüber dem Vergleichszeitraum im Vorjahr um 250 Prozent gestiegen sind.

Die Attacken beschränken sich dabei nicht auf bestimmte Anbieter – so werden Probleme beim MSN Messenger oder bei AOL ebenso gemeldet wie etwa bei Yahoo. Das BSI sieht auch in Europa insbesondere für private Anwender eine steigende Gefahr und ruft alle Nutzer von Instant-Messaging-Programmen dazu auf, ihre Virenschutz-Software immer aktuell zu halten und keine Dateien von unbekannten Adressaten zu akzeptieren.

Um möglichst lange Informationen von infizierten Systemen zu sammeln, ist es also zwingend notwendig, nicht aufzufallen, das heißt, es dürfen sich auf diesen keine Hinweise auf einen Virenbefall ergeben. Somit fand in der Vergangenheit eine Renaissance in der Welt der Viren, Würmer und Trojaner statt. Speziell programmierte Schädlinge, ausschließlich für Messenger Dienste, wurden erst sehr langsam in Umlauf gebracht, um wenig Aufmerksamkeit zu erregen. Diese Art der „stillen" Verbreitung macht es für die Hersteller klassischer Antivirenlösungen verständlicherweise schwerer, auf Angriffe zeitnah zu reagieren, da weder gesteigerte Internetaktivitäten noch „sich komisch verhaltende PCs" registriert werden. Die neuen Angreifer sammeln heimlich, still und leise Ihre Dienste, sammeln und versenden die so erhaltenen Daten und verbleiben auf den Systemen. Oft öffnen diese Programme auch Tür und Tor für weitere Schädlinge, setzen Sicherheitslösungen außer Kraft und protokollieren alle Tastaturanschläge des Anwenders mit, um so beispielsweise an Zugangsdaten zu gelangen.

Größte Vorsicht ist auch geboten, wenn über die Messenger Systeme Hinweise mit Links zu bestimmten Angeboten den Usern gesendet werden. Es kann nämlich durchaus passieren, dass mit Anklicken des Links der Schädling eine Kopie eines Spionageprogramms auf dem Rechner installiert und dieser sich erneut auf die Reise via Instant Messenger macht, um den nächsten Rechner zu verseuchen. So öffnet der Trojaner mit der Bezeichnung „Backdoor.Sdbot" Hackern via Internet die Pforten befallener Rechner.

Persönliche Rechte werden zum Teil völlig aufgegeben

Anonymität und Rechte des Datenschutzes werden durch die Installation eines Messengers freiwillig abgegeben. Jeder „Buddy" sieht, wann wer online ist und wie lange. Meist informieren einzelne Nutzer auch noch darüber, was sie machen, wenn sie nicht am Rechner sitzen, der aber trotzdem eingeschaltet bleibt. Natürlich werden nur *Vertraute* in die eigene „Buddyliste" eingetragen, und denen wird dann Einblick ins Private in einem Ausmaß gewährt, der noch zehn Jahre zuvor undenkbar gewesen wäre.

Sogar wenn man selbst oder der Besitzer der Inhalte, die im AIM gepostet werden, der Eigentümer aller Rechte der Inhalte ist, besitzt letztlich AOL alle Rechte, Titel und Begehrlichkeiten an jeder Zusammensetzung, Zusammenfügung oder anderen Zusammenstellungen, die von AOL erstellt wurden. Das heißt, dass sich AOL die Rechte an jedem in irgendeiner Form über AOL verschickten Inhalt sichert. AOL darf mit den Inhalten machen, was AOL möchte, für welche Zwecke auch immer. Der nächste Satz verrät weitere Einschränkungen der persönlichen Rechte am eigenen kreativen Werk:

„Zusätzlich erlauben Sie AOL durch das Posten von Inhalten in einem AIM-Produkt das nicht widerrufbare, fortlaufende und weltweite Recht, die Inhalte in jedem Medium zu reproduzieren, zu zeigen, zu nutzen, zu verbreiten, zu übernehmen und zu bewerben."

Im Klartext: AOL stiehlt dem AIM-Nutzer sein geistiges Eigentum. Wer zum Beispiel seine Texte über AIM verschickt, darf sich nicht wundern, wenn sie eines Tages ohne Rücksprache in einem „Best of AIM"-Buch erscheinen. Denn mit dem Vorgang des Verschickens hat der User fast alle Nutzungsrechte an AOL übertragen.

Eine unter Sicherheitsaspekten sicher problematische Bestimmung, wenn man bedenkt, dass Instant Messenger immer öfter auch für die interne Kommunikation in Firmen benutzt. Hier ist, mittels Lizenzbestimmung, theoretisch Industriespionage möglich. Denn AOL erlaubt sich die Weiterverarbeitung von jedem Inhalt, der über das AIM-Netz verschickt wird. Womit „Weiterverarbeitung" ein überaus dehnbarer Begriff ist.

„Sie verzichten auf Ihren Rechtsanspruch auf Privatsphäre. Sie verzichten außerdem auf jedes Recht, die Inhalte zu kontrollieren oder ihrer Fremd-Benutzung zuzustimmen oder verantwortlich für ihre Benutzung zu sein."

Man verzichtet auf Privatsphäre und das Recht am eigenen Werk, was zur Folge hat, dass der AIM-User zum gläsernen Nutzer wird. Allerdings ist fraglich, ob AOL tatsächlich Interesse daran hat, jede Chat-Transaktion so zu überwachen und auszuschlachten?

Sammelwütiger ICQ

„Mit der Benutzung der Software und des ICQ-Service stimmen Sie Folgendem zu und bestätigen es: (...) 3. ICQ darf Einstellungen, technische und andere Informationen von Ihrem Computer sammeln, zum Beispiel über das Betriebssystem, die ICQ-Browser-Versionen, Verbindungsmöglichkeiten, verschiedene Kommunikations-Parameter und andere Informationen, die für den Betrieb der ICQ-Software gebraucht werden könnten."

Diese „Parameter" genannten Datenansammlungen werden augenscheinlich nur für den Service am User gesammelt. Auf den zweiten Blick allerdings stellt sich die Frage nach dem Zweck dieser Sammlung. Zumal die Formulierungen doch eher schwammig sind. Letztlich kann ICQ alle möglichen Daten auf dem Rechner sammeln, ohne dafür belangt zu werden. Sind sie doch im Zweifelsfall wichtig für den Betrieb von ICQ …

Weiter heißt es im nächsten Punkt der Lizenz:

> *„4. ICQ sammelt Informationen und Benutzungs-Muster bezogen auf Ihre Benutzung von ICQ Software und Dienste, um besser zu verstehen, wie die Benutzer, als Gruppe, ICQ benutzen (...) Zudem hilft es uns, Marktforschung zu betreiben und Ihnen passende Angebote zu machen."*

Marktforschung? Mit all den Konsequenzen wie das Zusenden von Angeboten von Werbepartner?

> *„5. Verschiedene Daten können für kommerzielle Zwecke genutzt werden, inklusive und unbegrenzt für Werbung, gezielte Werbung, Marketing oder Weiterverwendung zu anderen Diensten, für Werbekampagnen und jede andere Aktivität."*

Privatsphäre und der Microsoft MSN Messenger

Beim Lesen des EULA, also des End User License Agreement, wird der interessierte User zum Thema Privacy direkt weiter gereicht. Und zwar auf die globale MSN Datenschutz-Website. Hier erfährt der User erst einmal, dass „die von uns gesammelten Informationen (...) eventuell mit Informationen von anderen Microsoft-Diensten und anderen Unternehmen kombiniert" werden können. Also wieder Marketing, analog zu den ICQ-Bestimmungen. Dabei fällt eine sehr große Ähnlichkeit der von Microsoft herausgegeben EULAs des Messengers und denen des AOL-Messengers auf. Jedoch behält Microsoft, anders als die Konkurrenz, die Daten in den eigenen Händen:

> *„Wir verkaufen, verleihen oder verleasen unsere Kundenlisten nicht an Dritte. Um die von uns angebotenen Services zu unterstützen, geben wir gelegentlich Informationen an unsere Dienstleister weiter, die diese in unserem Auftrag verarbeiten."*

Das ist allerdings auch nicht verwunderlich, sind diese Datensätze doch bares Geld wert. In der EULA findet sich zum Beispiel folgender schöner Satz:

> *„Sie gewähren Microsoft hiermit das Recht, Materialien, die im Zusammenhang mit diesem Dienst stehen und die Sie auf dem Dienst veröffentlichen oder Microsoft auf andere Art und Weise zukommen lassen (im Folgenden „Einsendungen"), 1. zu benutzen, zu kopieren, zu vertreiben, zu übertragen, zu veröffentlichen, öffentlich auszuführen, zu vervielfältigen, zu bearbeiten, zu verändern, zu übersetzen und umzuformatieren, immer jeweils im Zusammenhang mit dem Messenger Service, und 2. diese Rechte zu lizenzieren."*

Auch in diesem Fall gibt der Nutzer das Recht am eigenen Werk an Microsoft ab. Auch die EULA des Yahoo-Messengers verweist auf eine sog. Security-Web-Seite. Hier wird aufgelistet, welche Daten Yahoo so sammelt:

> *„Bei der Registrierung fragen wir nach Informationen wie Name, E-Mail, Geburtsdatum, Geschlecht, Wohnort, Beruf und persönliche Interessen. (…) Wenn Sie sich einmal für Yahoo registriert haben und sich in unsere Dienste einwählen, sind Sie nicht mehr anonym für uns. "*

Bei Yahoo legt man Wert auf Sicherheit

Die Frage ist aber, was mit den gesammelten Daten passiert. Genau wie Microsoft nimmt auch Yahoo Abstand davon, die Daten zu verkaufen, vermieten oder weiterzugeben, solange der Nutzer das nicht ausdrücklich verlangt hat. Allerdings behält sich der Dienst vor, die Daten im Ermittlungsfall herauszugeben. Sonst verhält sich Yahoo, jedenfalls anhand der Lizenzbedingungen, recht ruhig. Stattdessen warnt der Dienst sogar vor Datenräubern: „Sie verstehen, dass die technische Bearbeitung und Übertragung des Dienstes beinhaltet, dass a) Übertragungen über verschiedenste Netzwerke vorkommen; und dass b) Änderungen zur Anpassung an technische Bedürfnisse zum Anschluss von Netzwerken durchgeführt werden können. "

Fazit

Insgesamt schneiden vor allem die drei großen IM-Clients AIM, ICQ und MSN in Sachen Lizenzvertrag und Privatsphäre sehr schlecht ab. Der User gibt alle Rechte an seinem geistigen Eigentum gegenüber den Betreibern der IM-Dienste ab!

Was über den Messenger verschickt wird, kann vom Online-Dienst, sei es AOL oder MSN, ausgiebig genutzt werden, zumindest theoretisch. Bei der Vielzahl an Daten, die tagtäglich versendet werden, dürfte es den Diensteanbietern in der Praxis kaum gelingen, sinnvolle von nutzlosen Informationen zu trennen. Besonders nicht bei dem Wust an Informationen, die tagtäglich über die IM-Netze gehen. So gesehen besteht also keine ernsthafte Gefahr für den einzelnen. Dennoch sollte jeder IM-Nutzer sich gut überlegen, welche Informationen er über den Messenger verschickt, denn grundsätzlich kann sich jeder Techniker, der an den Servern arbeitet, Zugriff auf Daten und Gesprächsprotokolle verschaffen!

Communities im Web 2.0

Immer beliebter werden so genannte Communities, also Gemeinschaften, die persönliche Informationen mit anderen Diensten wie dem Chat gekoppelt haben. Um diesen Hype gerecht zu werden, entstehen immer mehr dieser Gemeinschaften, die insbesondere bei jüngeren Menschen sich einer großer Beliebtheit erfreuen.

Eine, mit inzwischen über 600.000 Teilnehmern zu den größten Communities im deutschsprachigen Raum zählen die „Lokalisten" beziehungsweise Lokalisten.de. Es handelt sich um ein virtuelles Social Network. Die Lokalisten wurden zwar erst im Mai 2005 gegründet, täglich wächst jedoch die Community um mehr als 1.000 Neumitglieder.

Die Mitglieder kommen hauptsächlich aus München, aber zum Teil auch aus anderen deutschen Großstädten, wie beispielsweise Berlin, Hamburg oder Frankfurt am Main. Auch in anderen deutschsprachigen Ländern existieren eigene Portale, zum Beispiel in Wien und Zürich.

Die Lokalisten sind inzwischen im gesamten deutschsprachigen Raum vertreten.

War anfangs bei den „Lokalisten" eine Anmeldung nur dann möglich, wenn man von einem bestehenden Mitglied eingeladen wurde, ist es inzwischen für jedermann möglich, auch ohne eine solche Einladung den Zugang zu erhalten, der jedoch mit einigen Einschränkungen verbunden ist. Eingeladen werden kann jeder – jedes Mitglied kann ohne Beschränkung beliebig viele andere neue Mitglieder einladen. Diese ausgesprochene Einladung hatte zumindest den Vorteil, dass es in den Anfangstagen gesichert war, dass hinter jeder Neuanmeldung eine real bekannte Person stand. Das kann inzwischen nicht mehr behauptet werden, denn solche Personen können natürlich auch falsche Daten in ihren Profilen angeben.

Angemeldete Mitglieder können weitere Daten eintragen und laufend verändern, um so ein persönlicheres Profil zu erzeugen. So können neben persönlichen Kontaktinformationen wie Dialekt, Beruf, Tanzstil oder Lieblingsbuch auch vielfältige Informationen zu Freizeitbeschäftigung, wie Hobbys oder Sportarten, auch Angaben zur Ausbildung und den (bereits) besuchten Schulen gemacht werden. Außerdem hat jeder Benutzer die Möglichkeit, Fotos bzw. Bilder hochzuladen. Das erste Bild wird zudem als Vorschaubild, einem so genannten Thumbnail, in den Suchergebnissen und Übersichten genutzt. Diese Angaben sollen ein gewisses Image von sich darstellen. Nach der Anmeldung kann man sich mit Hilfe der Suchfunktion nach anderen Mitgliedern umschauen oder sich durch Freundesbäume, grafische Darstellungen der Beziehungen anderer Benutzer klicken. Es ist möglich, Kontakte nach dem Spitznamen, dem so genannten Nickname oder dem wirklichen Namen, sowie nach der E-Mail-Adresse zu suchen, jedoch ist der wirkliche Name in den so genannten „Freundesbäumen" nur dann einsehbar, wenn die beiden Nutzer „befreundet" sind.

Lokalisten.de bietet den Benutzern die Möglichkeit, sich untereinander die „Freundschaft" anzubieten, was dazu führt, dass man den „Freundesbaum", also eine visuelle Darstellung seiner Freunde und deren Freunde, um neue Personen erweitern kann. Eine Freundschaft muss von beiden Seiten bestätigt werden. Klickt man einen fremden Benutzer an, der nicht direkt mit einem befreundet ist, so zeigt einem das Programm die Verbindung zum jeweiligen Benutzer über die Kette der Freunde und Freundes-Freunde an. An alle Mitglieder können Nachrichten geschickt werden. Nachrichten anderer Benutzer können gesperrt werden. Wenn viele Beschwerden gegen einen Benutzer vorliegen, kann das zum Ausschluss des jeweiligen Benutzers führen.

Jeder Nutzer hat außerdem die Möglichkeit, ein kleines Tagebuch zu führen, in das er einen kurzen Text und ein Bild einfügen kann. Gästebucheinträge, die man von anderen Benutzern geschrieben bekommen hat, kann man entweder annehmen oder löschen. Jeder Benutzer kann jeden anderen Benutzer anklicken und über diesen freigegebene Informationen ansehen und dessen hochgeladenen Bilder be-

trachten. Ebenfalls wird dem Nutzer angezeigt, wer auf ihn geklickt hat beziehungsweise sein Profil betrachtet hat.

Optional wird der Benutzer über weitere Nachrichten, Freundesanfragen oder
spezielle Ereignisse in Form eines E-Mail-Newsletters informiert. Der Betreiber sichert
zu, dass er die E-Mail-Adresse nicht an Dritte weitergibt.

Neben der datenbankorientierten Kontaktpflege bietet „Lokalisten.de" einen
Veranstaltungskalender (Events), einen Marktplatz und ein Blogsystem. Die Events
werden von den Benutzern selbst eingetragen, was in größeren „Homebases" wie
zum Beispiel München oft zu Spaßeinträgen im Eventbereich führt. Diese Ereignisse,
die dem Benutzer thematisch und regional aufbereitet dargestellt werden, umfassen
Partyankündigungen, Sportereignisse, Hilfegesuche, Verkaufsangebote sowie Hinweise und Nachrichten aller Art. Die Möglichkeit einer detaillierten Auswertung
bezüglich bestimmter Benutzergruppen, beispielsweise nach Hobby, Sportart, Interessen, Alter oder Geschlecht, vervollständigen das Angebot.

Kritiker bemängeln, dass Teilnehmer in Unkenntnis der Schutzeinstellungsmög-
lichkeiten ihre eigenen Beziehungen ungeschützt der breiten Öffentlichkeit preisgeben. Andererseits sei der tatsächliche Stellenwert von Kontakten nicht zu beurteilen. Da diese nicht näher qualifiziert werden und seitens vieler Teilnehmer
inflationär Kontakte eingetragen würden, erschöpfe sich die verwertbare Information auf einen Eintrag im Freundesbaum. Außerdem sind bei „Lokalisten.de" nur die
Nicknames und das Profil einsehbar, nicht jedoch der Realname der so genannten
Freundes-Freunde, der nur „Freunden" des Benutzers zu Verfügung steht. Benutzer
mit 150 oder mehr Kontakten sind bei Lokalisten keine Seltenheit, ob diese auch
wirklich alle gepflegt werden können, ist zweifelhaft.

Für einige Kritiker stellt Lokalisten.de lediglich eine soziale Spielwiese persönlicher Bestätigung dar, auf der sich Menschen bewegen, die sich auf diesem Wege
der Präsenz ihrer Artgenossen versichern wollen und die sich durch das Anhäufen
von „Freunden" Bestätigung erhoffen.

Ebenfalls stellt die Rangliste der „best clickies" ein interessantes Phänomen
dar. Die Benutzer, die am meisten angeklickt wurden, werden dabei in einer Liste
geführt, die als „best clickies" bezeichnet wird. Das erste Foto oder auch Haupt-
foto des Benutzers, das als Vorschaubild neben dessen Spitznamen angezeigt wird,
spielt dabei anscheinend eine entscheidende Rolle, wie oft die so genannte Profil-
seite aufgerufen wurde. Dieses Phänomen führte dazu, dass oft Bilder verwendet
werden, die versuchen, mit äußerlichen Reizen oder provokanten Motiven zu locken.
Dabei scheint es vor allem für die Benutzer in der Altersgruppe der unter 18-jähri-
gen ein regelrechter Sport zu sein, in dieser Liste einen der vorderen Plätze einzu-
nehmen.

Seit der Einführung dieser Anmeldemethode kommt es mittlerweile massiv zu folgenden Nebeneffekten:

- *Fake-Profile:* Nutzer erstellen bewusst falsche Profile, um sich zu profilieren.
- *Werbe-Profile:* Hier machen Promoter Werbung für ihre Firmen.
- Die Anzahl der Personen, die sich mit fremden Fotos schmückt, nimmt merkbar zu.
- *Die Lokalisten* als Plattform für Mobbing und Beleidigung. Diese Erscheinung ist vor allem sehr häufig bei der Altersklasse zwischen 14 und 18 Jahren festzustellen.
- Die Plattform auch für Beleidigungen im Chat z. B. auf sexueller Grundlage. Recherchen der Autoren haben ergeben, dass gerade das weibliche Geschlecht immer wieder Ziel von sexuell bedingten Attacken wird wie
  „Hast Du nicht mal Lust auf ein paar geile Nacktfotos von Dir?" oder
  „Geiler, potenter Hengst sucht geile Mitspielerin".

Wenngleich die Anzahl der verbalen bzw. schriftlichen Attacken in den Communities bislang noch vergleichsweise geringer ausfällt als in den klassischen Chaträumen, ist in den vergangenen Monaten trotz alledem eine Steigerung von Anmachen auf sexueller Grundlage zu verzeichnen.

Viele Lokalisten kritisieren, dass die einstige Exklusivität der Seite und die Besonderheit „Lokalist" zu sein, nun verloren gegangen sind. Es wird auch bemängelt, dass das Publikum immer jünger wird, jedoch sind offiziell keine Anmeldungen für Unter-14-Jährige möglich.

Das Gegenstück zu den Lokalisten ist das Projekt „openPeople" (www.openpeople.de), welches vor allem im norddeutschen Raum an Popularität gewinnt. Hier ist es allerdings so, dass man nur daran teilnehmen kann, wenn man einen so genannten Einladungscode einer persönlich bekannten Person erhalten hat. Jedoch kann man sich auch ohne Einladungscode bei den Betreibern des Portals anmelden und hoffen, dass von dort aus Zustimmung erteilt wird. Welches jedoch die Kriterien auf eine solche Blind-Bewerbung sind, die zur Aufnahme in die Community führen, bleibt das Geheimnis der Betreiber.

Empfehlungen für Community-Teilnehmer

Wie in allen anderen Bereichen und in den verschiedenen Diensten des Internets sollte man mit der Veröffentlichung und Weitergabe von persönlichen Daten äußerst restriktiv umgehen, sei es im persönlichen Profil oder im Chat-Bereich. Die Devise lautet: Weniger ist mehr! Seien es die eigenen Angaben zur Person, oder auch das Einstellen von Fotos. Man sollte insbesondere Kindern begreiflich machen, dass jeder, der sich die persönlichen Fotos anderer ansehen kann, in der Lage ist, diese auch zu kopieren. Fraglich ist nur immer, was mit diesem Bildmaterial danach passiert? Apropos Fotos: Durch die Veröffentlichung fremder Fotos in Zusammenhang mit dem eigenen Profil können sehr schnell Straftaten begangen werden. Wenn ohne Genehmigung der abgebildeten Person solche Fotos – auch in einer Community – veröffentlich werden, dann liegt ein Vergehen nach dem Kunsturheberrechtsgesetz vor, das die Persönlichkeit des Abgebildeten schützt.

Urheberrecht
Markengesetz

Die Chance, im Zusammenhang mit den Inhalten des Internets in Konfrontation mit dem Gesetz zu kommen, ist bei Erwachsenen und insbesondere bei Jugendlichen groß. Die schier unerschöpfliche Vielfalt unterschiedlichster Inhalte wie Texte, Fotos, Grafiken, Musikwerken usw. verleitet gerade dazu, sich diese Inhalte nicht nur auf den heimischen Computer zu laden, sondern auch sich mit diesen fremden Inhalten auf seiner privaten Homepage zu schmücken. Auch Hinweise der Anbieter, die die Inhalte als „all free" oder „kostenlos" titulieren, dürfen nicht vergessen machen, dass die meisten der Inhalte urheberrechtlich geschützt sind und von den Rechteinhabern die unbefugte Veröffentlichung dieser Werke zivil- und urheberrechtlich verfolgt werden kann.

Fotos von Pin-Up-Girls, die auf einschlägigen Web-Sites in Mengen zu finden sind, lud sich der 16jährige Marco auf die Festplatte und später auf seine Homepage, die bestenfalls bei seinen Freunden Anklang fand. Umso größer war seine Überraschung, als vier Monate später Marco eine Abmahnung einer Münchener Rechtsanwaltskanzlei in seinem Briefkasten fand. Der Schock war groß: 3.100 Euro sollte der Fotograf der Fotos erhalten, über 2.100 Euro lautete die Kostenrechnung der beauftragten Kanzlei für die Erstellung der Abmahnung. Die Abmahnung an sich ist eine außergerichtliche Form der Einigung auf zivilrechtlichem Weg. Urheber- und Markenrechtsverletzungen wie diese passieren jeden Tag in Deutschland hundertfach: Da werden in Internet-Versteigerungshäusern z. B. „Cartier-Ketten" angeboten, die tatsächlich keine sind, nur der Verschluss der angebotenen Kette gleicht dem einer original Cartier-Kette. Oder Ausschnitte aus Stadtplänen werden auf die Web-Site eingefügt, ohne dass der Hersteller des Kartenmaterials seine Genehmigung dazu erteilt hat. Web-Sites von Jugendlichen sind häufig mit aktuellen Pop-Hits unterlegt oder es werden Song-Texte zitiert. Alles Dinge, die Rechte anderer verletzen und die sehr schnell ins Auge gehen können.

Aber auch das Importieren von fremden Inhalten auf die eigene Homepage durch die so genannte Frame-Technik, bei der die Web-Site in zwei oder mehr separate Bereiche aufgeteilt wird, verstößt gegen das Urheberrecht, insbesondere dann, wenn durch das Importieren fremder Inhalte beim Betrachter der Eindruck erweckt wird, es würde sich dabei um die eigenen Inhalte handeln. Das ist klassisches Plagiat mit modernen Mitteln.

Es wird immer wieder die Frage gestellt, ob man sich durch das Setzen von Links auf fremde, strafrechtlich relevante Inhalte selbst strafbar macht, eine juristisch sehr schwer zu beantwortende Frage, die den Rahmen dieses Buches sprengen würde. Vielfach berufen sich die Betreiber von privaten und auch kommerziellen Webseiten auf ein Urteil des Landgerichts Hamburg vom 12. 05. 98, um damit deutlich zu machen, dass man sich ausdrücklich von den Inhalten auf der fremden Webseite distanziert. Tatsächlich geht es im zitierten Urteil um das erste Urteil eines deutschen Gerichts, das sich mit der privatrechtlichen Haftung von Links befasst, wobei es hier um eine Persönlichkeitsrechtsverletzung im Internet ging. Nicht von diesem Urteil tangiert sind strafrechtliche Verstöße, d. h., hier kann kein Haftungsausschluss oder sog. Disclaimer vor der Strafverfolgung schützen!

Kommt beispielsweise ein Jugendlicher auf die Idee, einen Link zu einem ausländischen Pornoanbieter zu setzen, wird die strafrechtliche Seite, in Form der Beihilfe, zu prüfen sein. Deshalb kann man vor dem Setzen solcher Links auf der eigenen Webseite zu bedenklichen Inhalten eigentlich nur dringend warnen.

Tipps für Eltern und Schulen

Sprechen Sie als Erziehungsberechtigte mit Ihren Kindern. Machen Sie den Kindern klar, wie sie mit dem Computer und dem Internet umgehen sollen, insbesondere die Themen Legalität und Ethik sind Werte, die hier vermittelt werden sollten. Reden Sie über das Urheberrecht und über diejenigen, die das Nachsehen haben, wenn Songs und Filme über das Internet weiter gegeben werden. Was ist mit den Komponisten, den Künstlern, den Musikern? Für diese Personen geht es um den Lebensunterhalt. Es darf nicht das Motto gelten: „Die Musikindustrie verdient sich ohnehin eine goldene Nase"! Abgesehen davon: Wer zahlt denn die Strafen in der Familie, wenn jemand aus diesem Kreis verklagt wird?

Letztlich gehört zur elterlichen Aufsichtspflicht auch die Kontrolle der Computer. Es gibt inzwischen Hilfsmittel wie das Programm „Digital File Check" (DFC), das installierte Filesharing-Programme automatisiert erkennt und diese Software-Programme blockieren oder löschen kann. Ferner erkennt es alle Dateien auf dem eigenen Computer, die im sog. „Freigabe-Ordner" gespeichert sind. Letztlich nimmt das DFC noch eine Bestandsaufnahme nach Musik-, Video- und Bilddateien auf der Festplatte vor.

Sie können sich das Programm, auch in deutscher Sprache, unter folgender Adresse laden: *http://www.ifpi.org/site-content/antipiracy/digital-file-check.html*.

Machen Sie ihrem Nachwuchs klar, dass das Internet eine Menge von legalen Plattformen bietet, mit Millionen von Titel aller Genres und Zeiten, und dies kostenlos oder auch für wenig Geld. Es gibt alleine mehr als 200 legale Online-Händler, die man sich unter der Adresse *http://www.pro-music.org/musiconline.htm* auflisten lassen kann.

Technische Hilfestellung für Eltern und Lehrer

Einsatz von Filterprogrammen

Bei Eltern und Lehrern muss noch mehr das Bewusstsein geweckt werden, dass im Internet jugendgefährdende Inhalte wie Gewaltdarstellungen und Pornografie ständig präsent sind und die Konfrontation mit diesen Inhalten kaum vermeidbar ist, außer man würde generell den Umgang mit dem Netz unterbinden. Wirksamer Schutz vor bedenklichen Inhalten erzielt man heute nur durch systematisches Filtern. Zwar sollten grundsätzlich Kinder bis zum jugendlichen Alter nicht alleine im Internet surfen, doch die Praxis sieht erfahrungsgemäß leider anders aus. Entweder nimmt man sich nicht die Zeit, die eigenen Kinder im Internet zu begleiten, oder man ist sich den Gefahren, die dort lauern, einfach nicht bewusst. Deshalb muss der Einsatz von Filterprogrammen als technische Unterstützung, nicht jedoch als „Allheilmittel" auf jeden Fall empfohlen werden.

In Schulen

Der Einsatz von Filtern in Schulen sollte heute **obligatorisch** sein, denn die Institution Schule hat einen gesetzlichen Auftrag, ihrer Garantenstellung gegenüber den Schülern und Eltern in Form der Aufsicht gerecht zu werden. Auch wenn die Haushaltskassen der Gemeinden als Bedarfsträger der Schulen leer sind, darf dies kein Argument in der heutigen Zeit mehr sein, einfach auf geeignete Filter einfach zu verzichten. Harte Konsequenzen werden nach § 23 des Jugendmedien-Staatsvertrages demjenigen angedroht, der Kindern und Jugendlichen Zugang zu jugendgefährdenden Inhalten verschafft, und dass das Internet solche Inhalte mehr als reichlich bietet, dürfte außer Frage stehen.

§ 23 JMStV

*Mit Freiheitsstrafe bis zu einem Jahr oder mit Geldstrafe wird bestraft, wer entgegen § 4 Abs. 2 Satz 1 Nr. 3 und Satz 2 Angebote verbreitet oder **zugänglich** macht, die offensichtlich geeignet sind, die Entwicklung von Kindern oder Jugendlichen oder ihre Erziehung zu einer eigenverantwortlichen und gemeinschaftsfähigen Persönlichkeit unter Berücksichtigung der besonderen Wirkungsform des Verbreitungsmediums schwer zu gefährden. Handelt der Täter fahrlässig, so ist die Freiheitsstrafe bis zu 6 Monate oder die Geldstrafe bis zu 180 Tagessätze.*

Welche(r) Schulleiter/in möchte sich schon gerne den Vorwurf gefallen lassen, dass sich Schüler der eigenen Schule jugendgefährdende Inhalte aus dem Internet über den Schulserver geladen haben?

Deshalb muss sowohl während des Unterrichtes als auch in der unterrichtsfreien Zeit für entsprechende Aufsicht durch Lehrer gesorgt werden. Kategorisch müssen Praktiken, die inzwischen an vereinzelten Schulen Einzug gehalten haben, z. B. dass Schüler der Oberstufen diese Aufsicht übernehmen sollen, abgelehnt werden. Die Schulleitung kann und darf sich dieser Aufsichtspflicht nicht entziehen. Während des Interneteinsatzes in den Unterrichtsstunden obliegt diese Aufsicht den Fach- bzw. Klassenlehrkräften. Im Klartext bedeutet dies, dass während des Unterrichts eine Lehrkraft die Internetaktivitäten der Schüler laufend überprüfen muss. Da der Umfang der Kontrollen von verschiedenen Faktoren abhängig ist, sollten unbedingt technische Filtersysteme eingesetzt werden. Zusätzlich müssen stichprobenartige Überprüfungen der aufgerufenen Internet-Inhalte erfolgen.

Wann liegt eine Aufsichtspflichtverletzung in der Schule vor?

Wann eine Aufsichtspflichtverletzung durch die Schule bezüglich der Nutzung des Internets vorliegt, kann leider nicht pauschal beantwortet werden, da in den Bundesländern unterschiedliche oder gar völlig fehlende Regelungen diese Frage offen lassen. Grundsätzlich hat die Schulleitung die Aufsichtspflicht, in einzelnen Bundesländern ist es jedoch möglich, dass die Schulleitung diese Pflicht auch im Rahmen ihres Weisungsrechts im bestimmten Umfang übertragen kann, zum Beispiel auf die Klassen- und Fachlehrkräfte.

Denkbar ist auch, dass diese Aufsichtspflicht an andere Personen wie Schulangestellte, Bibliotheksfachkräfte oder Eltern möglich ist, sofern gewährleistet ist, dass dieser Personenkreis der Verpflichtung in der bestehenden Form nachkommt.

Als rechtlich äußerst kritisch wird die Übertragung der Aufsichtspflicht auf volljährige Schüler erachtet. So kann es nicht sein, dass Schüler über Schüler die Aufsicht über deren Nutzung des Internets in der Schule, beispielsweise bei der Durchfürung so genannter Internet-Cafés oder während Freistunden ausüben. Schüler sind für solche Aufgaben weder inhaltlich noch pädagogisch ausgebildet.

Einsatz von Filterprogrammen im häuslichen Bereich

Was können Eltern nun aber für konkret zu Hause als Filterprogramme einsetzen? Grundsätzlich kann man sagen, dass sich Software-Produkte aus amerikanischen Herstellerhäusern nicht bewährt haben. Das liegt zum einen an den unterschiedlichen Rechtsvorschriften in den Ländern: Angebote, die in Deutschland sogar Straftatbestände erfüllen, wie die Verbreitung rechtsextremistischen Gedankengutes, werden in anderen Staaten beispielsweise nicht beanstandet, während nach unseren deutschen Maßstäben unproblematische Inhalte wie Verhütung, Aids-Prävention oder Sexualaufklärung beispielsweise in den USA als jugendgefährdend eingestuft und unterbunden werden.

Häufig treten dann auch Schwierigkeit bei der Installation und Einrichtung der Filterprogramme auf, insbesondere dann, wenn sie ausschließlich in englischer Sprache angeboten werden. Deshalb ist es besser zu Programmen deutscher Hersteller zu greifen.

Wie arbeiten Filterprogramme?

Üblicherweise kommen bei den meisten Filterprogrammen so genannte Negativlisten zum Einsatz. Automatisiert werden ganze Listen von Internet-Adressen gesammelt, die als problematisch für Kinder und Jugendliche angesehen werden. Da das Internet ein sehr dynamisches Medium ist und deshalb diese Listen relativ schnell inaktuell werden, müssen diese Listen ständig von den Herstellern aktualisiert werden.

Neben dem Einsatz von Negativlisten bieten die meisten Filtersoftwarehersteller auch noch Positivlisten zur Verwendung an. Diese Listen bieten sich vor allem beim Einsatz des Internets in der Schule an. Die Lehrkraft kann durch das explizite Freischalten von nur ganz bestimmten Internet-Adressen gewährleisten, dass keine anderen Web-Sites angesurft werden. Ein Wehmutstropfen bringen jedoch die Positivlisten jedoch mit sich: Die Pflege und Administration der Listen ist zeitaufwendig und die Positivlisten reduzieren erheblich das für die Schüler zugängliche Internetangebot.

Einsatz von Ratingsystemen

Neben den reinen Filterprogrammen gibt es auch die Möglichkeit, so genannte Ratingssysteme einzusetzen. Im Gegensatz zu reinen Filterprogrammen basieren die Ratingsysteme nicht auf Sperrlisten, sondern steuern den Zugriff zusätzlich anhand bestimmter Merkmale wie Gewalt, Nacktaufnahmen, Sex und Sprache. Der Administrator legt dabei fest, welcher Grad zum Beispiel bei „Gewalt" zugelassen wird. Der Nachteil von Ratingsystemen: Damit die eingesetzten Ratingsysteme in der Praxis verwendet werden können, ist es notwendig, dass die Internetinhalte anhand der vom Ratingsystem verwendeten Kriterien bewertet werden. Die Bewertung erfolgt in der Regel durch Dritte, zum Beispiel einen Provider oder dem Anbieter selbst, auf der Basis einer freiwilligen Selbstkontrolle. Die Praxis hat jedoch gezeigt, dass nur der kleinste Teil der Internetinhalte durch Ratingssysteme klassifiziert worden ist. Erschwerend kommt hinzu, dass die Ratingssysteme nur durch den Internet Explorer der Firma Microsoft unterstützt werden. Nutzer, die mit alternativen Browsern surfen, wie Firefox, Opera, Netscape Navigator usw. haben das Nachsehen.

Man muss sich aber darüber im Klaren sein, dass Filter-Programme keine Wunder im Hinblick auf den Schutz der Kinder sind, sondern nur unterstützend eingesetzt werden sollten. Am besten wäre natürlich, wenn die Kinder bis zu einem jugendlichen Alter überhaupt nicht alleine das Internet benutzen würden. Es gibt Erhebungen, die besagen, dass in den Haushalten, in denen nur ein Computer vorhanden ist, der Standort dieses Gerätes in über 90 Prozent der Fälle im Kinderzimmer ist. Warum stellt man den PC nicht zum Beispiel im Wohnzimmer auf, so dass die Eltern hier auch bequem immer wieder einen Blick auf den Monitor werfen können?

Deshalb muss neben den technischen Möglichkeiten, die Filter-Programme bieten, die Elternverantwortung den Jugendmedienschutz ergänzen. Eltern müssen hinschauen, wenn Kinder die Medien nutzen. Auch die Erwachsenen müssen über den verantwortungsvollen Umgang mit den Medien unterrichtet werden und natürlich auch den Kindern als Vorbild dienen. Nur wenn Eltern kompetent in die Lage versetzt werden auch von ihrer Seite aus Medienpädagogik ihren Kindern zu vermitteln, können sie die Kinder altersgerecht an die Nutzung der Medien heranführen.

Der Idealfall wäre, wenn Kinder eine so ausgeprägte Medienkompetenz im Laufe der Jahre erhalten würden, dass sie ab einem Alter von ca. 15 Jahren gänzlich auf Filterprogramme verzichten könnten. Spätestens ab diesem jugendlichen Alter machen Filterprogramme im Grunde genommen keinen Sinn mehr, denn wenn die Teenager jugendgefährdende Inhalte konsumieren möchten und es ihnen zu Hause nicht möglich ist, dann gehen sie zu Freunden oder in das Internet-Café, wo eben keine Filter vorhanden sind oder technisch versierte Jugendliche knacken die Filtersoftware!

Jugendliche benötigen auch Selbstvertrauen im Umgang mit Medien. Dazu gehören einfach Verhaltensregeln, die einem die Gewissheit geben, wie man sich in bestimmten Situationen zu verhalten hat. Wenn Jugendliche so viel Selbstvertrauen besitzen, in der Clique oder unter Freunden die ihnen von zu Hause vermittelten Werte so zu vertreten, dass sie sich trauen laut auszusprechen, dass man mit diesen ekelhaften Bildern oder brutalen Spielen nichts zu tun haben möchte, dann dürfen sich die Eltern getrost selbst auf die Schulter klopfen, denn hier haben sie ganze Arbeit bei der Medienerziehung und Vermittlung der Medienkompetenz geleistet.

Empfehlenswerte Filterprogramme für den Privatbereich

SFC-Schutzsoftware (Security for children)
Eltern, die ihre Kinder vor jugendgefährdenden Inhalten im Internet schützen möchten, können die SFC-Schutzsoftware kostenlos aus dem Internet herunterladen. Die Software arbeitet sowohl mit den Browsern der Firma Microsoft, dem Internet Explorer als auch dem Netscape Navigator zusammen.
Vorteile: Das SFC-System unterscheidet zwischen vier verschiedenen Altersstufen:

> 0–6 Jahre (diese Altersgruppe erhält kein Passwort)
> 6–12 Jahre
> 12–16 Jahre und
> Erwachsene.

Die Software bietet an sicherheitsrelevanten Funktionen das Verhindern des Öffnens anderer Browser ohne SFC-Sicherheit, individuelle Sicherheitseinstellungen nach definierten Altersstufen und Umleiten der Informationen auf jugendgerechte Inhalte, falls auf der ursprünglichen Web-Site gefährdende Inhalte festgestellt wurden.
  Die SFC-Schutzsoftware baut unter anderem auf Wort basierendem Online-Monitoring und intelligenter Seitenauswahl, der Möglichkeit der individuellen Verwaltung von Sperrseiten und Kategorien, Werbeblocker auf.
  Download des Programms unter *http://www.sfcag.de.*

TIME for kids
Hinter dem Namen TIME for kids verbergen sich sowohl die TIME for kids Foundation, eine gemeinnützige GmbH, die es sich zum Ziel gesetzt hat, allen Schulen bundesweit den Einsatz der Informationstechnologien zu ermöglichen. Aus diesem Grunde werden so genannte Public Private Partnerships organisiert, die die Zusammenarbeit zwischen Wirtschaftsunternehmen und öffentlicher Hand regeln sollen.
  Daneben vertreibt die GmbH sowohl Filterlösungen für Schulen, den „Schulfilter Plus" wie auch für private Haushalte den Internetfilter Plus. Über diese Filter können altersspezifische Einstellungen mit deutscher Menü-Führung durch die Eltern vorgenommen werden. Die Firma selbst gibt an, täglich über vier Millionen Web-Seiten unter anderem aus den Bereichen Pornografie, Gewaltverherrlichung, politischer

und religiöser Extremismus zu überprüfen. Dabei erfolgt die Überprüfung über ein mehrstufiges Verfahren, bei dem sowohl Texte als auch Bilder analysiert werden. Das Programm ermöglicht:

- die Erstellung von Black- und Whitelists
- eine zeitliche Beschränkung des Internets
- Sperrung oder gezielte Öffnung von kostenpflichtigen Internetangeboten
- Sperrung der teueren 0900-Anwahlnummern der so genannten Mehrwert-diensteanbieter
- unterschiedliche Berechtigungsstufen, je nach Alter der Internetnutzer, d. h. für Eltern keine Einschränkungen, sehr hoher Schutz für kleine Kinder, mehr Freiheiten mit zunehmender Reife und größere Freiheiten für Jugendliche
- umfassender Deinstallations-/Manipulations- und Umgehungsschutz

Für technische und pädagogische Fragen steht eine Hotline Montag bis Freitag von 8 bis 16 Uhr unter der Rufnummer 030/29 36 98 90 zur Verfügung.

Das Programm kann aus Kostengründen nur online unter *http://www.internet-filterplus.de* geladen werden. Es steht 30 Tage zum kostenfreien Test zur Verfügung. Der Lizenzschlüssel wird nach Überweisung von Euro 19,95 per E-Mail zugesendet. Weitere Informationen zur Firma und zu den Produkten erhalten Sie unter http://www.time-for-kids.de.

Die beiden zuvor beschriebenen Filter sind zwei positive Beispiele von Software-Entwicklern, die sich nicht nur ernsthafte Gedanken über den Jugendmedienschutz gemacht haben, sondern diesen Schutz mit technischen Mitteln sehr gut umgesetzt haben. Selbstverständlich gibt es noch andere Filterprogramme auf dem Markt, die jedoch nicht bis in das letzte Detail durch die Autoren getestet wurden. Die Filterprogramme von SFC und der TIME for kids GmbH erhalten auf jeden Fall das Prädikat „besonders empfehlenswert".

Tipps für Eltern zur Begleitung von Kindern bei dem Gebrauch des Internets

Hier: unerlaubte und jugendgefährdende Inhalte

- Lassen Sie Ihre Kinder nicht alleine im Internet surfen. Schauen Sie ihnen regelmäßig über die Schultern und hinterfragen Sie die Aktivitäten im Internet.
- Machen Sie Ihren Kindern klar, dass Pornografie nichts mit der Abbildung von Menschen zu tun hat, die harmlose Zärtlichkeiten untereinander austauschen.

- Pornografie ist für Kinder und Jugendliche schädlich und deshalb verboten. Diese Verbote werden von Polizei und Staatsanwaltschaft überwacht und eine Nichtbeachtung dieser Vorschriften ziehen strafrechtliche Konsequenzen nach sich.
- Auch die Schule muss diese Verbote, wie z. B. das Betrachten oder gar das Herunterladen von Pornografie überwachen und im Falle der Nichtbeachtung ahnden. Diese Überwachung muss entweder persönlich durch die Lehrkraft oder besser noch zusätzlich unterstützt durch technische Maßnahmen wie dem Einsatz von Filterprogrammen erfolgen.
- Die Kinder sollten darüber aufgeklärt werden, dass Web-Seiten, deren Inhalte sie verstören, oder wiederholt aufspringende Pop-Ups, gleich zu schließen sind. Führen solche Maßnahmen nicht zum Erfolg, dann sollten sich die Kinder auch nicht scheuen, einfach den PC abzuschalten.
- Sehr häufig gelangt auch über pornografische Web-Seiten oder Angebote mit urheberrechtlich geschützten Programmen wie Software, Musik und Videofilme schädlicher Programmcode in Form von Viren und Spionageprogrammen auf die Festplatten der Nutzer. Schon aus diesem Grunde heraus sollten solche Seiten erst gar nicht geöffnet werden.
- Eltern und Lehrer sollten nicht mit Strafen reagieren, wenn sich die Kinder ihnen anvertrauen, insbesondere dann nicht, wenn sie auf gefährliche Seiten gestoßen sind.

Computerspiele (und das Internet)

Erfahrungen und ein wenig Statistik

Das Internet wird häufiger als virtueller Erlebnis- und Inszenierungsraum genutzt, als es noch bis Ende der 90er Jahre der Fall war. Im Gegensatz zu den Spielkonsolen der Hersteller Sony und Microsoft, deren Abspielgeräte in der Vergangenheit technisch nur in der Lage waren, den Spieler gegen die Maschine oder einen weiteren anwesenden Mitspieler antreten lassen zu können, bieten heute alle Spielkonsolen durch integrierte Internet-Anschlüsse die Möglichkeit, gegen mehrere Gegner weltweit zu spielen. In den vergangenen Jahren wurde auch kaum ein Thema konträrer diskutiert, wie das generelle Verbot von Spielen mit Gewaltinhalten. Immer wieder, wenn es zu Gewaltüberschreitungen vor allem junger Menschen kam, werden die Forderungen nach solchen Verboten lauter.

Neben Musik sind es vor allem Computerspiele, die heute die Jugendkultur prägen. Oftmals ist der Wunsch, Computerspiele zu spielen, die Ursache dafür, warum man sich einen PC kauft oder schenken lässt.

Wie sehen Jugendliche selbst ihren Umgang mit gewalttätigen Computerspielen?

Umfragen der Autoren in Schulklassen brachten erschreckende Ergebnisse: Durchschnittlich 46 % der befragten Schülerinnen und Schüler im Alter zwischen 14 und 17 Jahren spielen die so genannten **Ego-Shooter-Spiele**. Befragt wurden Jugendliche aus Haupt- und Realschulen sowie Gymnasien. Der Anteil von jungen Menschen, die Gewaltspiele konsumierten, lag in den Hauptschulen bei 58 Prozent.

Jugendliche finden das Spielen von Gewaltspielen alles andere als schlimm: Es wird verharmlosend als eine Mischung aus „Schnitzeljagd und Schach" angesehen. Letztlich könne man zwischen Fiktion und Wirklichkeit sehr gut unterscheiden. Man wisse sehr klar, dass man nicht auf „echte Menschen" schieße, sondern einer simulierten Spielsituation folge, so eine gängige Aussage von Jugendlichen hierzu.

Warum werden Computerspiele gespielt?

PC-Spiele sind heute ein einfaches, aber zentrales Mittel zur Vertreibung der Langeweile. Den Spieler erwartet ständig eine neue Herausforderung. Das Spektrum der Spiele ist sehr weit gefächert: Von Sportwettkämpfen, Denksportaufgaben, Strategiespielen bis hin zu militärischen Schlachten ist alles zu haben. Den Spielern werden dabei unterschiedliche Fähigkeiten abverlangt wie Reaktionsschnelligkeit, räumliche Orientierung, manuelle Geschicklichkeit an Tastatur und Maus, Planungsgeschick und logistisches Management. Die Spieler können aus verschiedenen Schwierigkeitsstufen (sog. Levels) auswählen und das Spiel ihren Fähigkeiten anpassen.

Das Computerspiel bietet oft die Möglichkeit, eigene Fantasien und Wunschträume virtuell zu entwickeln beziehungsweise umzusetzen. So kann man sich zum Beispiel in eine andere Zeitepoche vor- oder zurückversetzen lassen, die Lieblings-Basketballmannschaft trainieren oder in die Rolle des Fußball-National-Trainers schlüpfen.

Im Gegensatz zum normalen PC-Spieler bedient sich die Spielergemeinde im Internet so genannten Mulit-User-Dungeons, kurz MUDs, um anonym, unter Verwendung von Pseudonymen, beliebige Identitätswechsel vornehmen zu können. Waren bis vor kurzer Zeit LAN-Parties[11] sehr unter den Jugendlichen als Freizeitbeschäftigung verbreitet, ist im Zeitalter schneller DSL- und kostengünstiger Flatrate-Verbindungen die Szene vermehrt ins Internet abgewandert.

Der Spieler kann bei seinen Kampfeinsätzen aus einem Arsenal an Waffen auswählen.

---

11 LAN = Local Area Network; Bezeichnung für ein lokal aufgebautes Netzwerk von Computern

Wenn Computerspiele zum Problem werden

Jeder, der schon einmal von Computerspielen fasziniert worden ist, kennt das Problem: Man kann sich nicht mehr vom Spiel lösen, gerade dann nicht, wenn man Erfolgsmeldungen im Spiel zu verbuchen hat. In harmlosen Fällen führt es vielleicht dazu, dass man das Abendessen kalt werden lässt oder einen Termin verpasst. In Extremfällen kann es aber auch zu massiven Problemen innerhalb der Partnerschaft oder der Familie führen, nämlich dann, wenn die Spielleidenschaft einen suchtähnlichen Charakter erhält. Dominieren Computerspiele sogar ganz die Freizeit, stellt sich die Frage, ob die Erfolge im Spiel noch positive Ergänzungen zum realen Leben sind, oder ob sie reale Defizite im virtuellen Leben kompensieren.

Schwierig ist insbesondere auch für Angehörige festzustellen, ob exzessives Spielen am PC nur eine vorübergehende Erscheinung ist, oder ob es sich schon um eine Computerspielsucht im medizinischen Sinn, vergleichbar mit Alkoholismus oder Drogenkonsum, handelt. Wissenschaftler der Berliner Charité haben herausgefunden, dass die Problematik der Computerspielsucht eine naturwissenschaftlich messbare physiologische Realität hat. Die Ärzte stellten fest, dass exzessive Computerspieler hirnphysiologisch vergleichbar intensiv auf Computerspielszenen reagieren wie etwa Alkoholabhängige auf Fotos von Alkoholika.[12]

Ein anderer Aspekt, bei dem sich Computerspiele als gefährlich herausstellen, ist die Attraktivität virtueller Gewalt. In diesen Spielen können die Spieler Macht und Kontrolle ausüben. Dies gilt besonders für die so genannten Ego-Shooter-Spiele, da sich dort die Lust an der Waffe und an der Macht besonders gut erleben lassen. In den Computerspielen treten die unterschiedlichsten Gewaltformen auf: von Verharmlosung durch in Comics verpackte Inhalte bis zu blutigen Abschlachtungen in Form von Gewaltorgien und der Verherrlichung von Tötungsdelikten. In Gewalt verherrlichenden Computerspielen kann der Nutzer Grenzen austesten und Tabus brechen, ohne unbedingt die dahinter stehenden Werte in Frage stellen zu müssen. Verfechter von Ego-Shooter-Spielern werden nicht müde, immer wieder zu erklären „dass man sich bewusst sei, dass die Computerspielwelt eine virtuelle sei und bei der Gewaltanwendung keine realen Menschen zu Schaden kommen!" Auch wenn die Spieler wissen, dass sie vor einer Maschine sitzen und auf virtueller Ebene agieren, ist ihr emotionales Erleben keinesfalls ausschließlich von diesem Wissen geprägt, wie die Realität in den vergangenen Jahren uns vermuten lässt, obwohl ein direkter Zusammenhang mit dem Konsum gewalthaltiger Computerspiele schwer

---

12 Quelle: http://www.medizin-aspekte.de/index.htm?/1205/psychologie/computer spielen.html

nachzuweisen ist. Die Liste der Fälle, bei denen Jugendliche alleine in Deutschland zu Amokläufern wurden, ist lang. Beispielhaft seien nur einige der Fälle genannt:

2. November 1999
Ein 16jähriger Junge erschießt in Bad Reichenhall vor seinem Elternhaus mehrere Passanten bis, er sich schließlich selbst hinrichtet.

19. Februar 2002
Adam Lubus, 22jähriger Mann, erschießt in seiner Firma zwei Kollegen, fährt danach in seine ehemalige Schule im oberbayerischen Freising und erschießt dort seinen ehemaligen Schulleiter.

29. April 2002
Robert Steinhäuser, der Amokläufer von Erfurt, erschießt an seiner ehemaligen Schule 17 Personen.

21. November 2006
An der Realschule von Emsdetten dringt während der großen Pause der 18jährige Sebastian B. in seine ehemalige Schule ein. Bewaffnet mit vier Gewehren, mehreren Rauch- und Rohrbomben verletzt er 37 Personen und richtet sich am Ende selbst.

Aber nicht nur bei Amokläufern, sondern auch anderen Tötungsdelikten wie geschehen am 23. Februar 2002 in Gersthofen bei Augsburg, als ein 19jähriger in ein Einfamilienhaus einbricht und ein dort alleine zu Hause befindliches 12jähriges Mädchen ersticht, oder Marc Hoffmann, dem mutmaßlichen Mörder der Kinder Felix und Levke in Niedersachsen, sind Parallelen festzustellen: Alle genannten Täter waren exzessive Konsumenten von Gewaltvideos und Gewaltspielen.

Nach jedem dieser Delikte wird erneut erwogen generell gewaltverherrlichende Computerspiele in Deutschland zu verbieten. Gerade die Ego-Shooter-Spiele, wie Doom, Counterstrike[13] sollen den Medienberichten zufolge die Amokläufer „trainiert" haben. Ob und wie weit Computerspiele für solche Gewalttaten in der Realität eine Vorlage bieten, kann letztlich niemand mit Gewissheit sagen. Dennoch sollte es zum Nachdenken anregen, warum Sebastian B. (18 Jahre, Emsdetten, Geschwister-Scholl-Realschule, November 2006, 37 Verletzte) vor seinem Amoklauf Maps, das heißt fast originalgetreue virtuelle Nachbauten seiner ehemaligen Schule, für das Spiel Counterstrike programmiert hatte.

---

13 Counterstrike: Meist gespieltestes PC-Ballerspiel mit über 3 Mio. Spielern. Monatlich werden auf den Counterstrike-Servern im Internet über 83 Mio. Stunden von den Anwendern gespielt.

Wahrscheinlich liegen die Ursachen bei allen Tätern viel tiefer. Viele verschiedene Faktoren müssen sicher zusammenkommen, um einen jungen Menschen zum Amokläufer zu machen. Persönlich empfundene Ausgrenzungen, Mobbing, Demütigungen, Frustration, Vernachlässigung, soziale Isolation und Anerkennungsverluste führen möglicherweise in Kombination mit dem Konsum beziehungsweise dem Abtauchen eines Jugendlichen in die Scheinwelt der Ego-Shooter-Spiele zum „Super-Gau".

Heute weiß man über den Täter von Emsdetten, dass er seinen Amoklauf von langer Hand plante. Immer wieder spielte er sein Massaker am Computer durch, bevor er es in die Realität umsetzte. Der junge Mann fühlte Hass auf die Lehrer seiner ehemaligen Schule, an der er sitzen geblieben war. Er wollte sich rächen. Sebastian B. kam ansonsten aus einem normalen häuslichen Umfeld. Doch was ist hier tatsächlich schief gelaufen? Es wäre unter anderem sicher angebracht zu untersuchen, inwieweit vielleicht ganz normale pubertär bedingte Entwicklungsprobleme, wie eine generelle höhere Empfindlichkeit, schnell als Beleidigungen und Demütigungen empfundene Äußerungen oder abfallende Schulleistungen im Zusammenhang mit dem Konsum von Gewaltspielen, zu solchen Fehlentwicklungen führen können.

Nach Amokläufen wie in Emsdetten sollte man zudem die Thesen der Medienwissenschaftler aufgreifen, die klar sagen, dass modernen Mediennutzern unter Umständen die Fähigkeit abhanden kommen kann, zwischen wirklicher und virtueller Welt zu unterscheiden. Offensichtlich trifft tatsächlich das zu, was Medienexperten, Psychologen und Sozialforscher in jüngster Zeit äußern, dass sich in der Ära „Web 2.0" ein Problem zusammenbraut, an das niemand auch nur zu denken wagte, als das Internet Mitte der 90er Jahre die weltweite Kommunikation revolutionierte.

Es existieren inzwischen diverse Untersuchungen darüber, wie sich multimedial erlebte Gewalt auf die Realität auswirkt. So erbrachte beispielsweise die „Eichstätter Studie über Schulgewalt" als Ergebnis, dass ein relativ kleiner gewaltaktiver Kern von männlichen Schülern Gewalterfahrungen in der Familie erlebte und zusätzlich ein deutlicher Zusammenhang zwischen dem Konsum von Kriegs-, Horror- und Sexfilmen und realer Gewaltausübung besteht.

In verschiedenen Theorien wird spekuliert, welchen Einfluss der Konsum virtueller Gewalt auf den Spieler ausübt. Die Meinungen und Thesen gehen hier zum Teil sehr weit auseinander:

- keine Auswirkungen auf die Realität, d. h. man wird nicht aggressiver
- Stimulation zu aggressiverem Verhalten

- Sensibilisierung gegenüber Gewalt, da man sich durch die realitätsnahen Gewalterfahrungen der Konsequenzen seines Handelns bewusster wird.
- Verrohung und emotionale Abstumpfung
- Abreagieren am PC anstatt in der Realität (Katharsis-These)
- man wird nur beeinflusst, wenn man emotional instabil ist.

Andere Untersuchungen, wie eine Studie der Universität von Missouri zum Thema „Gewaltspiele" aus dem Jahr 2000 brachte bei groß angelegten Testreihen mit Hunderten von Studenten heraus:

- Wer sich die Zeit mit brutalen Videospielen vertreibt, neigt auch im normalen Leben zur Gewaltanwendung.
- Die Testpersonen zeigten wesentlich aggressiveres Verhalten – ursächlich durch den Konsum von brutalen Videospielen. Je brutaler die Videospiele waren, desto aggressivere Gedanken und radikalere Verhaltensweisen hatten sie bei den Spielern zur Folge.

Trotz der teilweise gravierenden methodischen Forschungsprobleme bei der Untersuchung der Auswirkungen von virtueller Gewalt auf die Realität sind die Aussagen der Wissenschaft zur kurzfristigen Wirkung gewalttätiger Computerspiele relativ eindeutig und können als fundiert belegt gelten: „Die Metastudien zeigen, dass gewalthaltige Computerspiele kurzfristig aggressives Verhalten, aggressive Wahrnehmung und aggressive Gemütszustände fördern".[14]

So sind Nutzer von gewalthaltigen Computerspielen nach dem Spiel eher geneigt, eine Bewegung einer anderen Person als feindselig zu interpretieren oder einen Angriff zu vermuten. Gewalthaltige Computerspiele bewirken ein verändertes Bewusstsein, veränderte Gefühle und Reaktionen.

Ein anschauliches Beispiel für diese These liefert erst jüngst der 19-jährige Stefan G. aus Cottbus, der sich für den Mord an einem 51 Jahre alten Obdachlosen am 10. Juli 2006 nun vor Gericht verantworten muss. Seiner Aussage nach hatte Stefan G. vor der Tat stundenlang mit einem Freund auf dessen Playstation ein Gewaltspiel gespielt und ständig verloren. Als er seinen Freund verließ, war er auf der Suche nach „etwas oder jemandem, an dem er seine Aggressionen auslassen konnte". Zufällig begegneten sich Täter und Opfer. Ähnlich wie in dem Spiel, das G. konsumiert hatte, trat und schlug er auf sein Opfer ein und zertrümmerte dessen Gesicht. Der 51jährige Mann verstarb aufgrund seiner schweren Verletzungen wenig später. (Berliner Tagesspiegel vom 08. Dezember 2006, S. 19)

14 Tilo Hartmann, Annenberg School of Communication, Los Angeles, März 2006

Was auf jeden Fall bleibt, sind Fragen nach der Faszination und der möglichen Gefährdungen für Kinder und Jugendliche durch Gewaltspiele.

Computerspiele können zur Befriedigung des Wunsches nach Abenteuer oder Erfolgserlebnissen führen, wobei hier im Gegensatz zum passiven Konsum von Filmen aktiv in das Geschehen eingegriffen werden kann. Gerade die Ego-Shooter-Spiele, die das Spielgeschehen aus der Ich-Perspektive wiedergeben, ermöglichen die Verschmelzung des Spielers mit der Spielwelt. Es erfolgt eine Interaktion: Der Spieler muss ständig wachsam sein und darauf achten, dass er nicht selbst Opfer wird.

Mit der technischen Weiterentwicklung der Hardware von Computern und Spielkonsolen ist es möglich, immer wirklichkeitsgetreuere Spielszenarien auf die Monitore zu projizieren, als es bisher schon der Fall war. Es stellt für den Spieler auch eine größere Herausforderung dar, im Netzwerk gegen Menschen zu spielen, die im Spiel sich selbst hinter einer virtuellen Person verbergen, als würde man nur gegen den Computer selbst antreten.

Jürgen Fritz stellt in seiner empirischen Untersuchung über „Faszination, Nutzung und Wirkung von Bildschirmspielen"[15] fest, dass erst Computerspiele dazu dienen, ein „gutes Gefühl" zu bekommen, das u. a. auf Gefühlen von Leistungsfähigkeit und Kompetenz beruht, und dieses dann „untrennbar mit Erfolgen im Spiel verbunden ist".

Die Suche nach einem angemessenen Gegner zeigt, dass diese Spiele nicht nur die Möglichkeit bieten, möglichst viele Gegner möglichst brutal umzubringen, sondern dass es auch darum geht, sich selbst einer Gefahr auszusetzen, nämlich der Gefahr, ein Leben im Spiel zu verlieren. Spieler selbst räumen ein, dass die Faszination der Spiele eher in der Geschicklichkeit gehe, also um eine Form des Wettbewerbs, dies aber spielerisch bliebe, da das Töten der im Spiel sichtbaren Charaktere nicht als Tötung eines wirklichen Lebewesens verstanden wird.

Trotzdem muss berücksichtigt werden, dass gerade US-amerikanische Militärs vom Defense Modeling and Simulation Office seit Jahren ein Projekt durchführen, das mit Hilfe von Sozialwissenschaftlern die computererzeugten Charaktere realistischer machen soll, um eine bessere Übertragbarkeit des in der Simulation Gelernten zum Handeln in wirklichen Situationen zu erhalten. Die Amerikaner sind der Meinung, dass es sehr wichtig sei, lebensähnliche Charaktere und Situationen für militärische Simulationsspiele einzusetzen, da US-Truppen immer mehr an Orten mit militärischen Konflikten weltweit eingesetzt werden, und die Truppen dort sowohl bei friedenserhaltenden Missionen, wie auch gegen Terroristen eingesetzt werden.

---

15 Fritz et al. 1995/Faszination, S. 238

Fragwürdig ist es auch, wenn zum Beispiel die amerikanische Armee im Internet kostenlos das Spiel „America's Army" anbietet. Die Spielszenarien finden in wüstenähnlicher Umgebung statt, die virtuellen Gegner besitzen arabische Gesichtszüge und die erstmalige Veröffentlichung fand zu einem Zeitpunkt statt, der genau sechs Monate vor Beginn des Irak-Krieges lag. Nach wenigen Minuten Teilnahme am Spiel kommt doch der Verdacht auf, dass der virtuelle Irak-Krieg bereits einige Zeit vor dem realen Irak-Krieg begonnen hatte. Die Computersimulationen zeigen die Tendenz, immer realistischer zu werden. Doch die grafische und visuelle Ebene ist hier nur der Beginn. Wer in „Doom" einen Gegner niederstreckt, denkt vermutlich nicht an einen realen Menschen, es sei denn, die Fantasie schaltet sich beim Spieler ein.

Inzwischen ist jedoch ein Trend festzustellen, bei dem auch für den Spieler keine klare Trennungslinie zwischen Realität und Fiktion zu erkennen ist. So werden im Computerspiel „Kumawar" Kampfhandlungen per Videoclip aus dem Irak-Krieg dem Spieler gezeigt, mit der Aufforderung, diese real stattgefundenen Kampfszenen nachzuspielen. Sehr realistisch sind auch die Gesichter Saddam Husseins und seiner Söhne von den Programmierern nachempfunden worden. Es sei an dieser Stelle die Nachfrage erlaubt, was tatsächlich stattgefundene Kampfhandlungen in Kinderzimmern zu suchen haben, insbesondere wenn diese in Form von Videos erlebte Szenarien sofort nachzuspielen sind?

Güteprüfung von Computerspielen – seriöse Ergebnisse?

Die Bundesprüfstelle für jugendgefährdende Medien, eine selbstständige Bundesoberbehörde, entscheidet entweder auf Antrag der Jugendämter der Länder oder aus eigener Initiative darüber, ob Medien auf den Index gestellt werden oder nicht. Zu den Medien, die durch die Bundesprüfstelle bewertet werden, zählen Printwerke, Musik, Videos, Internet-Webseiten oder Computerspiele. Wenn die Bundesprüfstelle zur Erkenntnis kommt, dass eines dieser Medien auf den Index gestellt wird, bedeutet dies, dass die Abgabe an Jugendliche unter 18 Jahren in Deutschland nicht gestattet ist. Adressat ist immer derjenige, der das Medium weitergibt oder verkauft. Viele der Computerspiele, die auf dem Markt sind, stehen inzwischen auf dem Index oder die Weitergabe wurde mittels richterlichen Beschlusses sogar generell, also auch an Erwachsene, untersagt. In einem Ladengeschäft kann man noch relativ einfach das Geschäftsgebaren eines Verkäufers kontrollieren. Diese Aussage lässt sich jedoch leider nicht auf das Internet übertragen. Entweder besorgt man sich die jugendgefährdenden Spiele bei ausländischen Anbietern legal, oder man besorgt sich die zum Teil noch verschärften Spiel-Fassungen über Tauschbörsen oder so

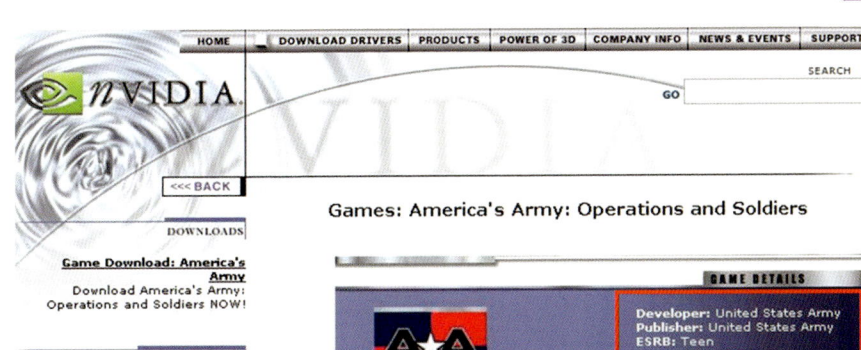

Games: America's Army: Operations and Soldiers

GAME DETAILS

Developer: United States Army
Publisher: United States Army
ESRB: Teen
Street Price: FREE
Genre: First-Person / Role-Playing

We've all seen the games that you can play for free – they're often Java-based throwbacks to the 80's arcades, combining lackluster graphics with minimal gameplay. Well, no more. Check out these titles on the way from the U.S. Army.

The first game, America's Army: Soldiers, gives gamers a chance to role-play the Army experience, from signing up at the recruiter to handling basic training to taking their first tour of duty. Players choose the attributes,

Click images to enlarge

Auf der Download-Seite stehen deutliche Informationen: Entwickelt wurde das Spiel durch die US-Army, die Zielgruppe sind Teenager.

genannten Warez-Servern, über die illegal Spiele, zum größten Teil sogar kostenlos, verbreitet werden.

Kritisch muss bei dieser Gelegenheit die Arbeit der Selbstkontrolle der Unterhaltungsspielehersteller (USK) betrachtet werden. Die von den Software-Herstellern neu auf den Markt gebrachten Spiele werden durch „unabhängige Gutachter" im Auftrag der USK bewertet. Zitat aus der Alltagsbeschreibung auf der Homepage der USK:

„Die Gutachterinnen und Gutachter sind unabhängig. Sie haben beispielsweise als Pädagogen, Journalisten, Sozialwissenschaften oder Jugendschutzbeauftragte Erfahrungen in der Kinder- und Jugendarbeit, sind am interaktiven Medium interessiert und weder in Hard- noch Softwareindustrie beschäftigt. Sie steigen gemeinsam mit dem Spieletester in das Spiel ein, diskutieren und bewerten es nach den Grundsätzen der USK im Blick auf Jugendschutz und Strafrecht. Sie beziehen Handbücher und Zusatzmaterialien in die Diskussion ein. Am Ende müssen sie sich einig sein, das Spiel in eine Altersgruppe einstufen und die Entscheidung in einem Gutachten begründen."

Die Alterskennzeichnung von Computerspielen ist eine Aufgabe der Jugendministerien der Länder. Diese haben einen Vertreter benannt, der im Begutachtungsverfahren mitwirkt und am Ende auf der Grundlage der Empfehlungen des Prüfgremiums die Altersfreigabe erteilt."

Offensichtlich scheint man hier andere Maßstäbe zu setzen als die Autoren, denn zwei aktuelle Beispiele lassen unter anderem die Vertretbarkeit der USK-Klassifizierungen von Spielen anzweifeln:

– Im PC-Spiel „Gun Club" für die Sony Playstation wird zwar nur auf Gegenstände geschossen, trotzdem können die Spieler aus über 100 realistischen Waffen auswählen. Für das Spiel, das von der National Rifle Association (Nationale Waffenvereinigung der USA) produziert wurde, erfolgte eine Altersfreigabe in Deutschland ab zwölf Jahren!

– Auch das Spiel „All Star Strip Poker – Girls at Work" für den PC wurde im November 2006 für ein Alter ab 16 Jahren freigegeben. Ein Spiel, bei dem Porno-Darstellerinnen die Beine spreizen und bei gutem Blatt intimste Einblicke gewähren.

Immerhin: Die Unterhaltungssoftware-Selbstkontrolle finanziert sich aus Gebühren der Industrie der Spielehersteller, wo diese Ausgaben als Aufwandsentschädigung tituliert werden.

In den Broschüren und Internet-Angeboten der Spielehersteller und Vertreiber findet sich kein Wort über Gewalt in Spielen, über Themen wie Amoklauf, Vereinsamung oder Spiel- und Computersucht. Dafür werden die Vorzüge der Spiele angepriesen wie Zielstrebigkeit, Teamarbeit und -fähigkeit. Vorwürfe gegenüber der USK, sie würde nicht unabhängig arbeiten, sondern seien viel zu eng mit der Spiel-Industrie verquickt, werden heftig dementiert.

Da greift man dann auch gerne solche Zitate wie die des nordrhein-westfälischen Familienministers Armin Laschet auf: „Computerspiele sind Jugendkultur und gehören zum Alltag. Deshalb brauchen wir keine pauschalen Verurteilungen". (Zitat vom 30.11.05 anlässlich der Verleihung des Deutschen Entwicklerpreises 2005 in Essen.)

Am 22.03.06 betonte Herr Laschet anlässlich der internationalen Konferenz „Computerspiele und die soziale Wirklichkeit" an der Fachhochschule in Köln, dass er „mehr Verantwortung für die Persönlichkeitsentwicklung junger Menschen seitens der „Computerspiel-Branche" fordere. Auf der anderen Seite warnte er aber wieder vor einer Verteufelung von Computerspielen. Weiterhin würdigte Laschet in seiner Rede die Entwicklung des Landes zu einem wichtigen Standort der Computerspiel-Branche. „Drei große Computerspiel-Produzenten organisieren ihr Deutschlandgeschäft von Nordrhein-Westfalen aus. Ich glaube, dass weitere Unternehmen den

Weg zu uns finden, denn in Nordrhein-Westfalen gibt es ein dichtes Netz von Medienunternehmen, eine gute Infrastruktur und ein gutes Innovationsklima. Zudem bieten die Universitäten und die Fachhochschulen des Landes Entwicklern von Computerspielen ein riesiges kreatives Potenzial", so der Minister. Ist der Wirtschaftsstandort Nordrhein-Westfalen in den Augen des Ministers vielleicht doch wichtiger, als der Jugendmedienschutz?

Selbst nach dem Amok-Lauf an der Geschwister-Scholl-Realschule in Emsdetten meinte der Minister, dass es keinen Anlass gebe, Spiele pauschal als jugendgefährdend zu brandmarken. Als Minister übernehme er Kontrollaufgaben über die USK, die seiner Ansicht nach gut funktioniert. Mit der Einführung der Alterskennzeichnung sei die Bereitschaft des Handels, nicht gekennzeichnete Spiele zu verkaufen, drastisch gesunken.

Vielleicht sollte man ernsthafte Überlegungen anstellen, diese Prüfaufgaben einer staatlichen Stelle wie zum Beispiel der Bundesprüfstelle für jugendgefährdende Schriften zu übergeben, um vielleicht mehr Objektivität und Neutralität gegenüber der bisherigen Bewertungspraxis zu erzielen. Immerhin will sich die Bundesregierung bis Ende 2007 mit einer Entscheidung Zeit lassen, um die bestehende Rechtslage entsprechend zu prüfen.

Immerhin: Nach den Vorfällen in Emsdetten und der erneut geforderten Diskussion um die Verbote von „Killerspielen" gibt es nach einem Gutachten des wissenschaftlichen Dienstes des Bundestags keine grundsätzlichen Bedenken gegen ein Verbot brutaler Computerspiele. „Der Bundesgesetzgeber ist generell nicht gehindert, ein Einfuhr-, Verkauf-, Vermiet- und Verleihverbot für ‚Killerspiele' zu erlassen". Demnach würde eine solche Regelung „per se" nicht gegen das Grundgesetz verstoßen. Für machbar halten die Autoren der Studie ein Verbot, wenn dessen Grenzen deutlich abgesteckt werden. „Der Begriff des ‚Killerspiels' ist vom Gesetzgeber klar zu definieren, um dem Bestimmtheitsgrundsatz zu genügen", heißt es in dem Papier. Darüber hinaus sei „im Hinblick auf die Berufsfreiheit der Hersteller und Händler dem Grundsatz der Verhältnismäßigkeit besondere Beachtung zu schenken".

PC-Spiele – wissenschaftlich betrachtet

So unterschiedlich die Pro und Kontras in Bezug auf den Konsum von Computerspielen sind: Echte Vorteile bleiben beim Spielen von Computerspielen nicht. „Wer Stunden seines Nachmittags alleine vor einem Spiel wie „Grand Theft Auto" verbringt, bei dem wird das, was er morgens in der Schule gelernt hat gewissermaßen ausgelöscht." Das weist eine neue Untersuchung des Kriminologischen Forschungsinstituts Niedersachen des Verhaltensforschers Professor Christian Pfeiffer nach.

„Nahezu jeder zweite Junge im Alter von zehn Jahren verfügt über eigene Erfahrungen mit Computerspielen, die erst ab 16 Jahren freigegeben sind. Kinder, die häufig Kampfspiele am Computer spielten, zeichneten sich durch eine höhere Gewaltbereitschaft aus. Genau diese Jugendlichen stimmen auch verstärkt Aussagen zu, die männliche Gewalt befürworten. Daher liegt die Vermutung nahe, dass Jugendliche, die ein solches Bild von Männlichkeit in sich tragen, auch zur realen Umsetzung dieses Bildes neigen."

Laut Prof. Pfeiffer gibt es eine Risikogruppe von fünf bis zehn Prozent der männlichen Jugendlichen, die aufgrund familiärer und sozialer Belastungsfaktoren als besonders gefährdet einzustufen ist.

Resümee

Sofern überhaupt Schuldzuweisungen für menschliches Versagen in den Fällen gestattet ist, in denen die Betroffenen mit Gewalt überreagierten, sind gewaltverherrlichende Computerspiele sicherlich nicht alleinige Ursache. Zunächst sind die Ursachen in der Umwelt, bei Mitmenschen, vielleicht sogar bei den Eltern zu suchen, die die Vorzeichen für eine Wesensveränderung nicht frühzeitig erkannt haben oder erkennen wollten. Nichtsdestotrotz sollten wir Erwachsenen Medien kritisch gegenüberstehen, die Gewalt als etwas Alltägliches und Spannendes den Nutzern verkaufen wollen. Ob diese dargestellten multimedialen Gewaltdarstellungen mit den heute vorherrschenden Werten noch vereinbar sind, sollte jeder für sich selbst intensiv prüfen (siehe hierzu auch Seite 155 ff.). Wichtig ist die Kenntnis um die in besonderem Maße durch gewaltträchtige Computerspiele gefährdeten Risikogruppen wie auch das Wissen um die für die Beurteilung von Computerspielgewalt relevanten Kriterien, da diese für Eltern und Erziehende einen wertvollen Hintergrund darstellen, der sie in der Medienerziehung ihrer Kinder bestärkt.

Erst wenn Eltern und Erziehende an den Erlebnissen ihrer Kinder in der virtuellen Welt Anteil nehmen, stehen die Chancen gut, dass der Aufenthalt dort nicht nur für die Heranwachsenden, sondern auch für die Eltern ein positives Erlebnis bleibt und ihren Erfahrungsschatz bereichert.[16]

---

16 Wolfram Hilpert, BPJM Aktuell, 4/2006, S. 15

 **Handys**

Seit dem Jahr 2005 stehen im Fokus der Öffentlichkeit besonders brutale und pornografische Filme und Fotos auf den Mobilfunktelefonen der Kinder und Jugendlichen. Durch entsprechende Berichterstattung der Medien sind Eltern und Lehrkräfte zum Teil stark verunsichert. Das folgende Kapitel soll klären, wo die Motive der Kinder liegen, sich diese Filme anzusehen, woher das Material stammt und wie die rechtliche Situation beurteilt wird.

Faszination Mobilfunktelefon

Unter Jugendlichen gelten Mobilfunktelefone inzwischen fast als Statussymbol. Derjenige ist der Coolste, der das neueste Modell sein Eigen nennen kann. Technisch betrachtet sind Handys tragbare Mini-Computer, mit denen man Musik hören, Fotos und Videos fertigen und abspeichern kann. Daten aus dem Internet können mobil abgerufen werden, Datenbanken, wichtige Termine und Adressen lassen sich mobil verwalten. Gekoppelt mit einem GPS-Empfänger navigiert das Handy uns sicher von Punkt A zu Punkt B. Übers Handy kann heute gechattet werden und es lassen sich aktuell die E-Mails abrufen. Die aller neuesten Handy-Generationen erlauben es dem Konsumenten sogar, von unterwegs das Fernsehprogramm zu verfolgen.

Worin liegt jetzt die offensichtliche Faszination besonders für brutale und pornografische Fotos und Videos? Es gibt dafür sicherlich mehrere Erklärungen:

– Zum einen liegt es an gruppendynamischen Prozessen wie zum Beispiel dem sozialen Druck innerhalb des Freundeskreises, einfach dabei mitzumachen. Ein Kind versendet ein Video, das es vom älteren Bruder erhalten hat, an andere weiter. Selbst wenn der Empfänger dieses Material als ekelig oder gar doof empfindet, wird man sich in den wenigsten Fällen die Blöße geben und dies in der Gruppe eingestehen. Da man nicht als Schwächling oder Außenseiter gelten will, macht man dieses Spiel einfach mit.
– Zum anderen ist alles, was von Erwachsenen tabuisiert oder verboten ist, insbesondere in der pubertären Phase, etwas, was neugierig macht. Dazu

gehören vor allem pornografische Darstellungen in den Medien, die bei Jungen in diesem Alter in besonderem Maße neugierig machen.

Indes sind sich Medienexperten uneinig darüber, was den Trend zum Filmen von Gewalttaten bereits ausgelöst hat und noch auslösen wird. Einige machen Fernseh-Shows, beispielsweise die Serien von „Jack-Ass" dafür verantwortlich, die extreme Mutproben von jungen Menschen zeigen. In vielen dieser gezeigten Beiträge haben die Darsteller sogar enormes Glück, dass sie ihre Mutproben nicht mit ihrem Leben bezahlen mussten.

Andere Fachleute sprechen von Geltungsbedürfnis und Prahlerei. Früher habe man verbal mit seinen Heldentaten angegeben, jetzt ist es auch technisch möglich, die entsprechenden Bilder dazu zu liefern.

Neue Phänomene

Happy Slapping

Als Happy Slapping (engl.: lustiges Draufschlagen) wird ein grundloser Angriff auf zumeist unbekannte Passanten bezeichnet. Der Angreifer läuft dabei auf sein Opfer zu und schlägt ihm ein- oder mehrmals ins Gesicht. Mitunter werden die Opfer auch bis zur Bewusstlosigkeit zusammengeschlagen, wobei die Angegriffenen zum Teil wirklich schwerste Verletzungen erleiden. Danach läuft der Angreifer weg, ohne sich um das Opfer zu kümmern. Dieser Angriff wird von einem weiteren Beteiligten mit einer Handy- oder Videokamera dokumentiert. Diese Filme werden jetzt von Handy zu Handy mittels der drahtlosen Datenübertragungstechnik „Bluetooth"[17] weitergegeben oder direkt ins Internet gestellt.

Die ersten derartigen Anschläge ereigneten sich im Jahr 2004 in Großbritannien. Nur kurze Zeit später schwappte diese Gewaltwelle auf das Festland über: In Deutschland, Österreich und in der Schweiz ereigneten sich ebenfalls entsprechende Übergriffe.

Inzwischen unterscheidet man sogar zwischen zwei Begriffen, dem „Bulling" und dem „Happy Slapping". Der englische Begriff „Bulling" ist die verschärfte Form des „Mobbing". Hierbei werden ganz offen Aggressionen aktiv, beispielsweise gegen Mitschüler begangen. „Bulling" ist aber auch passiv möglich, nämlich als

---

17 Bluetooth: Inzwischen Funkstandard für die drahtlose Datenübertragung über kurze Entfernungen von 10 bis maximal 100 Metern. Bluetooth wird heute von Mobilfunk-telefonen, Organizern, Computer und Peripherie-Geräten wie Drucker genutzt. Eine solche drahtlose Vernetzung bezeichnet man auch als WPAN (Wireless Personal Area Network). Bluetooth-Verbindungen sind kostenfrei.

*Egal ob Schulhof-
schlägereien oder
brutale Angriffe auf
Passanten: das
erstellte Video-
material verbreitet
sich rasant über das
Internet oder direkt
von Handy zu Handy.*

Unbeteiligter, der aggressive Angriffe auf Mitschüler erlebt. Das „Happy Slapping" kann man auch auf zweierlei Art erleben: entweder aktiv durch das Filmen von Angriffen, oder passiv zum Beispiel durch das Laden des Filmmaterials aus dem Internet oder von den Handys der Freunde.

Snuff

Das englische Verb „to snuff out" heißt übersetzt: (jemanden) umbringen. Es umfasst entweder die reale oder gespielte Darstellung von schwersten Körperverletzungen mit Todesfolgen. Selbst für Fachleute ist es nicht immer gleich erkennbar, ob die Szenen gespielt sind oder tatsächlich stattgefunden haben. Die Art und Weise, solche realitätsnahen Sequenzen herzustellen, ist bei gewerblichen Produktionen Aufgabe für Special Effects Engineers, wie man sie aus besonders brutalen Horror-filmen her kennt. Inzwischen sind über das Internet eine Vielzahl dieser Snuff-Videos abrufbar, die von Vergewaltigungsszenen bis zu Hinrichtungen alles enthalten. Beispiele aus der Praxis:

– In Hildesheim haben Teenager im Alter zwischen 14 bis 17 Jahren mit einem Handy aufgezeichnet, wie sie ein Mädchen mehrfach vergewaltigen. Das Material wird auf mehreren Handys später abgespeichert aufgefunden.
– Im März 2006 werden an einer Hauptschule in Immenstaad im Allgäu vorüber-gehend über 200 Handys sichergestellt. Auf immerhin sechzehn der Geräte fand man Porno- und Gewaltvideos, Nazi-Propaganda und Sodomie-Sequen-zen.
– Im August 2006 wurde von Schülern im bayerischen Starnberg mit dem Handy dokumentiert, wie eine betrunken gemachte Klassenkameradin von Mitschülern vergewaltigt wurde. Als der Fall in der Öffentlichkeit bekannt wird, versuchte sogar einer der mutmaßlichen Mittäter das erstellte Bildmaterial an eine Münchener Tageszeitung zu verkaufen, um damit Kasse zu machen.

Wie kommen die Fotos und Videos auf das Handy?

Obwohl die meisten der modernen Mobilfunktelefone über einen direkten Zugang zum Internet verfügen, wird diese Möglichkeit wegen der hohen anfallenden Kosten kaum genutzt. Aus diesem Grund lädt man sich per Download das Material zunächst auf den PC, das von dort aus wieder auf das Handy mittels Kabelverbindung oder drahtlos über die Bluetooth-Funktion überspielt wird.

Der Tausch von Handy zu Handy ist dann über drei verschiedene Arten möglich: Entweder über eine kostenpflichtige MMS (Multimedia Messaging Service)[18], über das diese multimedialen Nachrichten an andere Handys oder E-Mail-Adressen versendet werden kann, über die genannte Bluetooth-Verbindung oder per Infrarotport[19].

Wie kommen die Jugendlichen über das Internet an illegale Videos?

Wie auch sonst, wenn man Informationen im Internet sucht, bedient man sich in diesen Fällen einer Suchmaschine. Wichtig ist der richtige Suchbegriff. Gewaltorientierte Begriffe führen schon sehr schnell zu den Anbietern. Aber auch bei anderen Internet-Diensten wie den so genannten Tauschbörsen, im Usenet oder sogar in Chats tauschen weltweit die Internet-Nutzer illegales Bild- und Videomaterial.

Technische Erläuterungen

Wo findet man diese Videos und Fotos auf dem Handy?

- Gewalt- und Pornodateien lassen sich auch in so genannten Leer-Ordnern, d. h. Ordner ohne Bezeichnung oder mit dem Namen „unbenannt" speichern. Deshalb kommt vielleicht niemand auf die Idee, die dort gespeicherten Inhalte anzusehen.
- Der betreffende Ordner wird oftmals mit einem Code gesichert. Ist der Ordner jedoch auf einer externen Speicherkarte abgespeichert, hilft es meistens, die Speicherkarte dem Handy zu entnehmen und mittels eines Kartenlesegerätes

---

18 MMS: Mittels MMS können unabhängig vom Format Nachrichten wie Texte, Fotos, Videos und Musik versendet werden. Der Versand kann entweder an nur einen oder gleichzeitig an mehrere Empfänger erfolgen. MMS ist kostenpflichtig.
19 Infrarot: Der Datenaustausch erfolgt hierbei über sehr kurze Distanzen mittels infraroten Lichts.

die Ordner-Inhalte am Computer anzusehen, da meistens der Code nur für das Handy gilt.

- Videodateien erkennen Sie an der Datei-Endung .3gp, Fotos an der Endung .jpg.
- Die Datei-Endung der Videodatei wird abgeändert und kann in dieser Form nicht abgespielt werden, da eine entsprechende Programmverknüpfung diese Datei nicht kennt. So wird z. B. die Datei „snuff.3gp" in „snuff" umbenannt.

Wo finden sich diese Inhalte auf dem Handy? Von den gängigsten Handy-Herstellern hier eine Übersicht zusammengestellt:

Samsung
Das Hauptmenü lässt sich zumeist über die linke Multifunktionstaste („Softkey") aufrufen.

Über die Funktion „Dateimanager" kommen Sie zu den Untermenüs wie „Video", „Bilder", „Musik" und „andere Dateien".

Sony-Ericsson
Das Hauptmenü erreichen Sie über eine der beiden Multifunktionstasten. Den „Datei-Manager" erreichen Sie im Hauptmenü. Hier befinden sich normalerweise die Untermenüs „Bilder", „Videos", „Sounds", „Design", „Webseiten" und „Spiele".

Motorola
Die Menü-Strukturen von Motorola unterscheiden sich innerhalb der unterschiedlichen Handy-Serien. Bei den Handy-Typen der sog. RAZOR-Serie befinden sich die drei Multifunktionstasten direkt unter dem Display. Die mittlere der drei Tasten dient als Menütaste. Die im Speicher abgelegten Dateien erreichen Sie über den Menü-Punkt „Multimedia". Hier kann man ins Menü „Video" wechseln. Problem: Das Menü unterscheidet zwischen dem Handy internen Speicher und dem externen Speicher in Form einer einsteckbaren Speicherkarte. Um zwischen den zwei Speichern umschalten zu können, müssen Sie im „Video"-Menü die mittlere Taste (Menü-Taste) drücken und dann mit der Funktion „Speichereinheit wechseln" auf die jeweils andere der beiden Einstellungen „Karte" und „Telefon" wechseln.

Siemens und Benq-Siemens
Das Hauptmenü erreichen Sie bei diesen Handy-Typen durch Druck auf die Mitte der zentralen Navigationstaste. Eine Übersicht über alle im Handy gespeicherten Multimedia-Dateien erhalten über die Funktion „Media-Pool". Hier finden Sie die Ordner für „Bilder", „Videos", „Sounds" und andere Dateitypen wie unter „Sonstiges". Hier können auch selbst erstellte Unterordner durch den Nutzer angelegt werden.

Nokia

In der Regel lässt sich das Hauptmenü des Handys durch Drücken der mittleren Navigationstaste aufrufen (bei älteren Modellen u. U. auch über die linke sog. „Softkey-Taste"). Im Hauptmenü finden Sie ein Symbol, kombiniert aus einem Filmstreifen und einem Notenzeichen. Hier erreicht man die Untermenüs „Speicherkarte", „Fotos", „Videoclips", „Musikdateien" und „Themen". Alle Menüs plus das Menü „Empfangene Dateien" sollten durchsucht werden.

In der Zeit zwischen 08.00–20.00 Uhr bietet T-Mobile unter der Tel.-Nr. 08 00 - 3 38 87 76 kostenlos Hinweise, wo man auf den Handys die relevanten Dateien findet und wie diese gelöscht werden können.

Psychische Folgen durch den falschen Einsatz von Handys in Kinderhänden

Erste Reaktionen auf das Betrachten – vor allem von Gewaltvideos – sind nicht nur bei Kindern oftmals ein unmittelbar zeitnahes, auffälliges Verhalten. Oft werden dieses ersten „Alarmzeichens" übersehen und bilden somit die Grundlage für die Ausbildung späterer Verhaltensauffälligkeiten. Erst in diesem späteren Stadium wird häufig das entsprechende Material auf den Handys entdeckt.

Ist die Entdeckung der Inhalte nicht in unmittelbarem zeitlichem Zusammenhang mit der Betrachtung und der damit einhergegangenen Verunsicherung der Kinder geschehen, erfolgt unter Umständen keine Verarbeitung des Gesehenen, und es kann zu verschiedenen Spätfolgen kommen, wie Ess- oder Schlafstörungen oder auch Albträumen. Im schlimmsten Fall ziehen sich die Kinder ganz zurück und entwickeln möglicherweise sogar Selbstmordgedanken.

Rechtliche Folgen

Abgesehen von den psychischen Folgen bringen der Besitz und die Verbreitung von Porno- und Gewaltmedien zudem juristische Folgen mit sich: Es kommen Straftaten wie z. B. Verbreitung pornografischer und Gewalt verherrlichender Inhalte in Betracht. Straftatbestände, die auch bei Jugendlichen ab einem Alter von 14 Jahren verfolgt werden. Aber auch die Anleitung zu einer Straftat oder die Verletzung des höchstpersönlichen Lebensbereiches durch Bildaufnahmen können juristisch relevant werden.

Dabei spielt es auch keine Rolle, dass Kinder und Jugendliche die Weiterleitung von solchen Dateien über die Mobilfunktelefone „nur" als visualisierte Mutprobe ansehen, da es vielen unter ihnen am Unrechtsbewusstsein fehlt. Auch in diesen Fällen gilt der Grundsatz: „Unwissenheit schützt nicht vor Strafe".

Wer als Jugendlicher oder auch Erwachsener pornografische Videos an andere Jugendliche beispielsweise auf das Handy versendet, macht er sich gemäß § 184 StGB strafbar. Genauso dürfen diese pornografischen Videos nicht an einem Ort, der Minderjährigen zugänglich ist oder von ihnen eingesehen werden kann, ausgestellt, vorgeführt oder sonst zugänglich gemacht werden. Demnach macht sich ein Jugendlicher strafbar, der andere Jugendlichen auf seinem Handy diese Filme anschauen lässt.

Weiterhin macht sich auch derjenige nach § 184a StGB strafbar, der Bilder und Videos, die Gewalttätigkeiten wie zum Beispiel Vergewaltigungsszenen oder sexuelle Handlungen zwischen Menschen und Tieren zum Gegenstand haben, verbreitet oder öffentlich vorgeführt oder anderweitig zugänglich gemacht hat. Im Gegensatz zur so genannten einfachen Pornografie nach § 184 StGB dürfen solche Inhalte auch nicht an Erwachsene weitergegeben werden.

Snuff-Videos erfüllen regelmäßig den Tatbestand des § 131 StGB, da durch die hier gezeigten Morde, Hinrichtungen usw. die „grausame oder sonst unmenschliche Gewalttätigkeit gegen Menschen oder menschenähnliche Wesen" gezeigt werden. Alleine das Versenden eines Videos mit solchen Inhalten von einem Handy auf das andere ist bereits strafbar, sofern der Empfänger minderjährig ist.

Wer heimlich andere Personen, z. B. auf der Toilette oder in der Umkleidekabine filmt oder fotografiert, erfüllt unter Umständen den Tatbestand des § 201a Absatz 1 StGB. Dieser Tatbestand wird verwirklicht, wenn heimliche Bildaufnahmen in Wohnungen oder „gegen Einblick besonders geschützte Räume" gefertigt werden, wenn dadurch insbesondere der Intimbereich verletzt wird. Werden solche Aufnahmen dann noch beispielsweise auf einer Homepage veröffentlicht, dann ist zusätzlich die Strafvorschrift des § 33 Kunsturheberrechtgesetzes verletzt, denn die Abrufbarkeit auf den frei zugänglichen WWW-Seiten ist ein nicht erlaubtes öffentliches Zurschaustellen von Personenfotos.

Wurde bei der Auffindung von Gewalt- und Pornovideos die Polizei eingeschaltet, kann das Handy sichergestellt werden. In der Regel wird dieses Handy nach Abschluss des Verfahrens auch nicht mehr von der Staatsanwaltschaft zurückgegeben; es unterliegt der Einziehung.

Den jugendlichen Tätern droht die Verhängung von Erziehungsmaßregeln, wie Arbeitsauflagen oder Geldstrafen an eine gemeinnützige Einrichtung. In schwerwiegenden Fällen kann im Falle der Strafmündigkeit (Vollendung des 14. Lebensjahres) auch Jugendarrest und Jugendstrafe vom Gericht ausgesprochen werden.

Rechtliche Problem- und grundsätzliche Fragestellungen

Die Diskussionen darüber, Handys an Schulen komplett zu verbieten, um dem Tausch mit den Videos die technische Grundlage zu entziehen, muss sehr differenziert betrachtet werden. Rational nachvollziehbar sind die Argumente, dass Mobilfunktelefone während des Unterrichts ausgeschaltet sein müssen. Befürworten kann man auch die Forderungen, dass Handys generell auf dem Schulgelände ausgeschaltet sein müssen, also auch in der Pause. Nicht durchsetzbar sind jedoch die Forderungen, des generellen Mitnahmeverbotes. Dies aus folgenden Gründen:

- Der Vorschlag ist bislang nicht umsetzbar, weil keine Taschen- und Personenkontrollen an Schulen nach Mobilfunktelefonen erfolgen können.
- Für viele Schüler ist das Handy tatsächlich ein reines Kommunikationsmittel, um die Eltern zum Beispiel über ausgefallene Unterrichtsstunden, andere Abholzeiten oder Verspätungen zu informieren.

Grundsätzlich stellt sich zudem die Frage, ob restriktive Handy-Verbote an Schulen letztlich nicht nur eine Verlagerung eines gesellschaftlichen Problems aus der Schule in den Privatbereich darstellen würde. Schließlich können verbotene Videos nicht nur in der Schule, sondern auch im Schulbus oder im Freizeitbereich getauscht werden.

Prävention als Lösungsansatz

Bereits im Vorfeld sollten sich die Schulen mit der Thematik Gewalt und Darstellung von Gewalt auseinander setzen und nicht warten, bis bereits die ersten Fälle der Verbreitung von Gewalt- und Pornodateien aufgetreten sind. Inzwischen sind bewährte Strategien zur Gewaltprävention an Schulen bekannt und lassen sich auch auf diese spezielle Thematik übertragen.

Ein Lehrer kann bei konkretem Verdacht ein Mobilfunktelefon als Beweismittel sicherstellen. Dann müssen aber auch die Eltern und die Polizei informiert werden, denn nur diese dürfen die Inhalte des Handys prüfen, ohne gegen das Allgemeine Persönlichkeitsrecht gemäß Artikel 2 Grundgesetz zu verstoßen.

Entscheidend für die Prävention ist, dass in solchen Fällen die Öffentlichkeit an der Schule hergestellt wird, damit das Thema nicht verharmlost oder tot geschwiegen wird.

Zielführender als tief greifende Kontrollmaßnahmen ist die Betrachtung der Thematik an Schulen unter ethischen und moralischen Gesichtspunkten. Den Kindern sollte klar gemacht werden, dass es eben nicht „cool" ist, sich ein Gewaltvideo auf das Handy zu überspielen, sondern dass es vielmehr eine Straftat ist, die zudem zur Herstellung weiterer Gewaltvideos führt. Denn wenn etwas im Internet erfolgreich nachgefragt wird, reagiert man sehr schnell durch Bereitstellung neuen Materials.

Die Erziehung zu sozialen und moralischen Werten liegt wie so oft auch hier in den Händen der Eltern, die diese Aufgabe sehr häufig leider nicht oder nur mangelhaft wahrnehmen. Eltern sollten in die Pflicht genommen werden, regelmäßig die Handys und die Computer der Kinder zu überprüfen. Doch wie weit hier das technische Wissen dafür vorhanden ist, bleibt fraglich. Deshalb ist es wichtig, dass Eltern darüber informiert sind, welche technischen Möglichkeiten die Handys ihrer Kinder haben und welche Inhalte damit erreichbar sind.

Aufgrund der vielen bekannt gewordenen Vorfälle alleine im Jahr 2006, bei denen Jugendliche Gewaltszenen und Pornos über ihre Handys tauschten, entfachten sich sehr kontroverse Diskussionen darüber, ob Eltern die Mobilfunktelefone ihrer Kinder nach verbotenen Inhalten überprüfen sollten oder nicht. Die Gegner von Kontrollmaßnahmen bringen als Argumente, dass durch die Überprüfungen in erheblichem Maße in das Persönlichkeitsrecht der Kinder und Jugendlichen eingegriffen würde. Außerdem würden elterliche Kontrollmaßnahmen unweigerlich zu einem Vertrauensbruch mit den Kindern führen und dieser Vertrauensbruch scheint den Zugang zu den Kindern möglicherweise erst einmal zu erschweren. Gerade in der Abnabelungsphase der Pubertät kann dies besonders problematisch sein.

Den Gegnern von Kontrollmaßnahmen muss aber deutlich gesagt werden, dass Eltern eine **elterliche Aufsichtspflicht und Verantwortung ihren Kindern gegenüber haben**. Zu dieser Aufsichtspflicht und Verantwortung gehört es auch zu verhindern, dass Kinder und Jugendliche Straftaten begehen können, wie z. B. die Verbreitung von pornografischen und Gewalt verherrlichenden Inhalten. Zudem stellt sich die Frage, inwieweit Eltern verpflichtet sind, dafür Sorge zu tragen, dass ihre Kinder visuelle Darstellungen, die für ihre Entwicklung schädlich wirken können, gar nicht erst in die Hände bekommen können.

Es wäre wahrscheinlich sinnvoll, Eltern zum Kauf von nicht multimediafähigen Handys zu raten. Einmal davon abgesehen, dass es kaum solche kindersicheren Handys gibt, da die Industrie verständlicherweise kein Interesse an solchen „abgespeckten Handys" hat, ständen Eltern vor noch einem ganz anderen Problem: Was sagen die Kinder dazu?

Andere Vorschläge zielen darauf ab, den Verkauf von Videohandys an Jugendliche unter 16 Jahre zu verbieten oder die Video-Funktionen vor allem die Bluetooth-Funktion durch eine PIN, die von den Eltern verwaltet wird, sperren oder entsperren lassen. Andere technischen Barrieren wie z. B. Jugendschutzprogramme für das Internet, die auch nur eingeschränkt wirksam sind, lassen sich bei Mobilfunktelefonen nicht anwenden.

Generell gilt es, im Rahmen der Vermittlung der Medienkompetenz präventiv zu wirken. Dazu gehört, dass Eltern mit ihren Kindern über das Phänomen Gewalt und Pornografie sprechen und herausfinden sollten, ob ihre Kinder auch davon betroffen sind.

Tipps für Eltern und Lehrer

Wie können Eltern in der Praxis mit dem Problem umgehen?

- Nehmen Sie tagesaktuelle Berichterstattungen zu dieser Problematik als Anlass, Ihrer Sorge über die Nutzung von PC-Spielen und Handys durch Ihr Kind Ausdruck zu verleihen.
- Sprechen Sie Ihr Kind konkret darauf an, ob es mit problematischen Inhalten schon einmal konfrontiert worden ist und welche Empfindungen das Kind dabei hatte.
- Falsch wäre sicherlich, im positiven Fall mit Empörung und Strafen zu reagieren, da sich Ihr Kind danach möglicherweise dann nicht mehr traut, weiter über dieses Thema zu sprechen.
- Sollte Ihr Kind zugeben, solche Filme auch auf seinem Handy gespeichert zu haben, lassen Sie sich das Material zeigen und hinterfragen Sie, auf welchem Weg die Videos auf das Handy gelangt sind.
- Wirken Sie darauf hin, dass Ihr Kind sich „spiegelbildlich" in die Opferrolle versetzen soll. Damit wird es vielleicht leichter für das Kind, die Verletzung von Normen und Werten zu begreifen.
- Machen Sie deutlich, dass solche Inhalte strafbar sind.
- Kindern sollte klar gemacht werden, dass die Eltern solche Videos nicht akzeptieren und dies auch entsprechend begründen. Dazu gehört auch, Ihr Kind auf die Konsequenzen weiterer missbräuchlicher Handy-Nutzung hinzuweisen.
- Versuchen Sie Ihr Kind dafür zu gewinnen, auch gegenüber seinen Freunden entsprechend zu argumentieren.
- Wichtig ist es, mit den anderen Eltern und den Lehrern in Kontakt zu kommen, um sein eigenes Kind nicht zu isolieren.
- Eltern und Schule sollten dieses Thema in einer konzertierten Aktion anpacken, denn wenn sich Schule und alle Eltern dahingehend absprechen, werden die wenigen Kinder, deren Eltern die Handy-Nutzung ihrer Kinder egal ist, mit solchen Inhalten keine Chance mehr haben.

– Eltern müssen sich neben dem Computer auch mit der Technik der Mobil-funktelefone ihrer Kinder auseinander setzen. Nur so kann man die Tricks leichter durchschauen, die die Kinder vielleicht anwenden, um das verbotene Material zu verstecken.

Präventionsprojekt „sauberes Handy"

Die Schule hat grundsätzlich mehrere Möglichkeiten mit pädagogischen Mitteln auf Gewalt- und Pornovideos auf Schüler-Handys zu reagieren, z. B. durch

– Kooperation mit den Eltern
– Einführung einer AG mit Vertretern der Schüler, Eltern, Lehrer und Schul-leitung.
– Handy-Nutzungs-Ordnung (sofern diese nicht schon durch das Kultusministe-rium verabschiedet wurde)
– Schulrechtliche Maßnahmen
– Erzieherische Maßnahmen
– Kooperation mit der Schulbehörde, Polizei, Staatsanwaltschaft

Vorbildlich ist in diesem Zusammenhang das Präventionsprojekt „saubere Handys" an der Grund- und Hauptschule Alfred-Teves in Gifhorn zu benennen. An dieser Schule wurde ein Achtstufenplan zur Gewaltprävention entwickelt. Weitere Informa-tionen zu diesem Projekt finden Sie unter http://www.alfred-teves-schule.de. Eine andere Informationsquelle erhalten Lehrer und Eltern unter dem europäischen Projekt www.gewalt-in-der-schule.info.

Auch hier wird Geld gemacht: Handys kosten viel Geld

Dass man mit Mobilfunktelefonen richtig viel Geld verdienen kann, wissen die Mobilfunknetzanbieter schon lange. Dabei geht es weniger um die entstandenen Gesprächskosten, als um Zusatzangebote wie Klingeltöne, Fotos, Videos und MP3-Musik. Die Eltern können die Faszination für immer neue Klingeltöne kaum nach-vollziehen. Nach einer aktuellen Untersuchung der Landesmedienanstalten gibt jeder Vierte zwischen 14 und 29 Jahren einen Teil seines Geldes für Klingeltöne und Monitor-Logos aus. In den von Jugendlichen sehr beliebten Fernsehkanälen MTV oder Viva macht Werbung für Klingeltöne inzwischen fast 90 Prozent aller Reklame-einblendungen aus.

Aber auch Netzbetreiber wie Vodafone halten bei diesem Geschäft die Taschen weit geöffnet: Auf dem mobilen Internet-Portal „Vodafone live" bietet der Mobilfunkkonzern u. a. Klingeltöne an. Diese Sparte macht derzeit einen der größten Umsatzbereiche aus.

Erschütternd und ernüchternd sind die Feststellungen einer Prüfgruppe, die durch die Kommission für Jugendmedienschutz (KJM) beauftragt wurde, diese Werbeeinblendungen auf deren Zulässigkeit zu untersuchen: 53 Fernseh-Werbespots für Handklingeltöne wurden untersucht und bei allen 53 Spots wurden Verstöße festgestellt. Die meisten Verstöße wurden dabei durch direkte Kaufappelle wie „Hol Dir den Crazy Frog" verursacht, die in dieser Form gegenüber Kindern und Jugend-

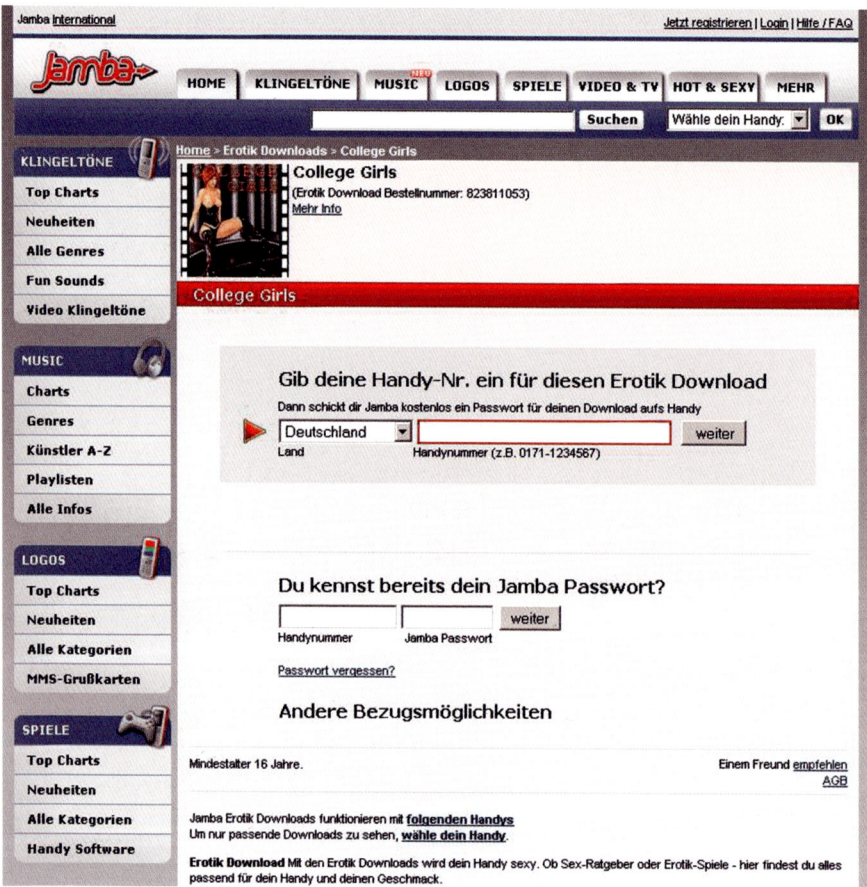

Der Anbieter fordert zwar ein Mindestalter von 16 Jahren
für den Erotikdownload, doch Nachkontrolliert wird nicht.
Einfach die Telefonnummer eingeben und der Download beginnt.

lichen nicht zulässig sind. Das Ergebnis der Untersuchung ist, dass es sich bei den Spots gar nicht um klassische Werbung, sondern um so genanntes Teleshopping handelt. Beim Teleshopping können direkt Kauf- oder Mietverträge abgeschlossen werden. In diesem Bereich sind die Regeln des Jugendschutzes noch strenger.

Die Klingelton-Branche hat einen Namen: „Jamba". Das Berliner Unternehmen mit einem Jahresumsatz von über 70 Millionen Euro wirbt vor allem junge Menschen für ihre Abonnement-Dienste. Da ist von „Spar-Abos" und „kostenlosen" Klingeltönen die Rede. Mit diesen zugkräftigen Werbesprüchen wird die Leichtgläubigkeit und Unerfahrenheit von Kindern und Jugendlichen ausgenutzt. Alleine durch das Zusendenlassen eines einzigen Klingeltones schließt der Besteller ein Abonnement für fünf Euro pro Monat ab, das sich automatisch von Monat zu Monat verlängert, bis es explizit gekündigt wird. Das Fatale daran ist: Lädt man sich noch einen zweiten Klingelton, erhält man noch ein zweites „Jamba-Paket" für weitere 5 Euro monatlich dazu. Das Alter der Neukunden wird nicht überprüft, auch wenn z. B. auf der Homepage im Kleingedruckten zu lesen ist: „Minderjährige benötigen die Einwilligung der Erziehungsberechtigten".

Das mobile Internet, der sog. WAP-Dienst (Wireless Application Protocol) ist für die Mobilfunkanbieter das Geschäft der Zukunft, weil mit dem Internetzugang über das Handy offensichtlich sehr viel Geld zu verdienen ist. Für den Endverbraucher steigt so sehr schnell die Monatsgebührenrechnung. Das ist besonders ärgerlich, wenn man versehentlich eine Internet-Verbindung mit dem Handy aufgebaut hat. Das kann es schnell passieren, z. B. wenn man ohne Aktivierung der Tastatursperre das Handy in die Jacken- oder Hosentasche steckt und dabei an eine, für den WAP-Aufbau bereits vordefinierte Verbindungstaste kommt. Ungünstige Taktung mit hohen Gebühren für die kürzeste Verbindung lassen die Handy-Kosten sehr schnell nach oben schnellen: Obwohl vielleicht nur 0,5 Kilobyte (KB) an Daten übertragen wurden, muss man für 100 KB, also das 200fache zahlen!

Möglich ist dies, da keine zusätzlichen PIN-Nummern, Sicherheitsrückfragen oder Bestätigungen für den Dienst abverlangt werden. Hier nimmt die Firma Vodafone einen unrühmlichen Spitzenplatz bei den Geschädigten ein.

Als Empfehlung kann man Elternmitgeben, dass sie ihren Kindern keine WAP-fähigen Handys kaufen sollten.

Medienerziehung und Medienkompetenz

Kinder und Jugendliche auf die aktuellen und zukünftigen Anforderungen einer sich verändernden Lebenswelt vorzubereiten ist eines der wichtigsten Erziehungsziele. Die dazu notwendige Medienkompetenz, nämlich die Vermittlung von Wissen über den richtigen Umgang mit den Medien und deren Inhalte, ist heute mehr denn je gefragt.

Grundsätzlich wird in den Schulen im IT-Unterricht Mediendidaktik vermittelt, d. h. wie komme ich mit einem bestimmten Software-Programm zu einem bestimmten Ergebnis. Eigentlich müsste in der heutigen Zeit ein neues Unterrichtsfach wie Medienethik an den Schulen eingeführt werden, wo Kinder den verantwortungsvollen Umgang mit Medien lernen. Den richtigen Umgang mit Computer und dessen Dienste lernt man schon früh, genauso aber auch den falschen. Wenn Fernsehen und Computer in den Familien Abstellplätze für unsere Kinder werden, erlebt man vielleicht eines Tages das Paradoxon, dass die Kids technisch versiert weltweit kommunizieren können, jedoch außerhalb der virtuellen Welt kommunikationsunfähig sind.

Was ist Medienkompetenz?

Medienkompetenz ist die Schlüsselqualifikation, in einem von Medien beeinflussten Alltag sich gut zurechtzufinden. Da die ersten Berührungspunkte mit den Medien normalerweise in der Familie stattfinden, wird hier auch der Grundstein für die weitere Entwicklung der Kinder im Umgang mit Medien gelegt. Deshalb sind die Eltern ganz besonders gefordert, die Kinder in ihrem Medienumgang zu begleiten und sie bei der Entwicklung der Medienkompetenz zu fördern und unterstützen. Das bedingt allerdings umso mehr, dass Erwachsene mit gutem Beispiel vorangehen und Medienangebote kritisch nutzen. Genauso sollte man Kinder zur kritischen Auseinandersetzung mit den Medien anregen. Dazu gehört auch die Geduld der Eltern, sich mit der Sichtweise der Kinder auseinander zu setzen und zu versuchen, deren Medienkonsum und -umgang verstehen zu lernen.

Medienkompetenz muss für zwei Zielgruppen separat betrachtet werden:

a) Medienkompetenz für Kinder
Kinder müssen lernen, Medieninhalte zu durchschauen und sie kritisch zu hinterfragen, denn mit Medien kann man Menschen manipulieren. Während die klassischen Medien bei der Berichterstattung in Nachrichtensendungen oder in Tageszeitungen schon wegen der straffen Regulierung in Presse- und Rundfunkrecht keine bewussten Falschmeldungen veröffentlichen, ist es im Internet ungleich leichter, auf Menschen auch durch Verbreitung falscher Tatsachen einzuwirken. Jeder Internet-Nutzer kann heute sein eigener Redakteur sein und kann auf seiner Web-Seite Informationen öffentlich zugänglich machen. Nur wie sieht es mit dem Wahrheitsgehalt solcher Informationen aus? Dabei brauchen das noch nicht einmal strafrechtlich relevante Inhalte zu sein. Es genügen einfache Meinungen und Kommentare oder weltanschauliche oder historische Darstellungen. Massenmedien haben eine ungeheure Kraft auf das Meinungsbild des Einzelnen einzuwirken. Deshalb ist es für Erwachsene wie auch für Kinder wichtig zu wissen, welche Autoren mit welcher Absicht hinter den Medien stecken.

Eine Bewertung von Inhalten vorzunehmen, kann sicherlich erst ab einem gewissen Alter von Jugendlichen erwartet werden. Zudem dürfte eine „korrekte" Bewertung abhängig von Bildungsstand, Reife, der durch Eltern vermittelten Werte und der Lebenserfahrung erst in den späteren Teenagerjahren möglich sein.

Mit der wachsenden Fähigkeit, Inhalte richtig zu bewerten, sollte auch die Kompetenz der kritischen Sichtung der Medien wachsen. Diese Kompetenz muss jedoch einem zehn oder 12-jährigen abgesprochen werden. Daher ist es wichtig, Kinder beim Umgang mit Medien zu begleiten. Erst in den weiteren Lebensjahren wird man die Fähigkeit zu einer kritischen Reflexion der angebotenen Informationen erwerben.

Kinder sind neugierig auf das, was die Welt bietet. Gerade dies macht die Medieninhalte so attraktiv, da man sich hier einer wahren Informationsflut ausgesetzt sieht, die ständig etwas Neues bietet. Weil die Medieninhalte so vielfältig sind, müssen die Kinder davor bewahrt werden, im Infoschrott und Konsumrausch zu ersticken.

Das Erziehungsziel muss lauten: Wichtiges von Unwichtigem und Wahres von Unwahrem zu unterscheiden.

Dazu müssen Kinder auch Verhaltensmaßregeln gelernt haben, wie man in bestimmten Situationen zu reagieren hat. Sei es, dass man im Chat massiv bedrängt oder gar sexuell belästigt wird oder im WWW auf Inhalte stößt, die man verabscheut. Aber wer lehrt und leitet Kinder? Auch hier sind in erster Linie die Eltern anzusprechen, deren Aufgabe es wäre, in diesen Fragen Unterstützung zu leisten, damit den Kindern kein verzerrtes Bild der Wirklichkeit vermittelt wird.

Wer hat sich als Elternteil nicht schon selbst dabei mit Vorhaltungen ertappt wie: „Jetzt sitzt Du schon wieder vor dem PC! Gehe doch einmal hinaus an die frische Luft oder bereite Dich auf die Schule vor!"? Egal, ob Fernsehen oder Computer: Das richtige Maß bei der Nutzung ist entscheidend. Wenn der Monitor zum Lebensmittelpunkt gemacht wird, wenn andere Verpflichtungen vernachlässigt werden, ist Sorge sicherlich angebracht. Leichter macht man es den Kindern, wenn man Ihnen aktiv dabei hilft, Alternativprogramme zu entwickeln.

b) Medienkompetenz für Eltern

Medien sind allgegenwärtig, wirken tief in unseren Alltag hinein, bestimmen inzwischen weitgehend unser Handeln und Denken, faszinieren und irritieren bisweilen, insbesondere dann, wenn man neue, auch negative Erfahrungen damit gemacht hat. Daher ist es unabdingbar, dass die Medienpädagogik auf lange Sicht einen hohen Stellenwert innerhalb unserer Gesellschaft einnehmen muss.

Eltern sollten mit den Kindern klare Regeln und Zeiten zur PC- und Internet-Nutzung festlegen. Auf die Einhaltung dieser Regeln muss geachtet werden – Vertrauen ist gut, Kontrolle ist nicht nur besser sondern notwendig!

Wer von den Eltern weiß überhaupt, welche Spiele auf dem Computer installiert oder auf selbst gebrannten CDs und DVDs in den Schreibtischen der Kinder schlummern? Können Sie als Eltern mit Sicherheit sagen, welche Seiten Ihre Kinder schon aufgesucht haben? Einfach zu behaupten: „Ich kenne mich mit dem Computer und dem Internet nicht aus", darf nicht gelten gelassen werden. Eltern sind im Rahmen ihrer elterlichen Aufsichtspflicht sogar verpflichtet, sich auch mit solchen Themen zu befassen.

Nehmen Sie sich Zeit und lassen Sie sich die Inhalte der Spiele zeigen, um sich selbst ein Bild zu machen, ob diese für Ihre Kinder geeignet sind oder nicht. Begleiten Sie die Kinder aktiv in den Tiefen des Cyberspaces. Hierbei können Sie sich selbst ein Bild davon machen, welche Interessen das Kind hat und wo möglicherweise auch Gefahren lauern. Wenn Sie als Erziehungsberechtigter noch Wissensdefizite haben, dann lassen Sie sich doch die Zusammenhänge von Ihren Kindern erklären. Abgesehen davon, dass Sie am Wissen der Kinder partizipieren können, ist dies auch förderlich für die Kommunikation und das Verhältnis zwischen Ihnen und den Kindern, die dadurch auch ein Erfolgserlebnis haben. Normalerweise sind Erwachsene diejenigen, die den Kindern das Wissen und die Lebenserfahrung vermitteln. Drehen Sie den Spieß um und nehmen die Schülerposition ein.

Wenn Ihnen die Kenntnis über Kontrollmöglichkeiten des PC der Kinder fehlen, dann sprechen Sie mit Freunden, Bekannten, dem IT-Lehrer der Kinder oder besuchen Sie entsprechende Volkshochschulkurse.

Eltern können es sich heute nicht mehr erlauben, die Verantwortung für die Medienerziehung alleine auf die Schule abzuschieben.

Falsch wäre es, den Computer als Belohungs- oder Bestrafungsmittel oder gar als Babysitter zu missbrauchen. Achten Sie wirklich auf die Altersfreigaben bei Computerspielen, wie Sie beispielsweise die Unterhaltungssoftware Selbstkontrolle der Spielehersteller (USK) auf den Verpackungen und den Datenträgern aufgedruckt hat. Auch wenn die Altersfreigaben der USK hinterfragt werden müssen, so können sie als Anhaltspunkt genutzt werden.

Wenn Sie sich selbst unsicher sind, ob das eine oder andere Spiel für das Alter ihrer Kinder freigegeben wurde, können Sie im Internet unter der Adresse http://www.usk.de den Namen des Spieles eingeben und die Informationen zu diesem Spiel aus der dortigen Datenbank abfragen. Trotz dieses Hilfsmittels der Bewertungseinschätzung durch die USK, sollten Sie den Angaben nicht blind vertrauen, sondern sich persönlich einen Überblick über die Spieleinhalte verschaffen.

Neben dem technischen Wissen um die Funktionsweisen sind die Eltern noch an anderer Stelle gefordert:

Die Vermittlung von Werten gehört ja primär in den familiären Bereich. Schon in der Erziehung der jungen Menschen gehört es dazu, bestimmte Verhaltensregeln im Umgang miteinander festzulegen und zu praktizieren.

Eltern müssen sich ihre Vorbildfunktion wieder vor Augen führen, denn wenn sie ihren eigenen Medienkonsum nicht im Griff haben, können sie auch von den Kindern kein anderes Verhalten erwarten.

Die elektronischen Medien und die damit sehr verschiedenen Angebote an den Nutzer wirken je nach Alter eines Kindes/Jugendlichen ganz unterschiedlich. Deshalb sollte man sich einmal Gedanken darüber machen, wie welche Medien/Angebote bei Erwachsenen und Kindern in unterschiedlichen Altersstufen „wirken", und was sie bewirken. Die Konfrontation mit Hinrichtungsvideos ist für Erwachsene schon schwer verdaulich. Wie kann sich solches Bild- und Filmmaterial auf die seelische Entwicklung der Kinder auswirken?

Viele Erziehungsberechtigte sind verunsichert, wenn es heute um die Nutzung des Internets durch die Kinder geht. Die Frage, was dem Nachwuchs noch zuträglich ist und was nicht, tragen zu dieser Unsicherheit bei, insbesondere dann, wenn man selbst Defizite hinsichtlich der Möglichkeiten und Gefahren, die von der Nutzung des Internets ausgehen und vielleicht das eine oder andere nur vom Hörensagen kennt. Umso mehr wichtiger ist, Kontakte mit anderen Eltern zu bekommen, die sich vielleicht in der gleichen Situation befinden. Der Gedankenaustausch kann helfen, das Medienverhalten der eigenen Kinder einzuordnen.

Vermittlung von Medienkompetenz an den Schulen

Die Schule sollte durch Elternabende vermitteln, dass eine Notwendigkeit zur Entwicklung von Medienkompetenz als gemeinsame Aufgabe von Schule und Elternhaus herbeizuführen ist.

Dazu sollte eine Feststellung von Vorwissen und den verschiedenen Interessenlagen der Schüler als Schwerpunkte erfolgen. Dazu ist es auch notwendig, Informationen über die Medienerfahrung der Eltern zu erhalten. Elternbeiräte, Fördervereine u. ä. Gruppierungen sollten gemeinsam mit der Schule Konzepte erarbeiten, um die Eltern mit den Ergebnissen in die Lage zu versetzen, wie mit der Problematik im Privatbereich umgegangen werden kann.

Experten sollten zu Veranstaltungsreihen in die Schule eingeladen werden, die z. B. über die Gefahren des Internets, einzelne Internet-Dienste wie dem Chat, die Tauschbörsen oder über Rechtsprobleme bei der Nutzung des Internets aufklären können.

Neben der Einbindung der Eltern bei der Medienerziehung, gilt es den Schülern den verantwortungsvollen Umgang mit dem Internet zu vermitteln. Diese Medienethik könnte beispielsweise in den unterschiedlichen Unterrichtsfächern, von Religion/Ethik, über IT-Unterricht, Englisch- und Deutschunterricht eingebaut werden.

Medienkompetenz als präventiver Jugendschutz

Zahlreiche Untersuchungen medienpädagogischer Forschung belegen, dass heutzutage die Jugendlichen wesentlich kompetenter mit den unterschiedlichen Medien umgehen, als das noch in der elterlichen Generation der Fall war. Hinzu kommt ein Wertewandel innerhalb eines Zeitraumes von ca. 20 Jahren. Wurde beispielsweise ein Filmbeitrag in den 80er Jahren aufgrund seiner ausgeprägter Gewaltdarstellung noch auf den Index gesetzt, wird er heute vielleicht als unbedenklich erachtet oder die Altersfreigabe von ursprünglich 18 Jahren auf 16 oder gar zwölf Jahren zurückgesetzt, nicht zuletzt auch deshalb, weil sich die Umgangsweise von Jugendlichen mit Gewaltdarstellungen geändert hat.

Die ständige Verfügbarkeit von Medien ist einfach nicht mehr wegzudiskutieren. Die Kids besitzen MP3-Player, Handy und ein Fernsehgerät. Computer sind heute fast in allen Haushalten vorhanden und ständig verfügbar. Deshalb kommt den Eltern hier eine entscheidende Aufgabe zu: Letztlich haben sie zu entscheiden, was und wie lange ihre Kinder sehen und hören können und was nicht.

Als allgemein anerkannt gilt die Definition der Medienkompetenz durch Dieter Baake[20], der das Vier-Säulenmodell dazu benannt hat:

- die Medienkritik
- die Medienkunde
- die Mediennutzung
- die Mediengestaltung.

Dabei geht es im Wesentlichen um die Fähigkeiten,

- die medialen gesellschaftlichen Prozesse analytisch zu durchdringen,
- sie reflexiv auf das eigene Handeln anzuwenden, und zwar unter ethisch-moralischen Gesichtspunkten,
- um den Erwerb von Wissen über die Zusammenhänge des Mediensystems sowie über Fähigkeiten zur technischen Handhabung von Mediengeräten zu fördern,
- Erwerb von Fähigkeiten zur rezeptiven als auch interaktiven Mediennutzung,
- um die Fähigkeit zur innovativen und kreativen Mediengestaltung

Diese Aufgabe gehört primär zu den elterlichen Aufgaben.

Jugendschutz ist eine gesamtgesellschaftliche Aufgabe ersten Ranges, die gemeinsam durch Eltern, Schule und Staat bewältigt werden muss.

Allgemeine Tipps zur Medienerziehung

- Eltern, Lehrer und Erziehungsberechtigte, die den Medienumgang von Kindern angemessen begleiten, sollten den Kindern und Jugendlichen einen vernünftigen Umgang mit Medien vorleben und mehr noch als bisher eine Vorbild-Funktion übernehmen.
- Dies bedingt, dass man sich zwangsläufig viel Zeit für die Kinder nehmen muss, z. B. um gemeinsam mit dem Nachwuchs altersgemäße Medienangebote auswählt.
- Bei vielen Dingen, die Kinder im Cyberspace erleben, besteht eigentlich nach dem Konsum Gesprächsbedarf. Auch wenn die Kinder nicht selbst auf Sie

---

20 Dieter Baake war Erziehungswissenschaftler an der Universität Bielefeld, Fakultät für Pädagogik. Seine Kompetenz insbesondere zu Fragen der neuen Jugendkulturen, zu neuen Kulturkonzeptionen sowie zum Aufwachsen von Kindern und Jugendlichen in modernen Gesellschaften trugen zu seinem internationalen Ruf als bedeutender deutscher Medienpädagoge bei.

zugehen, sollten Sie den Kindern mindestens einmal pro Woche, am besten immer am gleichen Wochentag, Zeit für eine kleine Gesprächsrunde anbieten. In dieser Zeit sollten die Kinder mit Ihnen über ihre Medienerlebnisse reden.

– Gerade wenn Sie den Eindruck haben, dass Ihre Kinder mit belastenden Inhalten konfrontiert wurden, sei es auf Web-Sites oder im Chat, geben Sie den Kindern Geborgenheit und Sicherheit.

– Medienkonsum, ob Fernsehen oder Computer muss geregelt werden. Limitieren Sie den Medienkonsum durch die Vorgabe fester Zeiten und sorgen Sie gleichzeitig dafür, Ihren Kindern neben den Medien einen abwechslungsreichen und anregenden Alltag zu bieten.

– Achten Sie darauf, dass die Kinder weder Mediengewalt noch Medienklischees zum Vorbild nehmen. Gerade die Familie hat eine Vorbildfunktion, denn ob Kinder durch Gewalt in den Medien negativ beeinflusst werden, hängt vor allem davon ab, in welchem Umfeld sie aufwachsen und welches Gewaltverständnis ihnen dort vermittelt wird. Zu prüfen sind auch die Möglichkeiten, welche Möglichkeiten sie haben, die in den Medien dargebotenen Gewaltdarstellungen zu verarbeiten. Gefahr besteht dort, wo Kindern Gewalt in ihrem Umfeld und in den Medien vorgelebt werden und die Folgen von Gewalt herunter gespielt und auf diese Art und Weise unrealistische Rechtfertigungen für Gewalt vermittelt werden.

KINDER IM INTERNET – GEFAHREN, DIE KEINER KENNT ...
Sexuelle Gewalt gegen Kinder im Internet
von *Beate Krafft-Schöning*

Einleitung

Wer sind die Täter?

Die Opfer

Prävention

Einleitung

Jeden Tag werden Kinder und Jugendliche in Deutschland Opfer sexuellen Missbrauchs via Internet. Täter nehmen in Chat-Räumen und entsprechenden Foren Kontakt mit ihnen auf. Mädchen und Jungen im Alter von sieben bis 18 Jahren gehören zur beliebten „Zielgruppe" der Männer und Frauen, die täglich tausendfach Kinder im weltweiten Netz abfangen, um diese für ihre Zwecke zu „benutzen".

Harmlos beginnen die meisten „Gespräche", die leider oft eindeutig sexuell, manchmal gar bedrohlich oder brutal enden. In den meisten Fällen werden gerade die speziell für Kinder und Jugendliche vorgesehenen Foren und Chaträume zur Falle. Denn genau hier lauern Täter und Täterinnen. „Hast Du schon Sex gehabt?" oder „Wie groß sind Deine Tittchen?" – ganz normale Einstiegsfragen im Kinder-Chat. Oft folgt die Aufforderung, sich selbst zu befriedigen. Häufig werden sogar Kindern Porno-Bilder zugesandt. Immer häufiger werden „real Dates" – Treffen „im echten Leben" angebahnt.

Wer sich an Kindern vergreifen will, nutzt, einer kanadischen Studie zufolge, (Peter Collins, 2001) in 97 Prozent aller Fälle das Internet, um sich Mädchen und Jungen zu nähern. Nirgends geht es schneller, nirgends ist es einfacher und nirgends kann man „unerkannter" agieren! Es ist davon auszugehen, dass jeder, der sich für Kinder, Kinderbilder oder entsprechende Informationen interessiert, heute das Internet nutzt, um sich zu *informieren und aktiv zu werden* – auch in Deutschland.

Seit Öffnung des Internets boomt der freie Handel mit kinderpornografischem Material. Das Milliardengeschäft um die „Ware Kind" wächst rasant – und somit auch die Anzahl derer, die diese „Ware konsumieren". Sehr einfach ist es, über Chats, Homepages oder auch im Netz hinterlegte Fotoalben – auch kostenlos – an kinderpornografisches Bild- und Videomaterial heranzukommen. Bis heute lässt sich „KidPorn" auch käuflich erwerben – ganz einfach per Kreditkarte bezahlt und im neutralen Umschlag zugestellt. Kaum jemand muss befürchten, erwischt zu werden. Das Internet bietet „Konsumenten" wie auch „Anbietern" eine ideale und vor allen Dingen sichere Plattform. Vom einfachen Aktfoto hin zum Tötungsvideo (Snuff) ist für jeden alles zu haben.

Etwa 55 Polizeibeamte (2006, BKA, LKA Bayern und einzelne Beamte in anderen Landeskriminalämtern) recherchieren anlassunabhängig (ohne Anzeigeerstattung) im Internet – bundesweit. Leider haben diese speziell ausgebildeten Beamten daneben oft noch andere Aufgaben zu erledigen – und zu wenig Zeit für diesen Bereich. Alle anderen Polizeibeamten dürfen erst dann im Netz recherchieren, wenn eine Anzeige vorliegt. Spezielle Schulungen für das komplexe Deliktfeld „Internet" gibt es kaum. Zudem ist die Computer-Ausstattung mancher Polizeidienststellen mangelhaft. Die Laufzeit vom Tag der Anzeige bis zum Abschluss der Ermittlung variiert zurzeit zwischen ein paar Monaten und zwei Jahren (Stand 2006). Mancher Internettäter wartet Jahre auf sein Gerichtsverfahren.

Erst ab 1. Januar 2008 werden deutsche Internet-Provider verpflichtet, die sog. Verkehrsverbindungsdaten sechs Monate aufzubewahren. Die Provider hatten sich bis heute lediglich selbst verpflichtet, die Verbindungsdaten sechs Monate zu sichern (Stand 2007). Ein Großteil der im Bereich der sexuellen Gewalt gegen Kinder im Internet zur Anzeige kommenden Delikte konnte deshalb oft wegen der personellen Unterbesetzung bei der Polizei, nicht mehr vorhandener Daten und der sehr langen Ermittlungszeit nicht mehr strafrechtlich verfolgt werden.

Zudem ist die Gesetzgebung auf diese Art der Kriminalität schlecht vorbereitet. Selbst die am 1. April 2004 in Kraft getretenen Neuerungen im Sexualstrafrecht haben für viele Täter wenig geändert. Sie können sich auch zukünftig unbehelligt über das Internet an Kindern vergehen. Technische Filtersysteme, um die Kontaktaufnahmen zu verhindern, gibt es nicht.

Obwohl immer mehr Täter vom heimischen Wohnzimmer oder Arbeitsplatz aus die *faktisch vorhandene Anonymität* des Internets nutzen, um Kinder sexuell zu missbrauchen, wird über das Problem bis heute wenig gesprochen.

Schulen rüsten eifrig ihre Computerräume auf, auch wenn vom Kollegium *kaum einer richtig Ahnung von der Sache* hat. Zudem bieten etliche Schulen, Freizeitheime etc. Kindern und Jugendlichen die Möglichkeit, Chaträume frei zu besuchen. Kaum irgendwo wird wirklich kontrolliert. Schlimmer noch: Umfragen in Schulen haben ergeben (NetKids e. V., 2001–2004), dass sich Eltern zu Hause so gut wie nie für die Chaterlebnisse ihres Nachwuchses interessieren. Meist wissen sie nicht einmal, wann ihr Kind online geht. 70 Prozent der Eltern wissen nicht, was ihre Kinder im Internet machen, so auch das Ergebnis einer weltweit durchgeführten Studie. (The European Institute for the Media, World Internet Project 2004, Prof. Dr. J. Cole u. Prof. Dr. J. Groebel).

Würden sich Eltern und Schulen für das, was dem Nachwuchs im Netz begegnet, interessieren, wüssten sie zum Beispiel, dass Kinder ab zehn Jahren die klare Aussage treffen: *Fünf bis sieben von zehn neuen Chatpartnern wollen was Sexuelles.* Multiplizierte man diese Anzahl sexuell interessierter Chatpartner mit der Anzahl der täglich im Internet chattenden Kinder und Jugendlichen, so würde man wahrscheinlich eine gigantisch große Anzahl zumindest verbal oder visuell sexuell missbrauchter Kinder täglich in Deutschland nachweisen können.

Jeden Tag treffen sich in Deutschland zudem Jugendliche irgendwo mit einem Chat-„Freund"/einer Chat-„Freundin", ohne dass die Eltern informiert sind, bzw. die Jugendlichen selbst eigentlich wirklich wissen, mit wem sie es zu tun haben. Solche Treffen haben immer häufiger fatale Folgen:

Aus dem „Internet"-Leben gegriffen … Einige von vielen Beispielen:
- Im Jahr 2000 steigt eine 12-Jährige aus Hessen ins Auto ihrer Chatbekanntschaft aus Aachen. Sie wird mehrfach von zwei Tätern missbraucht.
- Im Dezember 2002 fällt eine ebenfalls 12-Jährige aus Braunschweig auf ihren Chat-„Freund" aus Magdeburg herein. Beim Treffen mit dem weitaus älteren Mann wird sie vergewaltigt.
- Nur knapp entkommen zwei 14-Jährige einem Familienvater (Anfang 2003). Nach dem Kennenlernen im Chat treffen sie sich mit dem Mann. Bei der ersten Verabredung schenkt er ihnen jeweils ein Handy. Als er beim zweiten Rendezvous Pornobilder von ihnen machen will, wird er durch die Anzeige einer wachsamen Nachbarin von der Polizei an der Tat gehindert.
- Zwei Mädchen aus Regensburg werden Mitte 2003 ebenfalls beinahe Opfer eines Chat-„Freundes". Geschickt lockt er die Mädchen in seine Wohnung, um seine Fantasien „mit ihnen auszuleben". Auch hier kann die Wachsamkeit eines Mitbürgers das Schlimmste verhindern.
- Ende 2003 werden zwei Teenager in Norddeutschland Opfer zweier Täter. Beide Teenager werden bei den Treffen vom Chat-„Freund" vergewaltigt.
- 2004 werden in Deutschland zehn Kinder Opfer sexueller Gewalt durch meist wesentlich ältere Chat-„Freunde".
- 2005 steigt ein junges Mädchen in das Auto eines Chatfreundes bei Stuttgart, der ihr 1.000 Euro für die Entjungferung geboten hatte. Knapp entkommt sie ihrem Schicksal, als sie merkt, was das eigentlich heißt und flieht aus dem Auto des „Freundes".
- 2004–2005 sucht sich ein Chatfreund reihenweise Kinder im Internet, die er bei den Treffen betrunken macht, um sich an ihnen zu vergehen.
- 2006 endet die Chatbekanntschaft einer 15-Jährigen aus Wetter mit deren grausamer Ermordung in der elterlichen Wohnung.
- 2006: Über Wochen vergewaltigten sechs Jugendliche im Alter zwischen 14 und 17 Jahren ein 13 Jahre altes Mädchen aus Hildesheim, nachdem diese die

Jungen im Internet-Chatroom kennengelernt hatte. Es kam zu mehreren Treffen, zu denen die Jungen das Mädchen unter Androhung, Fotos, die sie bei den Vergewaltigungen gemacht hatten, zu veröffentlichen, zwangen. Erst als die Drohungen seitens der Jungen zu massiv wurden, vertraute sich das verängstigte Kind seiner Mutter an.

– 2007: Anfang Mai wurden in Hamburg zwei 15-jährige Jungen festgenommen, die zwei Mädchen im Alter von 12 und 13 Jahren vergewaltigt haben sollen. Die Jungen hatten die Mädchen in einem Chatroom kennengelernt und sich mit ihnen verabredet. Beim Treffen sollen die Jungen sofort zudringlich geworden sein und die beiden Mädchen gezwungen haben, sie in eine Wohnung zu begleiten, in der sie die Mädchen dann vergewaltigt haben sollen. Die Ermittlungen dauern an.

Die Liste der aufgeführten Fälle ist natürlich unvollständig, weil Taten dieser Art erst seit 2004, wenigstens teilweise, bundesweit einheitlich registriert werden. Dazu kommt, dass viele Opfer bis heute gar nicht in der Statistik landen. Sind die weiblichen Opfer beispielsweise über 14 Jahre alt und nicht beweisbar vergewaltigt worden (Gewaltakt), wird der sexuelle Missbrauch meist erst gar nicht verfolgt (Sexueller Missbrauch = Mädchen unter 14 Jahren, Jungen unter 16 Jahren). Ob ein Fall in der Statistik landet, hängt auch vom jeweils ermittelnden Polizeibeamten und der Form der Erfassung ab. Bei der Tatortsfeststellung wird in vielen Fällen wahrscheinlich nicht das Internet „angekreuzt", sondern vielmehr der Tat-Ort des sexuellen Übergriffs. Dieser ist bei der Tat im „echten Leben", die durch einen Kontakt im Internet vorbereitet worden ist, aber nicht das Internet, sondern vielleicht ein Hotelzimmer oder Auto.

Es mag angesichts der Auflistung der Fälle der Eindruck entstehen, dass ausschließlich Mädchen Opfer sexueller Gewalt im Internet werden. Das ist falsch. Es gibt auch Jungen, die von sexuellen Übergriffen im Internet berichten. Es ist mit weitaus mehr Aufwand verbunden, mit ihnen ins Gespräch zu kommen. Jungen tun sich allgemein schwerer als Mädchen, über „so was" zu reden – auch weil einem Jungen „das" doch nicht passiert!

Zu den in der Liste aufgeführten Beispielen vergewaltigter und sexuell missbrauchter Opfer muss man noch die täglich im Internet tausendfach verbal sexuell genötigten Mädchen und Jungen addieren. Oder die, die tage- oder wochenlang über das Handy angerufen werden, weil sie so unklug waren, ihre Nummer herauszurücken. Oder auch die, die manchmal tagelang nett mit einem Chat-„Freund" plaudern, bis der plötzlich meint, dass es Zeit für die Wahrheit ist und mal ein paar pornografische Bilder rüberschickt. Und jene, die mehrfach täglich gefragt werden, ob sie Nacktfotos gegen Geld von sich machen lassen wollen oder sich „ficken" lassen würden (O-Ton Kinderchat). Nicht zu vergessen jene, die täglich mehrere Web-Cam-Einladungen erhalten, auf denen live zu sehen ist, wie sich ein Erwachsener oder auch ein anderer Jugendlicher selbst befriedigt.

Die meisten sexuellen Missbrauchstaten im Internet werden wahrscheinlich nie in einer Statistik landen, weil die Opfer in den meisten Fällen schweigen. Das Anzeigeaufkommen in diesem Bereich ist sehr gering, gemessen an der Menge der Übergriffe, die täglich in unzähligen Chaträumen und Foren im Internet geschehen. Über den *Gefahren im Internet, die keiner kennt,* liegt bis heute ein großer Deckmantel des Schweigens. Kinder und Jugendliche finden kaum vertrauensvolle, medienkompetente und sachkundige Gesprächspartner, denen sie sich anvertrauen könnten – wenn „es" passiert ist.

Präventionsarbeit, um zu verhindern, dass Kinder und Jugendliche Opfer oder auch Täter werden, wird an deutschen Schulen noch kaum geleistet. Der sorglose Umgang der meisten Erziehenden mit der sexuellen Gewalt im Word Wide Web kann Täter nur ermuntern, sich auch weiterhin der *Kinder im Internet* „zu bedienen".

Wer sind die Täter?

Pädosexuell orientierte Täter
Ergebnisse einer Recherche im Internet (2000–2006)

Männer und Frauen, die sich im World Wide Web Kindern und Jugendlichen nähern, scheinen nicht unbedingt einer pädophilen/pädosexuellen Neigung zu folgen. Die Kontaktaufnahme und der Umgang durch diese Tätergruppen mit Kindern unterscheidet sich signifikant von der Form der Vorgehensweise eines pädosexuell agierenden Täters.

So lässt sich bei dem mit pädosexueller Veranlagung/Ausbildung agierenden Täter stets eine langjährige Entwicklung nachvollziehen. Er definiert sich oft selbst als pädophil/pädosexuell und seine generelle Affinität zu Kindern zeigt sich zum Beispiel in einer besonderen Vorliebe für einen bestimmten Opfertypus.

Menschen mit pädophilen/pädosexuellen Neigungen teilen sich in unterschiedliche „Gruppen". Erst einmal unterscheidet man generell zwischen Girllovern (Vorliebe Mädchen) und Boylovern (Vorliebe Jungen). Diese zwei großen Gruppen unterteilen sich wiederum nach der jeweils bevorzugten Altersklasse, bzw. Kindertypus. So findet der eine Mädchen im Alter von drei bis sechs Jahren, möglichst zierlich und blond, attraktiv, wohingegen ein anderer eher Jungen zwischen vier und acht Jahren bevorzugt – um es zunächst vereinfachend darzustellen. Weil der „Markt" im Bereich der so jungen Kinder nicht der „Nachfrage" entspricht, rücken viele von ihrem Idealbild ab und wenden sich auch älteren, jedoch sehr kindlich gebliebenen Jugendlichen zu.

Ähnliche Unterschiede der Vorlieben finden sich auch hinsichtlich des Konsums von Kinderpornografie. Es gibt Menschen, die Kinderpornografie benötigen, um ihren Fantasien Nahrung zu geben. Für viele Pädophile/Pädosexuelle ist aber nicht ausschließlich die kinderpornografische Darstellung von „Wert". Manche lehnen diese Form der „Kinderbilder" sogar ab. Es ist also ein Trugschluss anzunehmen, dass „Pädos" grundsätzlich immer nur oder überhaupt auf Kinderpornografie „stehen".

Pädophile/Pädosexuelle sammeln oft alles, was „reinkommt": Kinder in ganz normalen Alltagssituationen, am Strand, auf dem Spielplatz, beim Schulausflug, im

Wenn ich einen Engel beschreiben müsste, dann sähe der so aus:

Anmeldungsdatum:
09.06.2004
Beiträge: 617

*Einfaches legales, aber immer gerne genommenes,
Kinderbild auf einer „Pädo-Seite"*

Schwimmbad oder beim Sport – alles völlig unverfängliches Material. Meistens finden sich beträchtliche, oftmals in mehreren Jahren zusammengetragene Sammlungen von Kinderpornografie und/oder „legalen" Kinderbildern im Besitz (Festplatten, Sticks, auf CD's, DVD's, Video) von Pädophilen/Pädosexuellen.

Seit Öffnung des Internets ist ein regelrechter „Boom" auf dem „Kinderbilder-Markt" zu beobachten. So weist zum Beispiel eine englische Studie nach: Zwischen 1988 und 2003 stieg das Kinderpornoangebot – ausschließlich auf englischen Servern – um satte 1.500 Prozent an (Quelle: 2004, Web fuels childporn boom, Childrens charity NCH, CNN).

Man muss nur in entsprechende Chats oder Foren „gehen", um auch kostenlos an Darstellungen vergewaltigter und misshandelter Kinder heranzukommen. Was nicht kostenlos zu bekommen ist, lässt sich via Internet bestellen und leicht per Kreditkarte bezahlen. Außerdem gibt es so genannte Tauschbörsen bzw. Privatleute, die hierzu in kleinen Zirkeln miteinander kommunizieren.

Fast unvorstellbar groß ist mittlerweile die Vielfalt auf diesem „Markt". Säuglinge, Kleinkinder bis hin zu Jugendlichen, die von Frauen und Männern, als Sexualobjekte präsentiert, misshandelt und sexuell „benutzt" werden; Kinder, die sich vor einen Hund knien müssen, um dessen Geschlechtsteil zu manipulieren oder auch in den Mund zu stecken; Kinder, die gepeitscht, mit vielfältigen „Hilfsmitteln" traktiert und so zum Sexualobjekt bizarrer Fantasien Erwachsener gemacht werden; Mädchen und Jungen; vaginal und rektal penetriert, in Nahaufnahme, gefilmt, fotografiert – immer wieder.

Aber, wie erwähnt, auch das normale Kinderportrait ist ein beliebtes Sammlerstück. Schnell findet sich so manches Kind in der Sammlung „kleiner Lieblinge" eines „Kinderfreundes". Um den wachsenden Markt immer weiter bedienen zu können, wird ständig „Frischfleisch" benötigt. Kinderpornografie leicht gemacht, könnte man sagen: Bildmaterial wird mittels PC-Manipulation neu montiert; aus ganz normalen Kinderportraits und bereits vorhandenen kinderpornografischen Darstellungen entsteht so neues kinderpornografisches Bildmaterial. Schnell hat der eifrige Bastler etwas Neues kreiert und gibt es auf den Markt.

Angemerkt werden muss an dieser Stelle, dass der Besitz des normalen Nackedei-Strandfotos in Deutschland legal ist, auch wenn das Bild nicht die eigenen Kinder zeigt. So lange auf einem Bild kein kindliches Geschlechtsteil präsentiert wird, ist der Besitz nicht strafbar. Auch Bilder, die Kinder beim so genannten „Posing" (in aufreizender Stellung, in aufreizenden Kleidungsstücken mit klar sexueller Ausrichtung) zeigen, dürfen bis heute (12/2006) angefertigt, verbreitet und besessen werden. Zurzeit findet von gesetzgeberischer Seite eine Diskussion darüber statt, ob diese Fotos generell zu verbieten sind. Auch hinsichtlich der strafrechtlichen Bewertung von montierter Kinderpornografie scheint noch keine Rechtssicherheit zu bestehen. Da bei der Montage kein aktueller Missbrauchsakt vorliegt – also zur Herstellung dieses kinderpornografischen Bildmaterials kein direktes Opfer sexueller Gewalt nachzuweisen ist – weil ja „nur" am PC „zusammengebastelt" wurde, stellt sich für manchen Experten die Frage nach der Form der Strafbarkeit.

Pädophile/Pädosexuelle sammeln aber nicht nur Kinderpornografie und Bilder aus dem Alltagsgeschehen von Kindern. Weit verbreitet und „immer gerne genommen" werden Informationen – jeglicher Art! Im Klartext heißt das, dass beispielsweise nicht nur sämtliches Bildmaterial, das von Kindern auf Homepages oder auf öffentlichen Bildgalerien (Chats) ins Netz gestellt wird oder sich auf Kindergarten- und Schul-Homepages hinterlegt wurde, Interesse findet. Alles, was von Kindern oder über Kinder – welche Information auch immer – im Internet hinterlassen wurde, ist begehrt. Kinderhomepages mit vielen Informationen über Hobbys, Wohnort, Schule, die Freunde, die Familie oder auch die „Lieblingsgruppe" finden ebenso ihre Interessenten wie Informationen auf einer Kindergarten-, Schul- oder Vereinshomepage. Je mehr Bilder und Informationen – desto besser.

Anmeldungsdatum:
27.05.2004
Beiträge: 409
Wohnort:
Sauerland=Powerland

Nicht nur das Auge kann sich nirgends festhalten, auch die Vorstellungskraft gleitet an solch einem Bild ab wie ein Spiegelei an der Teflonpfanne. Na, mir wenigstens. Ihr träumt ja schon von Geburtstagsparties. Mir fällt dazu einfach nix ein, was man träumen könnte. Könnt Ihr Euch dieses Mädchen im richtigen Leben vorstellen? Wie sie geistreiche Sprüche macht? Welche besondere Sportart sie ausübt? In welcher Weise sie gegen die Eltern aufmuckt? Ein Fahrrad-Wettrennen mit ihr? Einen Nachmittag im Freibad? Ihre Reaktion auf stechende Insekten? Ihren Fußgeruch? Ihre Lieblingseissorte? Ihren Standardfluch? Ihre beste Freundin? Die (Un)Ordnung in ihrer Schultasche? ....
Wieviel interessanter ist da doch z. B. das:

Eintrag auf einem deutschen Forum für Girllover

Die Szene „is well conneceted": Im Internet finden sich neben Chats und Foren der „Material-Sammler" auch viele Angebote zum „Kennenlernen". Auf als „Pädo-Seiten" bekannten Homepages unterhält man sich über seine Neigungen, tauscht Erfahrungen aus, erzählt sich seine Erlebnisse, tauscht Bilder und Infos aller Art, wird politisch aktiv, veröffentlicht Schriftsätze, um unter anderem die „Freie Liebe mit Kindern" zu propagieren oder stellt sinnvolle und einfach ausgearbeitete Sicherheits-tipps – zum sicheren Surfen durchs Internet – ins Netz. Es finden sich Seiten für Boylover (Vorliebe Jungs) und Girllover (Vorliebe Mädchen).

Zusätzlich gibt es Foren, die alle Gruppierungen pädophil/pädosexuell ausge-richteter Menschen mit Informationen bedienen (allgemeine Pädo-Seiten, ohne ge-schlechtsspezifische Ausrichtung) und unzählig viele private Seiten einzelner Pädo-sexueller.

Mit zunehmender Häufigkeit werden im Internet auch sehr „praktisch angelegte Angebote" pädophil/pädosexuell orientierter Menschen präsentiert, die sich nicht nur klar zum sexuellen Übergriff auf Kinder bekennen, sondern auch *aktive* „Gleich-gesinnte" – Männer und Frauen – für die Umsetzung ihrer Fantasien suchen. Da

Mir fällt dazu einfach nix ein, was man träumen könnte.

Anmeldungsdatum:
28.05.2004
Beiträge: 551
Wohnort: Germanien

Waaas? Das ist ja traurig...

Waldbär hat folgendes geschrieben:

Könnt Ihr Euch dieses Mädchen im richtigen Leben vorstellen [1]? Wie sie geistreiche Sprüche macht [2]? Welche besondere Sportart sie ausübt [3]? In welcher Weise sie gegen die Eltern aufmuckt [4]? Ein Fahrrad-Wettrennen mit ihr [5]? Einen Nachmittag im Freibad [6]? Ihre Reaktion auf stechende Insekten [7]? Ihren Fußgeruch [8]? Ihren Lieblingseissorte [9]? Ihren Standardfluch [10]? Ihre beste Freundin [11]? Die (Un)Ordnung in ihrer Schultasche [12]?

zu 1: Ja.
zu 2: Sehr gut sogar!
zu 3: Einige... 😊
zu 4: Problemlos!
zu 5: Na ja... doch, schon, vorstellen kann ich's mir.
zu 6: Ja, im Sommer natürlich und möglichst mit Freundinnen.
zu 7: Ja.
zu 8: Ertappt! Ihre Füße kann ich mir weniger gut vorstellen.
zu 9: Selbstverständlich!
zu 10: Klar doch, kriege ja täglich genug davon zu hören.
zu 11: Fällt mir gaaaanz leicht!
zu 12: Noch leichter...

Wie Du siehst, ist das alles gar nicht so schwer. Woran das wohl liegen mag? Aber ich finde die Verschiedenheit der Menschen eh toll.

Liebe Grüße!
Dein Khenu Baal

„Gedanken-Austausch" auf einem deutschen Forum für Girllover

diskutieren schon einmal „allein erziehende Mütter" – so hat es zumindest den Anschein, wenn man die Bezeichnung des Forums oder Chatraumes „Alleinerziehende Mütter" liest. „Betritt" man aber diese Chats oder Foren, wird auch dem „Ungeübten" schnell klar, worum es tatsächlich geht: Kinder werden als Sexualobjekte angeboten. Man bietet sich gegenseitig die Kinder im Tausch als Sexualpartner an. Es wird offen darüber diskutiert, welches Kind „was schon kann" und wie viel „Erfahrung" es so hat. Oftmals wird hier ohne finanzielles Interesse agiert. Nicht selten bieten „Eltern" sich selbst und ihre Kinder – sozusagen als Komplettpaket – für sexuelle Kontakte an.

Vor zwanzig Jahren undenkbar, können Menschen mit pädophilen/pädosexuellen Neigungen heute – dank des Internets – nicht nur offen über Ihre Neigungen sprechen und sie ausleben. Vielmehr finden neugierige „Newcomer" schnell entsprechende Kontakte in der Szene; sie stoßen leicht auf das gewünschte Bild- und Videomaterial oder haben die Möglichkeit, Kinder überall im Netz kennen zu lernen. Die rasante Entwicklung von einer einst „unter dem Ladentisch agierenden Szene" bis zu den sich heute öffentlich auslebenden und bekennenden Pädophilen/Pädo-

Thema	Antworten	Autor	Aufrufe	Letzter Beitrag
Neues Forum für Kinderrechte und Pädorechte	3	Ronny21	639	23.02.2005 19:00 Humbashmpe →🖰
Damit sollte man den Tag beginnen! [🖰 Gehe zu Seite: 1 ... 5, 6, 7]	103	humbert02	3361	19.02.2005 22:22 Flusel →🖰
Wo, bitte, ist der Schweizer Mädchenfotograf?	6	Schnull	158	06.02.2005 23:16 HansP →🖰
Zwei Zip-Dateien mit Bildern	1	brookster	325	14.01.2005 00:25 dreamer →🖰
Große Auswahl	4	Hasan	1868	07.01.2005 23:43 Lewis →🖰
Talitha Koomi GL (englischsprachiges Forum)	2	Roki	279	03.01.2005 23:08 girllover forever →🖰
Ashley and Hannah Eiler	1	brookster	261	27.12.2004 23:28 Peter →🖰
Posting and YOU! *g*	0	spookypsi	287	10.12.2004 23:29 spookypsi →🖰
Jugendliebeforum vorerst down...	0	Julien	181	04.12.2004 01:18 Julien →🖰
Tschechische GL-Seite	3	Jasch	1600	03.12.2004 22:25 Hannes →🖰
Girlie-Forum	5	Julien	870	24.11.2004 16:07 KleineGöre →🖰
2 hübsche Mädchen	4	spookypsi	1602	24.11.2004 14:55 KleineGöre →🖰
Mädchen im Dirndl	5	Kevin Levrone	1238	24.11.2004 14:50 KleineGöre →🖰
Cats	3	OMS	312	17.11.2004 05:37 Khenu Baal →🖰
Youthlove Community online mit Domain	2	Julien	343	17.11.2004 02:31 Julien →🖰

„Diskussionsthemen ohne Ende" – Girllover-Seite

sexuellen wäre ohne das Internet nicht möglich gewesen. Sicher könnte man, wissenschaftlich betrachtet, den Gedanken verfolgen, dass das Täter-Dunkelfeld gerade durch das öffentliche Agieren im Netz zum Täter-Hellfeld geworden ist; denn Täter sind im Netz leicht auszumachen und agieren sichtbar. Diese Überlegung muss jedoch aufgrund der Tatsache, dass das Internet bei der Hell- und Dunkel-feldanalyse und -beschreibung bisher keine Rolle spielt, bis auf weiteres verworfen werden.

Die spürbar „positive Marktentwicklung" im Bereich Kinderpornografie und die Entwicklungen in den Chats, in denen Erwachsene Kinder täglich sexuell „an-machen", zeigen einen deutlichen Trend. Vermutlich lassen sich die Zuwächse auf diesem Sektor wohl hauptsächlich damit erklären, dass

– potenzielle Täter, die früher aus Angst vor der Entdeckung nicht übergriffig wurden, heute sicher über das Netz agieren können (beispielsweise Phantasie-Pädophile und Newcomer ohne pädosexuellen Hintergrund);
– durch das vielfältige Angebot Reize geschaffen werden, die letztlich auch schnell und relativ sicher bedient werden können;

– durch die im Internet im Zusammenhang mit diesem Problemfeld (siehe Pädo-Seiten) der Eindruck einer Normalität geschaffen wird, die es leicht macht, Grenzen zu überschreiten;

– sämtliche ausgefallene Sexualpraktiken- und Fantasien insgesamt gesellschaftlich nicht mehr „gedeckelt", sondern offen diskutiert und mit einer gewissen Akzeptanz gelebt werden;

– es kaum möglich ist, Täter tatsächlich empfindlich an ihrem Handeln zu hindern, weil sowohl ermittlungstechnisch, als auch strafrechtlich nur wenig Mittel eingesetzt werden können, dieser Entwicklung maßgeblich entgegenzuwirken.

Wertvolle Tipps eines Users auf einer Boyloverseite (Originaltext 2005 herauskopiert, Quelle den Autoren bekannt):

Die wichtigsten Ratschlaege bei einer Hausdurchsuchung

1. Keine Panik.
2. Kommen die Beamten, und haben sie keinen schriftlichen Hausdurchsuchungsbefehl – schicke sie hoeflich weg.
3. Haben sie einen Hausdurchsuchungsbefehl, oder berufen sich auf „Gefahr im Verzug" – musst du sie hereinlassen. Davor das Papierstueck *genau* durchlesen! Und lass' sie nur das tun was drauf steht. Bei Abweichungen daran erinnern.
4. Nicht einschuechtern lassen, du darfst dich frei bewegen und auch telefonieren – sofort einen Anwalt anrufen!
5. Keine Fragen beantworten, lediglich die Personalien duerfen festgestellt werden. Mit den Beamten nicht reden, keine Aussagen, immer auf den Anwalt verweisen.
5. WICHTIG: Was immer du auch unterschreibst, pass' darauf auf, dass immer „NICHT EINVERSTANDEN" und „BESCHLAGNAHMT" etc. angekreuzt sind. Die Liste der Sachen die sie beschlagnahmt haben, und das Protokoll nicht unterschreiben.
7. Nach der Durchsuchung den Anwalt Einspruch einlegen lassen.

Nun will man sich auch moeglichst schuetzen und vorbereitet sein, wenn man mal ueberraschend Besuch bekommt.

* Die Polizei ist natuerlich an den Computern interessiert wegen der Daten und Programme die sich darauf befinden. Daher sollte eine Partition der Festplatte verschluesselt werden und auf ihr alles gespeichert werden, was du fuer privat, verboten oder wichtig haeltst. Empfehlenswert sind XXX *(xxx = von den Autoren*

---

unkenntlich gemacht) 1.17 und XXX, beide frei erhaeltliche Softwareloesungen und arbeiten transparent unter DOS und Windows, unter Win95 allerdings nur im DOS Modus. Schaue einfach im Internet danach, z. B. ftp.XXX.de. Fuer Unix gibt es z. B. XXX, was sehr zu empfehlen ist. Wenn du solche Software benutzt – mach' sie nicht als solche kenntlich! Du darfst nicht in Beugehaft genommen werden um das Passwort herauszugeben doch die Computer werden nicht herausgegeben wenn erkannt wird, dass verschluesselt wurde. Daher die Treiber als Maus- oder CD-ROM-Treiber tarnen, sowie keine auto-mounts oder login benutzen beim Starten des Rechners. Wer nicht so viele Daten hat, oder sie so selten benutzt, als dass er eine Partition verschluesseln will oder ein Betriebs-system benutzt, das von keiner XXX-Software unterstuetzt wird, kann auch einen FileXXX verwenden. Egal welches XXXprogramm benutzt wird, es sollten XXX, XXX oder XXX als XXXlgorithmen benutzt werden, alles andere ist zu leicht zu knacken. Ausserdem sollte am besten *kein* kommerzielles Programm benutzt werden, besonders nicht wenn es aus den USA kommt, da solche generall Back-doors haben und/oder die Schluessellaenge soweit heruntergesetzt wurde, dass ein entschluesseln innerhalb kurzer Zeit moeglich ist. Freeware, oder eigene geschriebene Programme die einfach Funktionsaufrufe aus XXX-Bibliotheken benutzen sind voellig ausreichend. Mit XXX kann man uebrigens auch sehr sicher Dateien verschluesseln

Aber auch der Durchsuchungsbefehl ist kein Persilschein fuer die Polizeibeamten, sie sind an strenge Bestimmungen gebunden, z. B. nachts sind Durchsuchungen verboten! Die Nachtzeit ist wie folgend definiert:

1. April – 30. September : 21:00–4:00

und 1. Oktober – 31. Maerz : 21:00–6:00.

Natuerlich gilt auch hier die Ausnahme fuer „Gefahr im Verzuge".

Ein paar Worte noch zur Aufklaerung deiner Familie. Viele von euch leben noch bei den Eltern oder in Wohngemeinschaften. Als H/P/A Dude musst du jederzeit mit einer Durchsuchung rechnen, auch wenn du nicht zu Hause, z. B. verreist, bist. Wenn du bereits eine HD hinter dir hast, kann jederzeit eine weitere folgen, beim begruendeten Anfangsverdacht, musst du leider mit allem rechnen. Sag deinen Mitbewohnern, wie sie sich bei einer HD richtig verhalten sollen, du kannst sagen, dass deine Schulfreunde CDs mit raubkopierter Soft gekauft haben und, dass die Hersteller jetzt eine Durchsuchungswelle planen und, dass es jeden treffen kann (ziemlich unwahrscheinlich aber das reicht uns hier). Sag ihnen alles nur nicht die Wahrheit. Du kannst z. B. einen Zettel mit Tips an einem bekannten Ort in der Wohnung deponieren, niemand weiss sonst, wie er sich im Notfall verhalten wird.

Langfristige mentale Vorbereitung ist notwendig. :-)

Diese Verhältnisse führen scheinbar dazu, dass das Internet vermehrt Tätertypen in das „echte Leben" spült, die früher keine so große Rolle spielten bzw. nicht offensichtlich auffällig wurden. In den vergangenen Jahren hat sich eine Vielzahl von Menschen auf den Weg gemacht, die die „Ware Kind" für sich als sexuelles Befriedigungsobjekt zu entdecken scheinen. Um diese Tätergruppen von denen unterscheiden zu können, die mit pädophilen/pädosexuellen Neigungen auf „Kinder-suche" gehen, kann man sie vereinfacht „Bungee-Pädos" nennen.

Ohne sich tatsächlich länger mit der Definition und Konkretisierung einer be-stimmten Vorliebe auseinander zu setzen; ohne also eine im oben definierten Sinne „pädosexuelle Neigung ausgebildet zu haben", „springen" diese Menschen ins Internet, wie die Leute, die sich gesichert, aber dennoch waghalsig von Brücken in die Tiefe stürzen.

Ganz gemäß dem Motto: No Risk, no Fun und in der Gewissheit, dass das Sicherungsseil den Springer vor dem imaginierten tödlichen Aufprall wieder aus der Gefahrenzone zurückschnellen lassen wird, versuchen sich Bungee-Pädos in Kinder-

Khenu Baal | ☐ Verfasst am: 29.01.2005 12:49 | 🗨 zitat

"Wie alt seid Ihr?" Noch nicht zu alt... 😊

"Wie alt sollte SIE sein?" Beim Kennenlernen? Ist zwar individuell unterschiedlich, aber so um die Einschulung herum ist aus meiner Sicht wohl am idealsten. Schon von den Perspektiven und dem Aufeinandereinspielen her.

Tschau!
Khenu Baal
_____
"Nein, es ist neun!" (Caitlin Hale)

Anmeldungsdatum:
28.05.2004
Beiträge: 1530
Wohnort: Germanien

Nach oben | 👤 profil | 👥 pn

Kevin Levrone | ☐ Verfasst am: 29.01.2005 14:42 | 🗨 zitat

Ich bin über 21 Jahre, mein Mädchen sollte im Idealfall zwischen 8-11 sein. Ich könnte mir aber auch problemlos eine 14jährige (so sie denn keine "Discotussi" ist) vorstellen, genauso aber auch eine 5 jährige.

Zuletzt bearbeitet von Kevin Levrone am 29.01.2005 22:15, insgesamt einmal bearbeitet

Anmeldungsdatum:
27.05.2004
Beiträge: 969
Wohnort: nahe der
Donau

Öffentliche Umfrage auf einem Girllover-Angebot

chats – sicher, dass sich die faktisch vorhandene Anonymität wie ein Deckmantel über ihr bewusst destruktives und dissoziales Handeln legen wird; zudem sicher, dass sie den Kopf fast immer aus der Schlinge ziehen können, selbst wenn sie überführt würden.

Interessant an dieser Gruppe ist, dass Bungee-Pädos – entgegen der derzeit weitverbreiteten psychologischen Theorie – nicht in der jugendlichen Entwicklungsphase zu ihrer Neigung gekommen zu sein scheinen. Die Erkenntnisse aus Gesprächen (Beate Schöning, 2000–2006) mit „klassischen" Pädosexuellen und Bungee-Pädos, die im Internet ein Pseudo-Kind ansprachen (verdecktes Gespräch Täter – Lockvogel), oder auch offene Diskussionen über die Entwicklung der Pädophilen-Szene mit Boy- und Girllover und das Studium entsprechender Forenbeiträge auf „Szene-Seiten" könnten diese These stützen.

„Bungee-Pädos"

Das Internet bietet die Möglichkeit, weitestgehend anonym zu agieren. Das scheint in großer Anzahl Menschen anzulocken, die in erster Linie ein „Sich-Ausleben" im Kopf haben. Weitestgehend anonym ist im Internet jeder, denn Kontrollen sind weder gewollt, noch durchführbar. Bis heute ist es völlig legal, sich im Internet mittels eines Programms zu anonymisieren. Das heißt, man verschleiert seine Identität (IP-Nummer). Normalerweise bekommt jeder Internetnutzer bei Eintritt ins World Wide Web eine Nummer, die IP-Nummer. Über diese Nummer lässt sich der Nutzer recherchieren, bzw. die Wege (Seitenangebote, Chats) die der User im Internet beschritten hat, später leicht rekonstruieren. Bei Ermittlungen der Polizei spielt die IP-Nummer deshalb nicht selten eine große Rolle. Nutzt man nun ein Anonymisierungsprogramm, lassen sich die Spuren eines Nutzers nicht mehr nachvollziehen – er bewegt sich völlig *frei*.

Längst tauschen sich nicht mehr nur Fachleute zu Spezialgebieten worldwide aus oder wird das Internet als Wissensbörse genutzt. Hauptanliegen sehr vieler Nutzer weltweit scheint vielmehr zu sein, die Kommunikationsplattform Internet zur Spielwiese „im echten Leben" nicht auslebbarer Aspekte ihrer Persönlichkeit zu machen.

Die einmalige Chance des anonymen Agierens ermöglicht es dem Internet-Nutzer, sich in diesem „Frei"-Raum, fernab gesetzlicher, gesellschaftlicher, moralischer und ethischer Normen, also grenzenlos frei, zu entwickeln oder zu entdecken.

Neben den bereits beschriebenen Foren, Chats und Seiten für Pädosexuelle finden sich im Netz zum Beispiel auch Angebote für Menschen mit Interesse oder einer bereits ausgebildeten Vorliebe für Sado-Maso-Praktiken, Sodomie und viele andere extreme Sexualpraktiken. Dazu kommen unzählige Selbstmord-, Gewaltfantasie- (oftmals als Rollenspielchats getarnt), Satanisten – und Kannibalisten-seiten – um nur einmal ein paar große Angebotsrichtungen zu nennen.

Dagegen wäre nichts zu sagen, wenn es hier lediglich um die Suche nach Information ginge, und die Internet-Besucher keinen anderen Grund hätten, solche Angebote zu nutzen. Das ist aber nicht der Fall. Vielmehr „besuchen" User solcher Angebote aus sehr persönlichen Gründen. Um es einfach auszudrücken, scheint es so zu sein, dass Menschen heute via Internet sehr schnell über das „Erst-mal-nur-so-interessiert-sein" oder über das Angebot an sich die Chance für eine deutliche Aus- oder Neuprägung bekommen.

Jemand, der zum Beispiel momentan eine depressive Phase lebt, kann sich heute nicht nur über Selbstmordpraktiken im Netz informieren, sondern hat gleichzeitig die Möglichkeit, mit „Gleichgesinnten" in Echtzeit zu diskutieren. Wenn er Pech hat, gerät er an Leute, die ihm eindringlich einreden, „die Sache" nun endlich durch Selbstmord zu beenden.

Im Bereich der Sexualität hat diese Form der Informationsbeschaffung und Kommunikation zur Folge, dass sich Menschen sehr schnell in Richtungen entwickeln können, von denen sie nie „geträumt" hätten, sie überhaupt einmal zu leben bzw. auszuleben.

Am Anfang steht das Angebot und vielleicht die fixe Idee, „mal was Neues" erleben zu können. Dann wird mal „reingeschaut" und „herumgeguckt". Zuspruch finden sie von schnell aufgespürten „Gleichgesinnten", in deren Gemeinschaft sie meist umstandslos aufgenommen werden. Aber auch ohne Zuspruch und Einbindung in Gemeinschaften stellt sich bei vielen rasant schnell eine im Netz gelebte Normalität ein, von der sie anfangs zwar noch wissen, dass sich diese mit ihrem „echten Leben" nicht vereinbaren lässt. Doch mit zunehmendem „Konsum" dieser freien Welt – ohne Grenzen durch das „echte Leben" – gepaart mit dem „spannenden" Gefühl, konspirativ zu handeln, scheinen sich immer mehr User fast unmerklich und schleichend von ihrem „echten Leben" zu distanzieren. Während die einen beginnen, ein Doppelleben zu führen, in dem beide Welten von einander getrennt gelebt werden, versinken die anderen völlig in ihrem Internetdasein – ihrem neuen und bevorzugten Lebensraum.

Inwieweit es angesichts dieser Entwicklung von Bedeutung ist, dass eine persönliche Disposition (bspw. vorheriges Phantasiegeschehen) oder lediglich die im Internet gelebte Zeit und Intensität des Internet-Konsumenten darüber entscheidet, ob jemand die oben beschriebenen Entwicklungswege geht, muss hier erst einmal offen bleiben. Mutmaßlich kommt es bei vielen allein durch das Angebot zur Initialzündung.

Die meisten Bungee-Pädos werden in der „Pädo-Szene" nicht als pädophil/pädosexuell „anerkannt". Das liegt unter anderem an der Form des Umgangs mit dem kindlichen Gegenüber, welches für den Bungee-Pädo eine reine Objektfunktion einnimmt. Der Bungee-Pädo ist in den Augen der Pädophilen/Pädosexuellen kein „Kinderlieber", sondern ein reiner Konsument. Zudem würden sich Bungee-Pädos selbst nicht zu einer pädophilen Neigung bekennen und sich auch nicht als pädophil/pädosexuell bezeichnen. Das sind die wichtigsten Unterschiede, die so auch aus der „Pädo-Szene" heraus getroffen werden.

Bei der Betrachtung der Entwicklung, die in den vergangenen Jahren im Internet insgesamt stattgefunden hat, scheint es, auch von außen betrachtet, tatsächlich fraglich, ob der Bungee-Pädo, trotzdem er Interesse am Kind hat und auch übergriffig wird – also vordergründig pädosexuell aktiv ist – hier tatsächlich einer pädophilen Neigung folgt.

Und auch hier muss man wieder unterscheiden: Es gibt Menschen, die pädophile Neigungen entwickeln, diese aber lediglich in der Phantasie „ausleben", also niemals übergriffig werden. Diese Menschen führen ein ganz normales Leben, sind vordergründig heterosexuell orientiert und haben Frau und Kinder. Diese Gruppe wird von der Wissenschaft als pädophil, jedoch nicht als pädosexuell bezeichnet, weil sie ihre Neigung nicht mit Kindern ausleben.

Auch Bungee-Pädos sind fast immer verheiratet, haben oft Kinder und fast immer feste Jobs. Sie leben meist mindestens auf mittlerem Einkommensniveau, unauffällig normal.

Sicher muss bei dem Versuch einer Definition der unterschiedlichen Tätertypen und ihrer Motivation bedacht werden, dass eine Gruppe der Internet-Täter, die jetzt im Netz agiert, möglicherweise denen zugeordnet werden kann, die bisher pädophilen Fantasien folgten, ohne übergriffig zu werden.

Aber wie ist der Großteil der Täter einzuordnen, der sich in seinem konsumorientierten Verhalten klar von denen unterscheidet, die als klassische Pädophile/Pädosexuelle („Kinderlieber") bekannt sind? Im Zusammenhang mit der sexuellen Gewalt gegen Kinder lassen sich im Internet Menschen finden, die scheinbar, wie bereits erwähnt, erst im Erwachsenenalter zu ihrer „Neigung" gekommen sind, sofern man von einer Neigung sprechen sollte.

Der Bungee-Pädo zeigt Verhaltensauffälligkeiten in seinem Umgang mit dem kindlichen Opfer, die ihn stark vom bisher allgemein so definierten Pädophilen/Pädosexuellen unterscheiden (von extremen „Ausreißertyen" einmal abgesehen):

- Der Bungee-Pädo baut *keine* empathische oder anderweitig emotional *für* das Gegenüber positiv geprägte Beziehung auf. Er lässt sich gerade so viel auf sein Gegenüber ein, wie es das Ziel, nämlich die eigene sexuelle Befriedigung, erfordert. Er betrachtet das Opfer ausschließlich als Nutzobjekt.

- Der Bungee-Pädo geht „mit einem Schleppnetz" auf die Suche. Es werden immer viele Kinder angesprochen, um dann eine „Auswahl" zu treffen, auf die dann entsprechend eingewirkt wird.
- Die Ansprache eines Bungee-Pädos zeichnet sich oft dadurch aus, dass sie sehr hart, brutal und unter Einsatz fäkalsprachlicher Ausdrücke erfolgt. Häufig scheint es so, als wenn das Opfer eine Testphase durchläuft, in der der Täter auslotet, wie weit er „gehen kann". Ist ein persönliches Treffen gewollt und erscheint möglich, um letztlich auch im „echten Leben" übergriffig werden zu können, wird der Bungee-Pädo entschlossen handeln.
- Die Phase des Anbahnungskontaktes ist sehr kurz und extrem zielorientiert.
- Der Bungee-Pädo bietet bereits in der Anbahnungsphase oft Materie gegen sexuelle Leistungen (Geld, Shopping-Tour, Ausflüge etc.)
- Der Bungee-Pädo versendet nicht selten Bildmaterial, um das Gegenüber entsprechend „vorzubereiten" (es geht immer zu 100 % klar um Sex).
- Der Bungee-Pädo ist in allen Altersklassen (11–99 Jahre) zu finden.
- Der Bungee-Pädo zeigt keinerlei Unrechtsbewusstsein. Im Gegensatz zum Pädophilen/Pädosexuellen weiß er aber sicher, dass er Unrecht tut. Kein Bungee-Pädo würde als Rechtfertigung seiner Tat auf die Idee kommen, mit einem Liebes-Verhältnis (differente Beziehungsideologie) zum Opfer zu argumentieren. Die im Internet durchgeführte sexuelle Gewalt oder hier vorbereitete Tat legitimiert der Bungee-Pädo durch die „positiv" voranschreitende Entwicklung seines Übergriffs. Seine Selbstrechtfertigung, übergriffig werden zu dürfen, wächst, je deutlicher das Anbahnungsgeschehen im Internet Erfolg verspricht.
- Der Bungee-Pädo sucht sich sein „Opfer" meistens bewusst *nicht* im eigenen Lebensraum/nicht in ihrer unmittelbaren Nachbarschaft.
- Auch Bungee-Pädos sammeln teilweise Bildmaterial oder Videofilme. Doch oft zeigen diese „Sammlungen" eher eine Vielfalt unterschiedlicher „Motive", aus der keine Vorliebe, zum Beispiel für einen besonderen Kindertyp oder Sexualpraktiken, herausgearbeitet werden könnten.

Vom ersten „Hi" bis zur Verabredung …
Bungee-Pädos in Aktion

Chatgespräch mit „Reutier" (Yahoo, Teenchat, 2005):

Reutier (Chatfreund): hi
Lisa13 (Lockvogel): hi
Reutier (Chatfreund): wie geht's?

Lisa13 (Lockvogel):   gut

Reutier (Chatfreund):   was machst du so?

Lisa13 (Lockvogel):   chatten

Reutier (Chatfreund):   hast du pic von dir?

Lisa13 (Lockvogel):   ja aber das schick ich net gleich kenn dich ja gar net

Reutier (Chatfreund):   ok

Reutier (Chatfreund):   bin 20

Reutier (Chatfreund):   scglimm?

Lisa13 (Lockvogel):   ne is oki

Reutier (Chatfreund):   woher kommst du?

Lisa13 (Lockvogel):   ritterhude

Reutier (Chatfreund):   wo is das?

Lisa13 (Lockvogel):   bei bremen und du

Reutier (Chatfreund):   nähe bielefeld

Lisa13 (Lockvogel):   uih das is sicher weit wech kenn ich net

Reutier (Chatfreund):   nähe hannover

Lisa13 (Lockvogel):   das is ja toll das is ja gar net so weit hannover kenn ich

Reutier (Chatfreund):

Lisa13 (Lockvogel):   is doch richtig oder

Reutier (Chatfreund):   ja stimmt. Bekomme ich dein pic? Würde gerne sehen wie du aussiehst.

Lisa13 (Lockvogel):   oki gib mir mal ne emaoil

Reutier (Chatfreund):   schick doch über yahoo

Lisa13 (Lockvogel):   geht bei mir nich dann schmier ich ab

Reutier (Chatfreund):   RXXXXXX@T-Online.de[21]

Lisa13 (Lockvogel):   mom

Reutier (Chatfreund):   olk

Reutier (Chatfreund):   ok

Lisa13 (Lockvogel):   post

Reutier (Chatfreund):   noch nicht

Reutier (Chatfreund):   du bist süüüß

Lisa13 (Lockvogel):   mit t-online gibs oft probelme ich bin bei aol

Lisa13 (Lockvogel):   ach gut is angekommen

Lisa13 (Lockvogel):   krieg ich auch eins

Lisa13 (Lockvogel):   das geht nich über yahoo du muss an aol schicken

Reutier (Chatfreund):   post?

---

21 E-Mail-Account unkenntlich gemacht

Lisa13 (Lockvogel): noch nicht
Reutier (Chatfreund): hast du noch andere pics von dir?
Lisa13 (Lockvogel): ne nur das
Reutier (Chatfreund): und hast es bekommen
Lisa13 (Lockvogel): sopost lädt runter asber musste als jpg schicken bmp is sehr groß
Reutier (Chatfreund): habe nur bmü
Lisa13 (Lockvogel): du siehs nett aus
Reutier (Chatfreund): danke
Lisa13 (Lockvogel): bitte
Reutier (Chatfreund): trägst du gern strumpfhosen
Lisa13 (Lockvogel): wenn ich mini anzieh ja klaro
Reutier (Chatfreund): in welchen farben hast du welche?
Lisa13 (Lockvogel): in rot, blau, grau glaub ich
Reutier (Chatfreund): cool
Reutier (Chatfreund): würd dich gern ma sehen in strumpfhosen
Lisa13 (Lockvogel): echt
Lisa13 (Lockvogel): findste schon toll
Reutier (Chatfreund): jaa
Reutier (Chatfreund): schlimm?
Lisa13 (Lockvogel): nö
Reutier (Chatfreund): hast du digicam?
Lisa13 (Lockvogel): ne
Reutier (Chatfreund): wir können uns ja mal treffen wenn du möchtest
Lisa13 (Lockvogel): ja klaro
Reutier (Chatfreund): echt?
Lisa13 (Lockvogel): ja wieso nich ich hab bis 10 noch ferien und hab eh langeweile
Reutier (Chatfreund): würdest du wenn ich komme für mich strumpfhosen anziehen?
Lisa13 (Lockvogel): klaro und was wolln wir denne so machen
Reutier (Chatfreund): keine ahnung wozu hast du denn lust?
Lisa13 (Lockvogel): weiss nich kino mcdoof und so
Reutier (Chatfreund): ok
Reutier (Chatfreund): und später zu dir?
Lisa13 (Lockvogel): aber geht nur tagsüber weil denne keiner hier is
Reutier (Chatfreund): ok
Lisa13 (Lockvogel): hast du denne so zeit
Reutier (Chatfreund): klar

Lisa13 (Lockvogel): musste nich arbeiten
Reutier (Chatfreund): darf ich dann auch deine beine streicheln und mit dir kuscheln?
Lisa13 (Lockvogel): oki
Reutier (Chatfreund): habe urlaub
Lisa13 (Lockvogel): achso ja wann denne
Reutier (Chatfreund): in 2 wochen
Lisa13 (Lockvogel): erst?
Lisa13 (Lockvogel): so lange
Reutier (Chatfreund): ja
Reutier (Chatfreund): hast du einen freund?
Lisa13 (Lockvogel): ne
Lisa13 (Lockvogel): wieso erst in 2 wochen
Reutier (Chatfreund): hattest du schon mal sex?
Lisa13 (Lockvogel): ne
Reutier (Chatfreund): warum nicht?
Lisa13 (Lockvogel): weiss nich kein freund
Lisa13 (Lockvogel): bin ja auch ers 13 da muss ich das net alles wissen oder
Reutier (Chatfreund): weis nicht
Lisa13 (Lockvogel): aber wieso ers in 2 wochen denne muss ich schon wieder inne schule
Reutier (Chatfreund): habe eben solange urlaub
Lisa13 (Lockvogel): ja aber denne geht es doch auch diese woche oder nich
Reutier (Chatfreund): komme diese woche
Lisa13 (Lockvogel): echt?
Reutier (Chatfreund): ja
Reutier (Chatfreund): hast du dich schon mal gefingert?
Lisa13 (Lockvogel): super
Lisa13 (Lockvogel): nich so richtig
Reutier (Chatfreund): kann ich ja mal bei dir machen
Lisa13 (Lockvogel): achso ja
Reutier (Chatfreund): ok
Reutier (Chatfreund): hättest du auch lust auf sey?
Reutier (Chatfreund): sex?
Lisa13 (Lockvogel): kenn mich da net so mit aus
Reutier (Chatfreund): egal
Lisa13 (Lockvogel): gut dachte schon
Reutier (Chatfreund): muss mal kurz raus bis gleich

Lisa13 (Lockvogel): oki
Reutier (Chatfreund) hat sich abgemeldet. (04.01.2005 11:51)

Offensiverer Chat mit „Teenboycam" (AOL, 2005):

Teenboycam (Chatfreund): hi lust dir bissi taschengeld zu verdienen?
Lisa13 (Lockvogel): ja klaro
Teenboycam (Chatfreund): woher?
Lisa13 (Lockvogel): zwischen hamburg und bremen
Teenboycam (Chatfreund): hasten bild?
Lisa13 (Lockvogel): ne
Teenboycam (Chatfreund): beschreib dichma
Teenboycam (Chatfreund): 200 €?
Lisa13 (Lockvogel): echt 200 ja also ich bin 156 dünn und hab lange haare
Teenboycam (Chatfreund): haste schon brüste?
Lisa13 (Lockvogel): naja biuschen
Teenboycam (Chatfreund): haare an deiner muschi?
Lisa13 (Lockvogel): naja
Teenboycam (Chatfreund): jungfrau?
Lisa13 (Lockvogel): ja wieso
Teenboycam (Chatfreund): ja weißte denn was du für die 200 € machen sollst?
Lisa13 (Lockvogel): ne
Teenboycam (Chatfreund): sex
Lisa13 (Lockvogel): mom
Lisa13 (Lockvogel): was ich muss ich denne genau machen
Teenboycam (Chatfreund): mit mir schlafen
Lisa13 (Lockvogel): aha aba ich kenn mich mit sowas nich aus
Teenboycam (Chatfreund): ich werds dir schon zeigen
Lisa13 (Lockvogel): achso wie alt bissn
Teenboycam (Chatfreund): 18
Lisa13 (Lockvogel): wo wohnste denne
Teenboycam (Chatfreund): ich komm mit meinem auto zu dir ok?
Lisa13 (Lockvogel): ok wann
Lisa13 (Lockvogel): samstag kann ich
Teenboycam (Chatfreund): nächsten wochenende?
Teenboycam (Chatfreund): soll ich bei dir pennen?
Lisa13 (Lockvogel): naja das geht wohl net wegen meiner eltern wo kommsten her
Teenboycam (Chatfreund): hessen frankfurt

Lisa13 (Lockvogel):   aha
Lisa13 (Lockvogel):   is das weit?
Teenboycam (Chatfreund):   oder wollen wir eine nacht in en hotel?
Teenboycam (Chatfreund):   is doch egal
Lisa13 (Lockvogel):   die ganze nacht das geht net bis 10 kann ich sons sag ich vielleicht ich geh nch bei meiner freundin schlafen
Teenboycam (Chatfreund):   ja sagt du pennst bei ner freundin
Lisa13 (Lockvogel):   ok
Teenboycam (Chatfreund):   gegen 15uhr
Lisa13 (Lockvogel):   was hastn fürn auto
Teenboycam (Chatfreund):   ich nehm den mercedes von meiner mutter der is schnella^^
Lisa13 (Lockvogel):   geil
Teenboycam (Chatfreund):   soll ich kondome mitbringen oder willste ohne ficken?
Lisa13 (Lockvogel):   kenn mich damit ich aus
Lisa13 (Lockvogel):   weisste wo ritterhude is
Teenboycam (Chatfreund):   ne
Teenboycam (Chatfreund):   wo denn?
Lisa13 (Lockvogel):   bei bremen
Teenboycam (Chatfreund):   ok
Lisa13 (Lockvogel):   20 km von bremen
Teenboycam (Chatfreund):   werds schon finden
Lisa13 (Lockvogel):   also ja ok
Teenboycam (Chatfreund):   im mercedes is navigation drinn^^
Lisa13 (Lockvogel):   un 200 in echt?
Teenboycam (Chatfreund):   ja
Lisa13 (Lockvogel):   ok warte ich muss eben abendessen biste nachher noch da
Teenboycam (Chatfreund):   will dich aber auch in deinen po ficken
Teenboycam (Chatfreund):   mussin 15 min weg
Lisa13 (Lockvogel):   schjeisse biste morgen da
Teenboycam (Chatfreund):   bleib bitte noch kurz
Teenboycam (Chatfreund):   ich bin nachher widda on
Lisa13 (Lockvogel):   ne ich muss meine mum macht schon ärger
Lisa13 (Lockvogel):   ok
Lisa13 (Lockvogel):   bis später
Teenboycam (Chatfreund):   bin um 21uhr widda denk ich
Lisa13 (Lockvogel):   tschüssi is ja echt doll 200
Teenboycam (Chatfreund):   ^^ cya

Chat mit „Tommy" (AOL, Harry Potter Chat, November 2003)

Tommy (Chatfreund) (19:59:45): Hi, wie alt und woher kommst du wenn ich fragen darf?

Laura11w (Lockvogel) (20:01:28): aus bremen bin 11 un du

Tommy (Chatfreund) (20:01:52): ich bin aus nähe Rostock und 28

Laura11w (Lockvogel) (20:02:02): is das weit wech

Tommy (Chatfreund) (20:02:34): so weit ist es auch nicht wenn man auto hat

Laura11w (Lockvogel) (20:02:55): ne kenn das nich so

Tommy (Chatfreund) (20:03:29): mit dem auto ca 25 min. was suchst du?

Laura11w (Lockvogel) (20:03:58): nete leute

Tommy (Chatfreund) (20:04:25): hoffe bin nicht zu alt?

Laura11w (Lockvogel) (20:04:33): nö

Tommy (Chatfreund) (20:05:04): wie siehst du genau aus?

Laura11w (Lockvogel) (20:05:35): 159 cm normal dünn braune haare braune augebn und du

Tommy (Chatfreund) (20:06:17): ich bin 190 cm sportlich schlank dunkel blond und blaue augen, deine beschreibung klingt sehr gut

Laura11w (Lockvogel) (20:06:47): meine freundin sagt imma ich soll model sein

Tommy (Chatfreund) (20:07:38): wenn du die figur dafür hast warum nicht, wast heißt bei dir genau nette leute suchen? nur chatten oder auch treffen usw?

Laura11w (Lockvogel) (20:08:02): vielicht auch trefen kenn mich da nich sio ais

Laura11w (Lockvogel) (20:08:06): so aus

Tommy (Chatfreund) (20:08:39): wäre klasse dich mal zu treffen

Laura11w (Lockvogel) (20:08:45): ok

Laura11w (Lockvogel) (20:08:50): morgenß

Laura11w (Lockvogel) (20:09:05): hab ferien noch diese woche

Tommy (Chatfreund) (20:09:15): morgen ist super wenn du magst? was machst du gerne?

Laura11w (Lockvogel) (20:09:25): wann den un wo

Tommy (Chatfreund) (20:09:49): in bremen am hauptbahnhof? so um 14 Uhr?

Laura11w (Lockvogel) (20:10:03): oder am cinemax da kan man parken

Tommy (Chatfreund) (20:10:26): gute Idee, wie erkenne ich dich dann?

Laura11w (Lockvogel) (20:10:53): ich hab scghwarze adidaskappe kann ich anziehn und dunkelgrünen daunenmantel is das ok

Laura11w (Lockvogel) (20:11:35): wo den am cinemax

Tommy (Chatfreund) (20:11:50): am eingang?

Laura11w (Lockvogel) (20:12:08):   oder besser an der seite da sind säulen da kan man auch parken

Laura11w (Lockvogel) (20:12:19):   kennst du das cinemax

Tommy (Chatfreund) (20:12:53):   ja das ist gut, nicht genau werde es aber finden. Was dann wenn wir da sind?

Laura11w (Lockvogel) (20:13:09):   komst du mit auto

Tommy (Chatfreund) (20:13:24):   ja ich komme mit Auto

Laura11w (Lockvogel) (20:13:35):   was den für eins das ich dich erkene

Tommy (Chatfreund) (20:14:20):   ich fahre einen dunkel blauen BMW

Laura11w (Lockvogel) (20:14:29):   großen oda kleinen

Tommy (Chatfreund) (20:14:39):   einen großen

Laura11w (Lockvogel) (20:14:55):   ok und kenzeichen oda wie erkenn ich dich

Tommy (Chatfreund) (20:15:25):   du wirst mich sofort erkennen und was möchtest gerne machen?

Laura11w (Lockvogel) (20:15:31):   wie den

Laura11w (Lockvogel) (20:15:39):   wie seihst du den aus

Tommy (Chatfreund) (20:16:03):   an das Auto, ich bin 190 cm sportlich schlank dunkel blond und blaue augen

Laura11w (Lockvogel) (20:16:45):   ok und was ein nummer am auto

Tommy (Chatfreund) (20:17:04):   die Nummer ist 1975

Laura11w (Lockvogel) (20:17:25):   quatsch das is immer so zum beipsiel hb-lm 234

Laura11w (Lockvogel) (20:17:31):   un nich 1975

Tommy (Chatfreund) (20:17:49):   es gibt auch jede menge 2stellige Nummern

Tommy (Chatfreund) (20:17:59):   4stellige

Laura11w (Lockvogel) (20:18:07):   achso und was für wie hb

Tommy (Chatfreund) (20:18:56):   mehr möchte ich noch nicht sagen da ich nicht weiß ob du wirklich kommst aber du erkennst mich sofort

Laura11w (Lockvogel) (20:19:16):   ok ich warte an den säulen um wievil uhr sol ich da sein

Laura11w (Lockvogel) (20:19:48):   so um 4 wär für mich gut weil ich dann auch auf den freimarkt gehn will

Tommy (Chatfreund) (20:20:08):   ja das ist ok und wielange kannst du bleiben?

Laura11w (Lockvogel) (20:20:14):   bis 9

Laura11w (Lockvogel) (20:20:29):   meine eltern sin morgen abend eingeladen un dan merken die nix

Laura11w (Lockvogel) (20:20:42):   sonst mus ich imma schon um 6 zuhause sein

21 Minuten, und das Treffen ist klar. Nun geht es „nur" noch um Details bis hin zu der Frage, ob Laura auch bei ihm wohnen würde … Tommy gibt sich als reich aus. Er bietet ihr ein hohes Taschengeld …

Tommy (Chatfreund) (21:04:05): das würde gehen, was möchtest dann für ein Taschengeld?
Laura11w (Lockvogel) (21:04:33): weiss nich so 10 euro
Tommy (Chatfreund) (21:04:51): für was für einen zeitraum?
Laura11w (Lockvogel) (21:05:07): ein monat zuviel?
Tommy (Chatfreund) (21:05:28): nein zuwenig, was würdest machen wenn ich dir 200 gebe?
Laura11w (Lockvogel) (21:05:54): ECHTß is ja doll find ich echt cool
Tommy (Chatfreund) (21:06:15): für dich würd ich alles machen

… und würde auch für alles andere sorgen …

Tommy (Chatfreund) (21:22:48): schade das du schon schlafen muß
Laura11w (Lockvogel) (21:23:14): ja isses
Laura11w (Lockvogel) (21:23:24): aba was sol ich mahcen
Laura11w (Lockvogel) (21:23:43): sonst krieg ich internet verbot
Tommy (Chatfreund) (21:24:29): kann man leider nix machen, vielleicht bis ja bald bei mir dann kannst du schlafen wann du willst, wäre eigentlich ega wenn du internet verbot bekommst kannst ja direkt morgen zu mir kommen
Laura11w (Lockvogel) (21:24:55): meinste
Tommy (Chatfreund) (21:25:06): ja sehr gerne
Laura11w (Lockvogel) (21:25:39): aba krieg ich ja nich meine ganzen klamoten mit
Tommy (Chatfreund) (21:26:00): brauchst du auch nicht, können neue kaufen
Laura11w (Lockvogel) (21:26:34): echt? ales? schlaghosen und buffalos un so
Tommy (Chatfreund) (21:27:00): ja alles was dazu gehört, gerne auch mal ein rock oder Kleid
Laura11w (Lockvogel) (21:29:32): muss jez raus tommy wil hier kein stres
Tommy (Chatfreund) (21:29:51): nagut
Tommy (Chatfreund) (21:33:18): und ich freue mich sehr auf dich, bis morgen

Weitere 73 Minuten später: der Täter weiß, dass dieses Kind möglicherweise bis zum nächsten Morgen nicht vermisst werden wird, da die Eltern spät nach Hause kommen. Er hat austariert, wie weit er gehen kann und weit das Opfer mitgeht – ob nun in Unkenntnis oder nicht, ist ihm egal. Er kann ziemlich sicher sein, dass Laura alleine kommt. Sie wird, ohne Probleme zu machen, in sein Auto steigen, denn sie ist auf seine „Angebote" eingegangen. Denkbar wäre, dass dieses Kind bereits über die Grenze geschafft würde, bevor die Eltern sein Verschwinden bemerken. Denkbar wäre auch, dass der Täter nicht gleich beim ersten Mal zuschlägt, sondern erst ein paar Treffen später sein wahres Gesicht zeigt. Denkbar wäre auch, dass dieser Täter nicht zum ersten Mal im Netz auf die Suche nach Kindern gegangen ist, denn seine ganze Vorgehensweise war sehr zielstrebig. *(Die Tommy-Gespräche wurden den Ermittlungsbehörden in Bremen übergeben)*

Bungee-Pädos scheinen mittlerweile die größte Gruppe der Täter darzustellen, die via Internet auf „Kindersuche" gehen.

Für den Bungee-Pädo ist das Risiko einer Entdeckung, wie bereits beschrieben, bis heute verschwindend gering, aber der zu erwartende Lustgewinn unter Umständen riesig groß. Das Angebot in Kinder- und Jugendchats, entsprechende Kinder-Foren, Bildgalerien, wo man fast alles runterkopieren kann, ist unendlich groß. Alles frei Haus, jederzeit abrufbar – das macht die Sache angenehm und verführerisch einfach.

Dem Bungee-Pädo ist es gleichgültig, was er „vor den Schirm bekommt". Hauptsache willig; Alter und Aussehen spielen eine untergeordnete Rolle. Die Lust am vermeintlichen Risiko, die Lust, „etwas Verbotenes zu tun", die Lust über die Grenzen zu gehen und einfach mal was Neues auszuprobieren, wird durch das breite Angebot im Internet ideal gefüttert. Kurz gesagt, scheint es für die meisten zum Übergriff bereiten Menschen einfach zu viele Gründe zu geben, „es" mal zu probieren, insbesondere wenn es einem so leicht gemacht wird. Der Bungee-Pädo verfolgt sein Ziel. Er agiert mit der Mentalität eines Freiers auf dem Straßenstrich.

Die spezifische Art der Motivation und Herangehensweise eines Täters, nämlich der Unterschied zwischen pädosexueller Herangehensweise und der Bungee-Pädo-Anmache, mag im ersten Moment nicht wesentlich erscheinen. Beide Täter-Typen „produzieren" letztlich Opfer. Dieser Aspekt spielt aber für das Opfer eine unter Umständen entscheidende Rolle.

Denn während der Pädosexuelle aus seiner Sicht und für das Opfer schwer erkenntlich – auch über einen längeren Zeitraum – nett und harmlos plaudert, den verständnisvollen Freund darstellt, ein echtes Interesse an seinem Gegenüber aufbaut, ist die „Anmache" des Bungee-Pädos eher hart.

Bungee-Pädos kommen schnell zur Sache. Im Gegensatz zum pädosexuellen Täter ist die Motivation eines Bungee-Pädos schnell auszumachen. Für Erwachsene in jedem Fall; für ein geschultes Kind sicher auch! Bungee-Pädos suchen den schnellen Erfolg. Ihre Sprache ist oft rüde, ordinär und sexuell geprägt, weil sie sich bereits während des Chats/Gesprächs „aufgeilen". Bungee-Pädos tauschen meistens sehr schnell Telefonnummern, schalten oft die Web-Cams (Videoübertragung in Echtzeit) an, um sich dort entsprechend zu präsentieren oder suchen „Cybersex und CamSex" (es wird vor der WebCam onaniert und dieses zum Gesprächspartner geschickt) oder arbeiten sich schnell an so genannte „Blind-Dates" heran. Die eigene sexuelle Befriedigung ist alles, was zählt.

Bungee-Pädos betrachten ihr Gegenüber als Mittel zum Zweck und abstrahieren. Das Opfer ist nicht Kind bzw. menschliches Gegenüber, sondern ein zu benutzender Gegenstand – „mein neues Spielzeug". Wenig Mühe, viel Erfolg!

Bungee-Pädos sind zwischen 11 (!) und 99 Jahren alt. Immer mehr, vor allem auch Jugendliche, nutzen das Internet, um sich hier auch Sexpartner zu suchen. Im freien Cyberspace werden „Pics" (Bilder) getauscht, Cam- (WebCam), Telefon- oder Cybersex-Partner gesucht und/oder sich auch gerne im „echten Leben" getroffen. „Alles voll normal". Bei diesen jungen „Bungees" kann man den Eindruck gewinnen, dass eine jahrelange Konditionierung und der damit einhergehende Gewöhnungs-effekt erste „Früchte trägt". „Wieso, das ist doch nichts Schlimmes. Der kennt mich nicht, ich kenne den nicht. Also kann man das doch machen", erklärt so mancher heute ganz selbstverständlich.

Motive der unterschiedlichen Tätergruppen im Vergleich

Im Gegensatz zum Bungee-Pädo lebt der Pädophile/Pädosexuelle „im klassischen Sinn" von dem Gedanken, mit Kindern „Liebesbeziehungen" einzugehen und diese auch zu leben. Pädophile/Pädosexuelle fühlen sich ideologisch unverstanden. Sie vertreten die Ansicht, dass Kinder eine eigene Sexualität haben und selbst bestimmt ausleben können und möchten. Die pädophile/pädosexuelle Deutung des von einem Kind dem Pädophilen/Pädosexuellen entgegengebrachten Verhaltens muss als pro-blematisch bezeichnet werden, denn sie entspricht ausschließlich seinen Vorstel-lungen und sexuellen Vorlieben.

„Ich würde nie ein Kind zum Sex zwingen. Die, die das machen, sind Kinderficker und gehören in den Knast", kann man häufig lesen und hören. Man ist „in der Szene gegen Gewalt" und für die freie Liebe mit Kindern; wobei hier sehr genau darauf zu achten ist, wie die Begriffe „freie Entscheidung" und „Gewalt" definiert werden.

Kindern wird die Fähigkeit zugesprochen, selbst entscheiden zu können, ob sie Sex mit einem Erwachsenen haben möchten oder nicht. Natürlich wird – bei aller Freiwilligkeit und eigener Entscheidung – die Manipulation des Opfers durch den

Täter in die „richtige und gewünschte" Richtung aus der Argumentation heraus-genommen. Auch nicht gesprochen wird über den „liebevollen" Zwang der Ver-pflichtungen. „Aber Du hast doch gesagt, dass Du mich liebst. Und wenn das stimmt, dann …" Ganz davon zu schweigen, dass sich auch hier nicht selten Zu-wendung durch Gegenleistungen erkauft wird, aber nie so offensichtlich und vor-dergründig wie bei Bungee-Pädos.

Es gibt Fälle, die nach dem Muster verlaufen: Oralsex für Turnschuhe – Analsex für drei Videospiele – alles unter dem Deckmantel der ach so liebevollen Hinwen-dung und Freundschaft vom Täter zum Opfer. Bei diesen Fällen honoriert der Täter aber eher das Schweigen des Opfers oder das „Geschenk" dient als kleiner Bonus. Diese Form des „Geschenks" hat nicht den merkantilen Charakter des Angebotes durch den Bungee-Pädo, der bereits mit dem Angebot „50 Euro für Blasen" ins Internet einsteigt und somit wie auf dem Straßenstrich dealt.

Zusammenfassend kann man sagen: Das Opfer wird sich durch die Ansprache des pädosexuell ausgerichteten Chatfreundes im Internet vordergründig weniger belästigt fühlen als durch die „Anmache" eines Bungee-Pädos, weil sein Umgangs-ton viel netter ist. Seine Freundlichkeit und „Harmlosigkeit" macht es für das Gegenüber aber auch gleichzeitig schwerer, die tatsächlichen Motive des Täters zu erkennen. Für Kinder, die sozial oder emotional nicht stabil sind, was beispielsweise in der Pubertät normal sein kann, wird so ein netter Freund schnell zum Verhängnis. Aber auch selbstsichere Kinder wundern sich wahrscheinlich nur selten, dass ein vielleicht 36 Jahre alter Typ mit ihnen Kontakt aufnimmt. Im Internet unterhält man sich – egal wie alt man ist – halt mit jedem. „Kein Prob!" (Kein Problem) – „wenn de nett bist".

Vergleich Internet-Täter zum klassischen Fallbeispiel, Teil I

Es gibt zwischen dem Internet-Täter (Bungee-Pädo und Pädosexueller) und seinem kindlichen Gegenüber vor dem Zusammentreffen im Internet keine Beziehung. Sie kennen sich nicht und treffen zufällig aufeinander. Die im Internet entstehende Beziehung, die sich durch den Chat-Kontakt entwickelt, kann aufgrund der Art und Weise des Zusammentreffens von Täter und Opfer wahrscheinlich nicht der bisher bekannten Beziehung von Täter und Missbrauchs-Opfer aus dem „echten Leben" – klassisches Fallbeispiel = Kinder werden in rund 80 % der Fälle von Menschen aus ihrem nahen Umfeld sexuell missbraucht – gleichgestellt werden. Der Internet-Täter hat es nämlich in der Vorbereitungszeit bis zur Tat (Gespräche im Internet via Chat) „eigentlich" viel schwerer, auf sein Opfer einzuwirken, als der Täter aus dem nahen Umfeld eines Kindes. Trotzdem ist der Internet-Täter meist sehr erfolgreich.

Was unterscheidet die beiden Tätertypen maßgeblich? Das Kind hat, bevor es vom Täter zum Opfer gemacht wird, eine jeweils anders qualifizierte Beziehung zum Täter. Im Zusammenhang mit dem Bungee-Pädo gibt es keine, beispielsweise durch Eltern vermittelte, Vertrautheit im Umgang mit dem Täter, wie es im „klassischen Fallbeispiel des Täters aus dem nahen Umfeld" beschrieben ist. Zudem hat der Bungee-Pädo kaum die Möglichkeit, das Kind unmittelbar zu bedrohen (klassisches Fallbeispiel: Wenn Du was sagt, bringe ich Dein Kaninchen um …). Hinzu kommt, dass der unmittelbare Zugriff des Täters via Internet erst einmal viel schwieriger ist als im klassischen Fallbeispiel – sollte man denken. Aber trotz all dieser Hemmnisse für den Bungee-Täter, die Kinder eigentlich automatisch vor Übergriffsgeschehen schützen sollten, werden jeden Tag wahrscheinlich mehr Kinder Opfer eines Bungee-Pädos, als eines „Nachbarschafts-Täters" aus dem nahen Umfeld. (Siehe auch Seite 155 ff.).

Täterinnen

Nicht außer Acht lassen darf man bei der Betrachtung der unterschiedlichen Tätertypen im Internet die Gruppe der Täterinnen. Sie fallen bisher kaum auf; denn sie lassen sich oft auf den ersten Blick nur schwer ausmachen und recherchieren. Frauen sind meistens nett. Sie geben sich in Gesprächen mit Kindern im Chat – im Gegensatz zu vielen männlichen Tätern – nicht selten als gleichaltrig aus. Sie bahnen häufig über sehr lange Zeiträume an, bis sie „zum Punkt" kommen. Ihre Ansprache ist meist freundlich, kumpelhaft. Sie geben sich meistens außergewöhnlich große Mühe, auf das Opfer einzugehen bzw. sich auf das Opfer einzustellen und erwecken den Eindruck, dass sie ihr Gegenüber Ernst nehmen. Ihre Vorgehensweise erinnert oft an die der „klassischen" Pädosexuellen; aber nicht durchgängig. Handelt es sich bei dem Opfer um ein Mädchen, spielt die Gleichgeschlechtlichkeit meist eine entscheidende Rolle. Die Ansprache der Täterin und ihr Umgang mit dem weiblichen Opfer können von dem Bewusstsein um die Gleichgeschlechtlichkeit geprägt sein. Beispiel: Gespräch um die Menstruation. Eine Frau wird aus dem Horizont eigener Erfahrungen eine ganz andere Gesprächsführung verfolgen als ein männlicher Täter.

Ein anderer Typus Täterinnen geht zwar einerseits relativ behutsam mit ihrem Opfern um; andererseits aber wird dann auch gerne mal die Ebene der Nettigkeiten verlassen und ein Nacktbild verschickt; oder ein rüder Ton eingeflochten; oder, unvorbereitet für das Opfer, die eigene sexuelle Vorliebe präsentiert. Nicht selten findet man Täterinnen, die das Gefühl vermitteln, dass das Opfer zum Testobjekt der eigenen ausgefallenen Sexualität benutzt wird. Auffallend ist, dass einige weibliche Täter, bevor sie sich Kindern im Internet zuwenden, eine „Karriere" im Bereich besonderer Sexualpraktiken, wie zum Beispiel Sado-Maso oder Sodomie hinter sich zu haben scheinen. Der nun erfolgende Übergriff auf Kinder erscheint in diesem Kontext lediglich eine Art befriedigender Komplettierung oder Stimulus zu einer Entwicklung. Nicht zu unterschätzen ist zudem der Anteil weiblicher Täter, die neben dem Interesse am Kind eine ausgeprägte sadistische „Begabung" aufweisen.

Das größte Problem hinsichtlich der weiblichen Täter — neben ihrer vorsichtigen Vorgehensweise — ist der Umstand, dass es kaum Untersuchungen zum Thema „Frauen als Täterinnen" im Zusammenhang mit sexueller Gewalt an Kindern gibt. Außerdem hat die Gesellschaft Frauen als Täterinnen nicht „auf dem Plan". Auch in den Statistiken der Ermittlungs- und Strafbehörden spielt der Anteil weiblicher Täter im Bereich sexueller Gewalt nur eine sehr kleine Rolle.

Soziologisch mag der Grund für die bisherige Nichtbeachtung (Nicht-zur-Kenntnisnahme) der Frauen als Täterinnen darin bestehen, dass Frauen als Beschützerinnen, die über eine natürliche Beißhemmung verfügen und Kindern „Welpenschutz" angedeihen lassen, gelten. Frauen bekommen Kinder. Die klassische Mutterrolle spielt in der Bewertung eine immer noch große Rolle. Teils idealisiert, teils bewusst ignoriert, werden Frauen immer noch eher selten als mögliche Täterinnen verdächtigt. Nicht einmal die Rolle einer Mittäterschaft in einem Verfahren beispielsweise gegen männlichen Verwandten oder Freunde wird häufig genug in Betracht gezogen.

Frauen und sexueller Missbrauch ist kein bedeutendes Thema, und Fachleute treffen bis heute die Aussage, Frauen hätten kein „Pädo-Gen". Begründet durch dieses Vorurteil, wird eine Täterschaft von Frauen oft generell ausgeschlossen. Auch wenn es um ausgefallene Sexualpraktiken geht, gelten Frauen bis heute als zahlenmäßig unterrepräsentiert. Wundern würde sich sicher mancher Fachmann über den relativ großen Anteil Frauen, die zum Beispiel auf Sado-Maso-Foren oder in Sodomisten-Chats agieren.

In Erwachsenenforen im Internet wird von Frauen ganz öffentlich und offenherzig über den sexuellen Missbrauch an ihren eigenen Kindern berichtet und sich damit profiliert. Nicht wenige suchen Sexualpartner für sich — und ihre Kinder; beziehungsweise bieten ihre Kinder als „Bonbon obendrauf" an. Explizit wird sich darüber ausgetauscht, ob Tochter oder Sohn bereits über „Erfahrungen" verfügt, auch mal geschlagen werden darf, oder gleich mal für ein ganzes Wochenende zur „Erziehung" ausgeborgt werden sollte. Finanzielle Interessen stehen eher selten im Vordergrund. Auf zehn Gespräche mit pädophil/pädosexuell ausgerichteten Frauen im Internet kamen bei einer Recherche von mehreren Monaten (2005/2006, es wurden alle Gesprächspartner per Telefon kontaktiert, um auszuschließen, dass es sich um männliche Gesprächspartner handelt) im Schnitt zwei Anbieterinnen, die auch „ein paar Euro" nicht abgelehnt hätten.

Bei der Betrachtung des kinderpornografischen Bild- und Videomaterials ist es kaum verwunderlich, dass man Frauen im Internet findet, die „sich in diese Richtung ausleben". So konnte man schon vor Jahren Bilder und Filme im Internet finden, die Frauen während des sexuellen Missbrauchs von Kindern zeigten; Frauen, die Babys manipulierten oder männliche Akteure beim Missbrauch unterstützen, Kinder festhielten und anleiteten – bis hin zum von Frauen durchgeführten und vollendeten Geschlechtsakt mit Kindern und Jugendlichen.

Chatraum „Offene Eltern" bei AOL (2006):
Chatausschnitt eines Gesprächs mit „Ulla45"

Ulla45 (Chatfreundin) (11:15):   hallo guten morgen
Lockvogel (11:15):   du bist eine offene mutter?
Ulla45 (Chatfreundin) (11:15):   ja ich denke doch
Ulla45 (Chatfreundin) (11:16):   du bist ein offener vater?
Lockvogel (11:16):   ja bin ich
Lockvogel (11:16):   wie offen bist du denn
Ulla45 (Chatfreundin) (11:16):   ich denke sehr offen, auf was möchtest du denn hinaus?
Lockvogel (11:17):   ich weiß noch nicht so genau was offene eltern bedeutet
Ulla45 (Chatfreundin) (11:17):   lächel lass es doch einfach mal drauf ankommen
Lockvogel (11:18):   gibst du mir einen tipp
Ulla45 (Chatfreundin) (11:18):   pedpophil vielleicht?
Lockvogel (11:18):   wie alt sind deine kids?
Ulla45 (Chatfreundin) (11:18):   13 und 15
Ulla45 (Chatfreundin) (11:18):   und deine?
Lockvogel (11:18):   jungs oder mädels
Lockvogel (11:19):   meine ist 13
Ulla45 (Chatfreundin) (11:19):   aha
Ulla45 (Chatfreundin) (11:19):   hast du mal ein bild von ihr?
Lockvogel (11:19):   nein leider nicht
Lockvogel (11:19):   bzw nicht auf dem pc
Lockvogel (11:19):   sind deine jungs oder mädels
Ulla45 (Chatfreundin) (11:20):   beides
Lockvogel (11:20):   und du bist mit ihnen sehr offen?
Ulla45 (Chatfreundin) (11:20):   kann sein
Ulla45 (Chatfreundin) (11:20):   wie gehst du mit deiner tochter um?
Lockvogel (11:21):   wenn sie bei mir ist sehr offen und ehrlich und du

Ulla45 (Chatfreundin) (11:21):   ich denke das wir ein überaus offenes verhältnis haben

Lockvogel (11:21):   und wie weit geht die offenheit?

Ulla45 (Chatfreundin) (11:22):   weit genug

Ulla45 (Chatfreundin) (11:22):   du fragst immer sehr viel, erzähl doch lieber mal ein bischen

Lockvogel (11:23):   was möchtest du denn wissen?

Lockvogel (11:23):   ich bin in dem „thema" noch nicht so drin …

Ulla45 (Chatfreundin) (11:23):   das wsa du auch wissen möchtest

Lockvogel (11:24):   also ich lebe getrennt und du

Ulla45 (Chatfreundin) (11:24):   vh

Lockvogel (11:24):   und da die kleine nicht grad ganz so brav ist gibts halt öfter mal was auf den hintern

Ulla45 (Chatfreundin) (11:25):   aha

Ulla45 (Chatfreundin) (11:25):   erzähl mal genauer

Lockvogel (11:25):   ich leg sie übers knie. machst du das auch?

Ulla45 (Chatfreundin) (11:25):   nein

Lockvogel (11:25):   was machst du wenn sie nicht hören?

Ulla45 (Chatfreundin) (11:26):   sie hören ganz gut, aber wir haben 1x die woche gemeinsamen badetag

Lockvogel (11:26):   habt ihr so ne große wanne?

Ulla45 (Chatfreundin) (11:27):   nein nur eine große dusche

Lockvogel (11:27):   und da geht ihr alle drunter, bzw paßt alle rein

Ulla45 (Chatfreundin) (11:27):   nicht alle gleichzeitig

Lockvogel (11:28):   und wer geht mit wem?

Lockvogel (11:29):   du mit dem jungen?

Ulla45 (Chatfreundin) (11:30):   das ist immer verschieden mit dem jungen mit der tochter

Lockvogel (11:30):   aha

Lockvogel (11:31):   wie alt ist sie

Ulla45 (Chatfreundin) (11:32):   weiss du nicht wie alt deine tochter ist, beschreib sie mal

Lockvogel (11:32):   13 sagte ich doch, aber du hast 13 und 15

Ulla45 (Chatfreundin) (11:32):   sieht sie denn aus?

Lockvogel (11:33):   ca 1,50, schlank, lange blonde haare

Ulla45 (Chatfreundin) (11:33):   jaa?

Lockvogel (11:33):   ja

Ulla45 (Chatfreundin) (11:33):   weiter

Lockvogel (11:33):   und wie sieht deine aus
Ulla45 (Chatfreundin) (11:34):   gut
Lockvogel (11:34):   beschreib sie mal
Ulla45 (Chatfreundin) (11:34):   würde dir ja ein foto schicken, aber du hast ja keins
Lockvogel (11:34):   ja tut mir leid, aber beschreiben geht ja
Ulla45 (Chatfreundin) (11:35):   ich glaube wir beide kommen nicht so richtig weiter, lass es uns abbrechen ja?

Mit der Verbreitung des Internets und den stetig wachsenden Nutzerzahlen, steigt auch der Anteil von Frauen im Internet. Bisher waren sie weniger im Internet präsent und spielten eine zahlenmäßig eher untergeordnete Rolle. Im Zuge der Entwicklung wird es in Zukunft kaum verwundern, wenn die Frau als Täter mehr und mehr wahrgenommen werden muss.

Background der Recherche

Sämtliche zu „Bungee-Pädos", „Pädophile/Pädosexuelle" und „Frauen" gemachten Aussagen und Erklärungsversuche basieren auf Gesprächen und Erfahrungen in unterschiedlichen Gesprächssituationen. Mal wurde als Pseudo-Kind agiert und der Täter traf somit auf ein vermeintliches Opfer, für das er/sie sich interessierte. 21 Mal wurde auf Wunsch eines Täters ein Treffen im „echten Leben" durchgeführt.

GesprächspartnerInnen, die mit einem Pseudo-Kind (Tarnung) sprachen und die nicht konfrontiert wurden (reales Treffen), wissen bis heute nicht, dass sie mit einem Erwachsenen kommuniziert haben. Alle hatten das Gefühl, mit einem echten Kind zu kommunizieren und sich entsprechend „ausgelebt" bzw. verhalten. Kein Gesprächspartner, der mit einem Pseudo-Kind im Internet Kontakt hatte, hat sein Gegenüber jemals enttarnt.

Pseudo-Kinder „setzen" sich lediglich in Chaträume „hinein". Sie sprechen nie jemanden an und provozieren nicht. Ziel ist, die Rolle des Pseudo-Kinds eher passiv zu gestalten und sich dem Gesprächsverlauf, der durch den Täter/die Täterin vorgegeben wird, anzupassen. Einmal davon abgesehen, dass man rechtlich den Standpunkt vertreten kann, dass alleine der Einsatz des Pseudo-Kinds als Agent Provocateur zu werten ist, ist hier grundsätzlich bewusst versucht worden, Pseudo-Kinder im Gespräch nicht provozierend auftreten zu lassen.

Ähnlich verhält es sich hinsichtlich der Internet-Gespräche, die mit Frauen geführt wurden. Allerdings war es hier manchmal erforderlich, sich als erwachsener Interessent darzustellen.

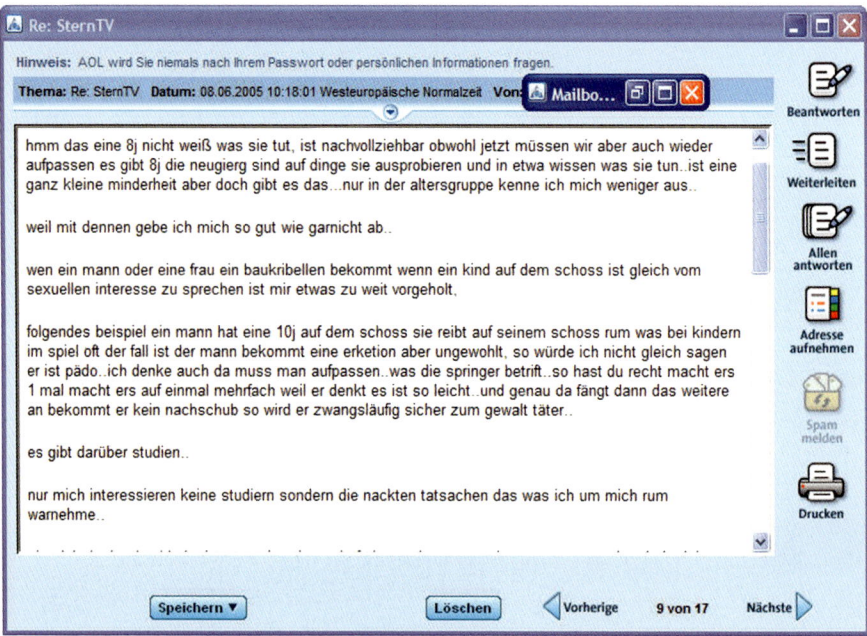

Ausschnitt eines Gedankenaustauschs mit einem pädosexuellen Gesprächspartner via Mail. Die Identität des Gesprächspartners ist unbekannt.

Die mit Pädophilen und Pädosexuellen offen geführten Internet-Gespräche kamen sehr oft durch Kontaktaufnahme aus der Szene zustande. Nach entsprechenden Presse-Veröffentlichungen meldeten sich Boy- und Girllover, um ihren Standpunkt darzulegen. Der Anteil psychisch gestörter und teilweise massiv aggressiver Gesprächspartner war sehr hoch. Das kann jedoch nicht auf die Gruppe insgesamt übertragen werden. Auffällig war, dass ein Großteil dieser Gesprächspartner scheinbar einen höheren Bildungsgrad hatte, sofern man Sprach- und Kommunikationskompetenz als Index für den Billdungsgrad gelten lässt.

Es war sehr informativ, die unterschiedlichen Foren, Chats und Informationsseiten „der Szene" im Internet über einen großen Zeitraum (2001–2006) mitzulesen. Hier diskutieren „Gleichgesinnte" nicht nur zu ihrem Thema. Vielmehr bekommt man den Eindruck einer Normalität, die im echten Leben *noch nicht* gelebt werden kann, im Internet aber bereits voll zum Tragen kommt. Die Menschen, die sich hier mitteilen, sind teilweise alles andere als dumm. Es gibt Schriften im Internet, in denen beispielsweise die Forderung nach freiem Sex mit Kindern so gut argumentiert wird, dass der nüchterne Betrachter in Zweifel über seine bisherige „normale" Auffassung geraten könnte. Die, die dort sprechen, sind argumentativ teils sehr überzeugend und damit gefährlich. Andere, die sich offen in der Internet-Szene profilieren, sind meist eher „einfach gestrickt".

Ein schönes Beispiel ist der deutschlandweit wohl bekannteste „Vorzeige-Pädo", Dieter G. Schon vor Jahren versuchte G. in Trier, später in Hamburg und Unna, einen Verein zu gründen. Vordergründiges Ziel des Vereins: Die Unterstützung von Gefangenen im Strafvollzug. So die offizielle Version. Ehrenwert, jedoch wohl zu durchsichtig, kam es nie zum Eintrag als gemeinnütziger Verein. Sämtliche Amtsgerichte machten bei Prüfung der Akten scheinbar andere Ziele aus. G. unterhält eine Homepage im Internet, auf der er die ganze Welt als „Chef" über seinen Fachbereich informiert – aktuell versteht sich (Krumme13). Zudem prozessiert er gegen jeden, der ihm in die Quere kommt. Das macht Eindruck nach außen. Große Freude kommt im Lager auf, wenn sich die Presse interessiert oder berichtet. Dann fährt G. auf seiner Page zur Hochform auf. Doch schon seine Formulierungskünste lassen nicht auf großen Tiefgang schließen. Die wirklich guten Papiere formulieren andere Leute, die jedoch nie offen in Erscheinung treten. Ebenso undurchsichtig scheint die Finanzierung des Herrn G. Nach letzten Informationen finanziert G. einen Großteil seines Engagements aus „Spenden". Wer wohl die Geldgeber sind?

Resümee

Insgesamt kann man heute davon ausgehen, dass der Anteil aller im Internet vertretenden Tätergruppen stetig steigt und sich dadurch das Risiko für Kinder, auf einen solchen Menschen zu treffen, entsprechend erhöht.

Täter, egal welcher Gruppe, haben letztlich nur das eigene Wohl im Fokus und empfinden – auch nach einer Veröffentlichung/Bloßstellung – keine Empathie mit den Opfern.

Im Zusammenhang mit diesem „neuen" zwischenmenschlichen Umgang im Internet sollten einmal die Mechanismen, die zu den hier nachweisbaren Verhaltensveränderungen zu führen scheinen, beleuchtet werden. Gemeint ist hiermit beispielsweise der Umstand, dass Täter in ihrem Fehlverhalten im Internet stets positiv konditioniert werden. Sie bekommen, im Gegensatz zum „echten Leben" nie die Rückmeldung: Verboten! Grenze überschritten! Im Gegenteil. Das Internet wirkt bei vielen Menschen wie ein Turbolader eines Psychodefekts. Fehlentwicklungen bilden sich durch die Nutzung des Medium Internet, bzw. durch die hier gegebene Form der Kommunikation und den Möglichkeiten, an Informationen jedweder Art frei heranzukommen, bei diesen Personengruppen scheinbar wesentlich schneller aus. Bedingt durch die faktisch gegebene Anonymität und die sehr durchlässigen oder gar nicht vorhandenen Kontrollen dürfen sich Täter und Täterinnen in ihrem Handeln ermuntert fühlen, so weiter zu machen, bzw. sich zu entwickeln.

Das Internet ermöglicht heute ganz andere Einblicke in das Seelenleben dieser Menschen. Man kann beispielsweise Missbrauchsgeschehen „live" (Lockvogel) beobachten und aus der Vorgehensweise der Täter auf ihre Motive schließen, ohne mit ihnen gesprochen zu haben. Man kann ihrem Handeln folgen und bekommt oft tiefe Einblicke, die einem Therapeuten wahrscheinlich verborgen geblieben wären. Es wäre möglich, dass man bei dieser Form der Beobachtung heute zu ganz anderen Schlüssen hinsichtlich tatsächlicher Motivlage oder Vorgehensweise kommen könnte als in der Vergangenheit. Man wäre, wenn man das Internet entsprechend nutzte, nicht mehr ausschließlich auf die Aussage eines Täters nach einer entdeckten Missbrauchstat als Grundlage für eine Analyse oder die Ergebnisse aus den Ermittlungsakten angewiesen. Es ließe sich eventuell aus dem Bildmaterial eines „Sammlers" oder seiner Wortwahl im Gespräch mit einem Kind, das er begehrt, entsprechend schließen. So ist es beispielsweise möglich, anhand des Gesprächsverlaufs und der Wortwahl relativ sicher abzuschätzen, wie viel Gewaltpotenzial jemand mitbringt oder wann mit einem Übergriff zu rechnen ist. Es lässt sich ablesen, ob man einen „alten Hasen" vor sich hat, oder ob ein Newcomer sein Glück versucht. Sehr aufschlussreich kann auch die Sichtung einer Bildersammlung im Zusammenhang mit einer Tat, oder Anbahnung eines Übergriffs via Internet sein. Als sehr erkenntnisreich erweisen sich oftmals auch Einträge auf Foren und Pages der Szene. Ganze Lebensläufe von aktiven, bekennenden Tätern lassen sich hier finden. Das Internet bietet sehr viele Möglichkeiten und eröffnet ganz neue Wege – wenn man bereit ist, das neue Medium als ein weiteres Mittel zur Analyse und Erkenntnisgewinnung einzusetzen.

Trotz dieser historischen Chance, die das neue Medium bietet, gibt es viele Fachleute, die das Leben im Internet immer noch als „Fiktion" bezeichnen. „Alles nicht echt, nicht authentisch, nicht real – halt fiktiv". Man unterscheidet hinsichtlich der Wertigkeit zwischen dem, was jemand im Internet schreibt und dem, was im „echten Leben" gesagt wird. „Internet ist nicht so schlimm, weil das nicht richtig echt ist. Weil der ja nicht vor einem gestanden hat und das gesagt hat, scheint es halb so wild".

Ähnlich verhält es sich bei der Bewertung von Internet-Tätern und der Qualität der von ihnen verübten Straftaten. „Was der Bauer nicht kennt – das frisst er nicht", scheint das Leitmotiv für manchen Fachmann in diesem Bereich zu sein. Bis heute ist die Aufklärungsquote von Straftaten (direkte sexuelle Gewalt gegen Kinder), die im Internet verübt werden, sehr niedrig. Ermittelt wird fast ausschließlich nach erfolgter Anzeige. Rechtlich etwas enger kann es für den Chatfreund werden, wenn er seine Internetbeziehung „ins echte Leben" verlagert und ein Kind sexuell miss-braucht. Vorausgesetzt das Kind redet und es kommt zur Anzeige, wird dieser Täter mit einer Strafe rechnen dürfen.

Täter, die es nicht bis zum Sextreff im „echten" Leben schaffen und beispiels-weise durch vorzeitige Aufdeckung des Kontakts durch die Eltern „auffliegen", haben nichts zu befürchten. Auch wenn die Anbahnung eines Sexualkontakts mit einem Kind via Internet gesetzlich verboten ist, ist die Durchsetzung dieses Gesetzes fast unmöglich. Kein Täter, den man beim Treffen mit einem Kind vorzeitig an seinem Handeln hindert, wird zugeben, dass er wusste, dass er sich mit einem Kind zum Sex verabredet hat. Der Täter wird sich vielmehr darauf berufen, dass man im Internet eigentlich nie so richtig weiß, mit wem man es zu tun hat, und er selbst-verständlich damit gerechnet hat, dass eine erwachsene Person zum Treffen er-scheint. Selbst mit eindeutigen Chatprotokollen, die den Gesprächsverlauf beweisen, ist rechtlich nichts zu machen. Da man diesem Täter nicht das Gegenteil beweisen kann, müsste man eigentlich auf die Umsetzung der angekündigten Tat warten, um ihn bestrafen zu können.

Es wäre für jeden verantwortlichen Erwachsenen (Eltern, Lehrer, Fachpersonal in Jugendeinrichtungen, Polizei, Psychologen, Mediziner, Gerichtsbarkeit) in jedem Fall angezeigt, sich mit der Vorgehensweise und Motivation der Täter im Zusammenhang mit der sexuellen Gewalt gegen Kinder via Medium Internet intensiv auseinander zu setzen. Wie soll beispielsweise eine Tätertherapie fruchten, wenn der behandelnde Therapeut das Internet als mögliche „Spielweise" seines Patienten nicht einbezieht? Eine treffendere Differenzierung der Tätertypen würde es vielleicht auch einfacher machen, eine sicherere Prognose hinsichtlich der Rückfallwahrscheinlichkeit zu stellen.

Ein Blick ins Internet lässt zudem vermuten, dass man heute vom bekannten Täter-Hellfeld nicht mehr so leicht – insbesondere auch hinsichtlich der Größe, Vor-gehensweise, Motivation und Struktur – auf das vorhandene Dunkelfeld schließen kann und sollte.

Das betrifft sowohl die Ermittlung, den Umgang mit Straftätern, die Bemessung des Strafmaßes, die rechtliche Bewertung, die Vorgehensweise in der Täter- und Opfertherapie und die Präventions- und Opferarbeit insgesamt.

Es gibt viele Indikatoren, die für die oben beschriebenen Thesen und Entwick-lungen sprechen. Immer häufiger „schwappen" die Resultate massenhaft „falsch programmierter Individuen" aus dem virtuellen Leben im Internet „ins echte Leben". Die Zahlen im Bereich der Konsumenten von Kinderpornografie wachsen rasant. Die einfache Darstellung ist hier längst nicht mehr der Hit. Seit einiger Zeit schwemmen Bilder auf den Markt, die an Grausamkeit kaum noch zu überbieten sind. Scheinbar wächst beispielsweise die Gruppe der Sadisten, die auch gleichzeitig auf Kinder „stehen". Immer mehr perverse Sexpraktiken finden immer mehr Anhänger, was sich aus der Anzahl der Angebote im Internet (Tendenz steigend) leicht schließen lässt.

Das erste kindliche Opfer „aus dem Chat" liegt auf dem Tisch des Pathologen (2006, Nadine O.) und täglich kommt es irgendwo in Deutschland zu Übergriffen von denen wir ausreichend viele – mittlerweile auch im „echten Leben" – wahrnehmen können. Vergewaltigungen nach Chatkontakten, sexuelle Übergriffe via Cam oder die einfache Verbalattacke sind zur Normalität geworden. In jeder Schulklasse – mittlerweile hat die Wave auch die jüngsten User Jahre erfasst (ab acht Jahre) – finden sich Kinder mit den entsprechen Erfahrungen!

 **Die Opfer**

Warum wird ein Kind
Opfer sexueller Gewalt im Internet?

Es gibt im Zusammenhang mit der im Internet täglich an Kindern und Jugendlichen begangenen sexuellen Gewalt keinen allgemeinen „Opfertypus" – keine Schublade, in die man Opfer sortieren könnte. Sicher gibt es Kinder, die zum Beispiel aufgrund ihres familiären Hintergrunds eher Opfer werden könnten als andere. *Aber* es kommt in den meisten Fällen auf die Ansprache vom Täter zum Opfer an: auf das Angebot, welches dieser macht, bzw. die Form, die Art und Weise des sprachlichen Umgangs mit seinem kindlichen Gegenüber. Es scheint an der Form der Kommunikation im Internet zu liegen, dass so viele Kinder und Jugendliche oftmals auch auf sehr konfrontativ agierende Täter hereinfallen.

Im Prinzip ist jedes Kind – Junge oder Mädchen –, welches heute Chatten geht oder sich in Foren – im Internet allgemein bewegt, ein potenzielles Opfer sexueller Gewalt.

Der *erste* Kontakt des Täters mit dem Opfer, die psychische Konstitution und aktuelle Situation des Opfers, die Lebensumstände, Informationen zu Hobbys oder auch Gemeinsamkeiten, wie beispielsweise Musik, Filmstars etc. können ein Kind zum Opfer machen.

> **Grundsätzlich gilt: Es kommt meistens auf die Art der Ansprache vom Täter zum Opfer an, ob Kinder und Jugendliche „anbeißen". Oft ist es ein Angebot oder die erst einmal normale Umgangsform des Täters, die bei dem Kind keine Abwehrreaktionen hervorrufen.**

Dazu kommt die Harmlosigkeit, mit der die Kinder und Jugendlichen Fremden im Netz begegnen. Der Umstand, dass das Gegenüber nicht unmittelbar vor der Haustür steht, gibt dem Kind und auch dem älteren Jugendlichen grundsätzlich das Gefühl von Sicherheit. Es wird mehr gewagt, es wird offener geredet, es wird ein bisschen Show gemacht, man freundet sich nicht selten an, ohne dass man das Gegenüber jemals zu Gesicht bekommen hat. Unter Jugendlichen selbst wird „miteinander gegangen", Lieben werden ausschließlich im Internet gelebt und beendet. Es wird heute ganz selbstverständlich Cybersex gemacht, sich vor dem PC gegenseitig per WebCam dabei zugeschaut, wie „SB (Selbstbefriedigung) geht". Alles im Cyberspace. Alles weit weg und doch so nah.

Es ist eine Mischung aus vielen Komponenten, die Täter und Opfer zusammenführen. Mangelnde Lebenserfahrung und Neugier, unter anderem auf Sexualität, können schnell zur gefährlichen Mischung werden.

Im Cyberspace ist man oft schon weiter als im „echten Leben". 12-Jährige „machen Sex". „Geile" Fotos müssen auf der eigenen Homepage eingestellt werden. Handynummern und E-Mail-Accounts, Visitenkarten mit ausreichend vielen Informationen werden veröffentlicht, und schon darf man sich über ausreichend viel „Kundschaft" freuen. Aber selbst wenn sich Kinder im Internet nicht auffällig darstellen, können sie sicher sein, dass sie – schon aufgrund der Altersangabe oder eines „netten" Chatter-Namens (Lisa12wausNürnberg) – schnell ins Visier einer großen Fangemeinde rutschen. Für die Kinder beginnt im Moment der Kontaktaufnahme des „neuen Chatfreundes" die internettypische Welt der Illusionen.

Es spricht mich jemand an; ich werde gemocht; ich bin beliebt, denn ich werde oft angesprochen. Diese Botschaft ist natürlich unrealistisch, wird aber vermittelt. Herausgefischt werden die Kinder und Jugendlichen meistens über für sie ins Netz gestellte Angebote wie Knuddels.de, Kwick.de oder auch Jipii.de und viele andere. Über Ihren Namen, den sie sich im Chat geben, sind sie von anderen ansprechbar – verfügbar. Ein Klick, und der gewünschte Kontakt ist hergestellt. In den Chats treffen die Welten aufeinander. Kinder, die keine Ahnung haben und „gewisse Dinge" noch nicht verstehen – einfach auf der Suche nach der großen weiten Welt; junge und ältere Jugendliche, pubertierend auf der Suche nach dem Traumtyp/der Traumfrau bzw. nach sich selbst. Und der erwachsene Chatfreund findet sich hier ebenfalls gerne ein, denn hier findet auch er, was er sucht.

Harmlosigkeit, Naivität und Neugier treffen oft auf Kaltblütigkeit, zielstrebiges Handeln und den Wunsch nach Befriedigung der eigenen Vorstellungen und Wünsche.

Es ist für Kinder und auch ältere Jugendliche unmöglich, die Angaben des Gegenübers auf ihren Wahrheitsgehalt hin zu überprüfen. Es ist auch nicht wirklich gewollt. Viel netter ist es doch, der geschriebenen Illusion zu folgen. Neben der selbst so interpretierten Rückmeldung, dass da einer ist, „der mich toll findet", entsteht zugleich die Phantasie über die Gestalt und das Wesen des Gegenübers, dem man nur zu gerne folgt. Es ist doch auch für *mich* viel versprechend und attraktiv, wenn *mich* einer mag, der „toll" aussieht, der ein schnelles Auto fährt oder die neusten PC-Spiele hat, die er für *mich* kopieren will.

Warum das Gegenüber exakt *diese* Meldungen über sich abgibt, wird nicht hinterfragt und – ganz wichtig – selbst wenn ein flaues Gefühl entsteht, wird dieses schnell verworfen. Schließlich scheint der andere ja in sicherer Entfernung. Warum sollte man das fantastische Bild des Gegenübers hinterfragen, um es damit vielleicht zu zerstören.

Der Chatfreund wird schnell zum *echten* Freund „erklärt". Man „kennt" sich. Im Cyberspace, dem sicheren Raum. Kinder und Jugendliche „vertrauen" Fremden. Warum auch nicht? Er oder sie sind nett und freundlich, er oder sie gefällt mir und was viel wichtiger ist: Ich gefalle ihm oder ihr. Vielleicht werden Fotos ausgetauscht – wobei man hier natürlich ebenso wenig sicher sein, ob es sich bei der auf dem Foto abgebildeten Person um das Gegenüber handelt. Es wird oft schnell mal telefoniert – und auch hier weiß man letztlich nie, ob es sich bei dem telefonisch in Erscheinung tretenden Gegenüber um den Chatfreund handelt, bzw. „wie der wirklich is". Ist eine gewisse Vertrauensbasis erst einmal hergestellt, ein positives Vorurteil entstanden, werden Ungereimtheiten, wie im „echten Leben", ausgeblendet.

Die Illusion ist perfekt. Im Gegensatz zum „echten" Leben hat das Internet-Leben nur einen Haken: Bei der Entscheidung für oder gegen einen Menschen sind sämtliche natürliche Kontrollmechanismen wie Körpersprache, Blicke oder einfach das „Bauchgefühl" ausgeschaltet. Übermittelte Daten, Bilder und andere Infos können „falsch" sein. Man ist darauf angewiesen, sich auf das von dem anderen präsentierte und durch die eigene Phantasie genährte Bild zu verlassen. Kinder und Jugendliche sind sich und ihrem Urteilsvermögen selbst überlassen.

Viele Kinder und Jugendliche merken erst spät, wohin die Reise geht. Brav und ehrlich werden Fragebögen im Internet beantwortet, damit man chatten gehen kann. Es werden „Profile" (Visitenkarten, die Informationen zu dem Chatnamen speichern, mit dem ein Kind online geht. Informationen, die hier hinterlassen worden sind, dienen nicht selten zum Herausfiltern der Kinder) ausgefüllt, in denen man seine Hobbys, sein Alter und seinen Namen eintragen kann. Alles blinkt bunt und schnell ist auch noch ein Foto gefunden, das man – auch mit erst 10 Jahren – in einer Bildgalerie hoch geladen hat. So, wie das alle machen. Und so, wie man es von den anderen gezeigt bekommen hat. Oder so, wie man in der Schule gelernt hat, eine Homepage „zu bauen". Fachwissen ist nicht nötig. Wer lesen kann, wird in einfacherer Sprache durch die Bedienermenüs geführt und lernt schnell das Wichtigste. Häufig werden junge Kinder – in einem Alter von acht bis elf Jahren –

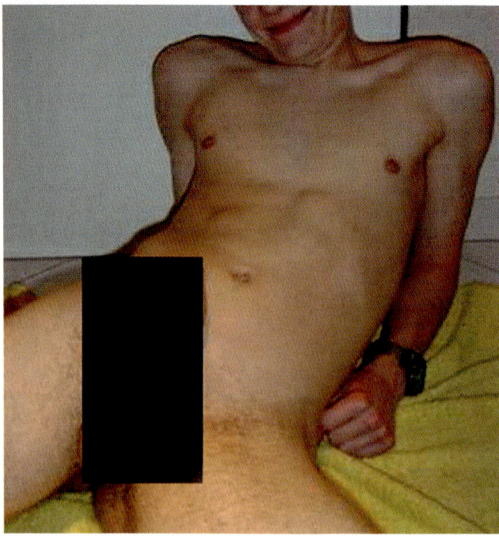

Typisches „Ich"-Foto, was man schon einmal zugesandt bekommt.

von den „sexuell Interessierten" bevorzugt. Leicht sind sie zu manipulieren und zu überzeugen. Wenn das Gegenüber dann das „Ich"-Foto schickt, kommt es manches Mal zum ersten Schock. Nicht selten, im guten Glauben, dass das Gegenüber ein Foto von sich selbst übersendet, öffnet das Kind ein Bild, was den erigierten Penis des Gegenübers zeigt oder andere pornografische Ansichten präsentiert.

Besonders in Gruppen fühlen sich Kinder und Jugendliche im Netz sicher. Gerne sitzt man mal nachmittags bei der Freundin zusammen vorm PC im Chat und „lacht sich halb blöd" über den „Typ" im Netz, weil der vor der Kamera (WebCam) onaniert. Der ist weit weg, und wo bekommt man so was schon mal geboten. Bis der „Typ" sagt, dass er gerne junge Mädchen fickt, weil die so schön eng sind; es sehr schön findet, sie dabei zu fesseln und ein bisschen zu schlagen. Irgendwann kommt der Moment, wo der Spaß aufhört und der Typ mit seinen Cam-Bildern in den Träumen erscheint … Und doch werden sie morgen wieder da sein, denn so was ist im Netz normal.

Fakten

Fünf bis sieben von zehn neuen Chatpartnern wollen „was Sexuelles", sagten bis vor zwei Jahren die 16-jährigen Jugendlichen. Leider bekommt man diese Aussage in jüngster Zeit auch von Fünftklässlern. Zwei bis drei bereits durchgeführte reale Dates sind für viele Teenies zwischen zwölf und 16 Jahren keine Seltenheit mehr (2007).

Nicht selten treffen sich Kinder und Jugendliche selbst dann noch einmal mit fremden Chatfreunden, wenn sie bereits einmal schlechte Erfahrungen gemacht haben. Der Gutgläubigkeit und dem Vertrauen, eigentlich völlig fremden Menschen gegenüber, scheinen hier keine Grenzen gesetzt zu sein.

Man lernt sich im Chat kennen und trifft den neuen Freund/die neue Freundin am vermeintlich sicheren Bahnhof, am Kino oder auch mal im Schwimmbad. Mit steigender Tendenz wird sich auch ganz bewusst zum Sex verabredet. Viele Jugendliche, die bei Treffen mit dem Chatfreund vergewaltigt wurden, bzw. bei denen es zu sexuellen Übergriffen kam, wussten vorher über das Ansinnen des Täters sehr genau Bescheid. Schockiert? Sicher muss man hinsichtlich dieser Fälle bedenken, dass manches Opfer vom Täter zwar gesagt bekam, was beim Treffen „laufen soll", aber keine genaue Vorstellung hatte, was das letztlich bedeutet.

Beobachtet man über einen Zeitraum von vier bis fünf Jahren die Verhaltensveränderungen bei Heranwachsenden, wird aber auch klar: Kinder und Jugendliche haben andere Interessensschwerpunkte – sind anders „gepolt"(worden). Das Gefühl für sich selbst, seinen Körper und das, was man wirklich will, scheint immer mehr Kindern und Jugendlichen abhanden zu kommen. Dieses Phänomen ist nicht ausschließlich bei jenen zu finden, die der gesellschaftlichen Vorstellung nach „eh aus dem Milieu" stammen, die Hauptschule besuchen und keine Zukunftsperspektiven haben. Ganz „normale" Kinder aus Durchschnittsfamilien bieten sich heute im Internet mehr oder weniger quasi als „Ware" an. Sie gehen hohe Risiken ein und müssen schnell Erfahrungen machen, die ihnen ihre Eltern sicher gerne erspart hätten.

Seit dem Jahr 2000 (NetKids) sind Fälle von Kindern auch in Deutschland bekannt geworden, die vom Chatfreund „im echten Leben" sexuell missbraucht bzw. vergewaltigt wurden (siehe auch Seite 121 ff.). Die Zahlen in diesen Bereich steigen. Zum einen greifen immer mehr erwachsene Chatfreunde gerne mal in den Pool des „ewigen Frischfleisches". Aber auch Kinder und Jugendliche selbst nötigen und missbrauchen Gleichaltrige oder Jüngere sexuell via Internet oder vergewaltigen „im echten Leben" – Tendenz steigend – Altersgenossen.

Im Zeitalter des Internets und Fotohandys werden solche „Heldentaten" gleich digital gebannt und teilweise zur Belustigung anderer weitergereicht (via Bluetooth auf dem Schulhof) oder im Netz zur Schau gestellt. Ein Blick in die in die Kriminalstatistik scheint den Trend in diesem Bereich ebenfalls zu belegen: Zwischen 1993 und 2004 kam es im Bereich der durch Jugendliche über 14 Jahre ausgeführten Sexualstraftaten zu einem Anstieg von 150 Prozent. (KrimSt. Täter ab 14 Jahren 1.601/4.005). Ähnlich verhält es sich bei der Entwicklung der unter 14 Jahre alten Täter. Hier war zwischen 1993 und 2004 ein Anstieg der Delikte von 114 Prozent zu verzeichnen. (KrimSt. Täter unter 14 Jahren 493/1.055).

Nadine

Mitte des Jahres 2006 wurde schließlich der erste Fall bekannt, der mit dem Mord durch den Chatfreund endete. Sie, die Gymnasiastin Nadine war 15 Jahre alt – er, Philipp 19, Abiturient und aus ihrer Nähe. Ob sich Täter und das Opfer vorher persönlich kannten, ist bisher ungewiss. Sicher ist aber, dass der Tat Chat-Gespräche vorausgegangen waren. Sicher scheint auch, dass sowohl Täter als auch das Opfer das Internet als Kommunikationsplattform rege nutzten.

Er, der von seinen ehemaligen Mitschülern, zu denen auch die Schwester des Opfers gehörte, „Schnulli" genannt wurde und als Außenseiter unter Gleichaltrigen scheinbar nicht besonders anerkannt war. Kurz vor dem Abi „räumte" er die gemeinsame Kasse (rund 8.000 Euro) des Abitur-Jahrgangs 2006 leer, erzählten ehemalige Mitschüler des Täters. Philipp galt als Einzelgänger und Computerfreak, der sich im Chat auch schon mal als Mädchen ausgegeben haben soll. Außerdem soll er String-Tangas gesammelt haben. In seiner Einlassung beim Gerichtsverfahren gegen ihn, welches im Februar 2007 in Hagen begann, gestand er nach langem Leugnen die Tat.

Eine große Portion Unwissenheit, Naivität und mangelnde Lebenserfahrung wurden Nadine wahrscheinlich zum Verhängnis, denn der Mörder kam als bekannter (Chat-) Freund ins Haus. Er habe Nadine sehr gerne gehabt, sagte Philipp, danach vor Gericht befragt.

Ihre Eltern waren im Theater und Nadine meldete im Netz „Sturm-freie-Bude". Ein paar Freundinnen waren bis gegen 23:00 Uhr zu Besuch – alles ganz harmlos. Als die letzte Freundin gegangen war, muss er gekommen sein. Sie muss ihm die Tür geöffnet haben. Doch viel weiter kam er wohl nicht, denn Nadine starb in der Gästetoilette im Eingangsbereich. Ob er gleich zuschlug oder eine Diskussion vorausging? Nachdem er Nadine geschlagen hatte, riss er das Telefon im Flur aus der Wand und benutzte die Schnur dazu, sie zu würgen. Als das Mädchen bewusstlos war, ging er in die Küche, holte ein Messer und metzelte sie mit zwölf Stichen in den Brust- und Kopfbereich nieder.

Man mag schnell geneigt sein zu denken, dass dieses Mädchen selber Schuld an ihrem Ende gewesen ist. Sie öffnete zu später Stunde die Haustür. Sie chattete in Flirtforen und veröffentlichte ihre Handynummer. „Sturmfreie Bude" meldete sie am Tatabend im „bekannten" Chat möglicherweise völlig ahnungslos, denn sie „kannte" die Leute im Internet wahrscheinlich schon länger, weil man sich hier regelmäßig im Netz traf.

Sie betrieb eine Homepage, auf der neben anderen Informationen über sie auch ein nettes, aber harmloses Bild und die komplette Adresse hinterlassen waren.

Nadine aus Wetter hinterlässt wahrscheinlich sehr ratlose Eltern, die es niemals für möglich gehalten hätten, ihr Kind auf diese Weise zu verlieren. Die nicht verstehen werden, wie aus einem vielleicht erst einmal harmlosen, weit weg erscheinenden Chatkontakt ihres Kindes zu einem anderen Jugendlichen eine derart grausame Tat entstehen kann. Die, wie viele andere Menschen auch, nicht verstehen können, wie schnell die „virtuelle" Welt vor der Haustür steht.

Leider werden sich aber auch viele Menschen fragen, wie dieses Kind sich *nur so* präsentieren konnte. Wie sie nur *solche* Fehler machen konnte. So mancher wird Nase rümpfend seine „Schlüsse" ziehen und urteilen. Viele werden denken, dass „so was" ihrem Kind nicht passieren kann und dass ihr Kind „so was" nie machen würde. Die, die so denken und sprechen, könnten sehr schnell eines Besseren belehrt werden. Jeden Tag entstehen, auch danke des emsigen Einsatzes vieler Schulen und begeisterter Eltern, Homepages von Mädchen und Jungen, die eben der von Nadine in nichts nachstehen.

Tatsache ist, dass 70 Prozent der Eltern nicht wissen, was Ihre Kinder im Internet so „treiben" (The European Institute fort he Media World, Internet Project 2004, Prof. Dr. J. Cole und Prof. Dr. J. Groebel).

Einer kanadischen Studie aus dem Jahr 2001 zufolge, bei der 5.682 Mädchen und Jungen im Alter von neun bis siebzehn Jahren befragt wurden, gaben 45 Prozent an, dass sie einen E-Mail-Account unterhielten, von dem die Eltern nichts wussten. Fast die Hälfte sagte, dass sie bereits zu Personen im Internet Kontakt hatten, die von ihnen persönliche Daten, Bilder und andere Informationen haben wollten. Etwa ein Viertel bekam ein Angebot zum persönlichen Treffen (Canadian News in the Wired World, Canada 2001). Würde man heute eine solche Befragung von Kindern im Alter von acht bis siebzehn Jahren in Deutschland durchführen, käme man wahrscheinlich zu den gleichen Ergebnissen.

„... und weiter geht's?"

Verwundert wären manche Eltern sicher, wenn sie wüssten, womit sich ihr Nachwuchs im Kinderzimmer, so ganz allgemein, beschäftigt. So bekommt man zum Beispiel von immer jüngeren Kindern klare Aussagen dazu, welche einschlägigen Pornoangebote im Internet „angesagt" sind. „Dicke Titten" oder „Geile Mösen" gucken, scheint für manches Kind bereits ab Grundschulalter heute Alltag. Daneben erfreuen sich Seiten mit Gewalt verherrlichenden Inhalten oder perverser Sexualität einer immer größeren Fangemeinde – unter Kindern, die nicht einmal das Teenie-Alter erreicht haben. Dazu kommen Spiele-Plattformen, über die man zusammen mit Freunden und Fremden Mord und Totschlag üben kann. Diese Internetspiele sind nicht selten gerade deshalb so beliebt, weil man in eine Rolle schlüpfen kann (Rollenspiel), in der man dann innerhalb einer Spielgemeinschaft lebt und agiert. Ganz im Gegensatz zum PC-Spiel, mit dem ein Spieler allein – ohne Feedback aus einer Gemeinschaft – auskommen muss.

Es scheint sich abzuzeichnen, dass die Konditionierung und Desensibilisierung, die man im Bereich der Nutzung von Gewaltspielen und -videos für die negativen Veränderungen bei Kindern und Jugendlichen verantwortlich macht, auch auf das Internet übertragen werden können. Die Konditionierung im Umgang mit der hier präsentierten und gelebten Form der Sexualität und auch Gewalt finden seit vielen Jahren statt. Deshalb muss man sicher auch nicht wundern, wenn bereits sehr junge Kinder (zurzeit ab zehn Jahre) sagen, dass sie „voll den Durchblick haben". Diese Kinder haben im Bereich „Sex and Crime" bereits mehr gesehen und „gelernt" als mancher Erwachsener in seinem ganzen Leben. Anal- und Oralsex in Wort, Bild und Ton … frei Haus per Cam (WebCam), PIC (Bild) oder Erklärung durch den Chatfreund. Meist kennen diese Kinder sämtliche „Fachausdrücke" zu sehr unterschiedlichen Sexualpraktiken. Sie suchen nicht selten mit zehn oder elf Jahren den ersten CS (Cybersex-)Partner im Internet. Erst die Theorie und dann die Praxis. Da man auch Pornos überall bekommt, werden diese gerne mal nebenbei konsumiert. Schließlich ist Weiterbildung alles … Dazu kommen noch sehr viele andere Eindrücke aus ganz anderen „Fachrichtungen": Gewaltdarstellung von Seiten, die neben Bildmaterial von weltweit zusammengetragenen Kriegsschauplätzen und aus Pathologie-Abteilungen auch alle perversen sexuellen Richtungen präsentieren, werden heute bereits im Grundschulalter gerne konsumiert. Gewaltdarstellung jeder Couleur, dazu Selbstmordchats, SM & Sodomie, Kannibalismus, Rollenspielfreunde oder auch Tauschbörsen, für jeden ist sicher „was dabei".

Ein Horrorszenario aus einem schlechten Science-Fiction-Film? Nein, Alltag auf Homepages oder in einem der unzähligen Chats und Foren der Internetwelt. (Siehe auch Seite 13 ff.)

Die Konditionierung der Kinder in den Bereichen Sex und Gewalt und die damit einhergehende Desensibilisierung führt dazu, dass nicht wenige es heute gar nicht so schlimm finden, wenn sie im Internet dann entsprechend angesprochen werden. *„Das ist da normal, dass die alle Sex wollen …"* Selbst die, die nicht auf Angebote von Chatfreunden einsteigen oder sich sehr vorsichtig im Internet bewegen, sind „Sex and Crime" überall ausgesetzt und gewöhnt.

Schon ein kleiner Schreibfehler kann große Folgen haben. Der Name des geliebten Popstars mit einem kleinen Rechtschreibfehler eingegeben – und schon landet man auf Sexseiten. Den Mail-Account ein paar Mal irgendwo als Kontaktadresse hinterlassen – und schon bekommt das Kind neben Werbung auch Angebote wie

„Willste mal geile Bräute ficken sehen, dann klick auf den Link". Viele Wege führen – auch aus Versehen – zum falschen Inhalt oder zum falschen Kontakt.

„Erklärungsversuche …"

Sexualität und ihr Stellenwert

Zu keiner Zeit war „Sex" ein gesellschaftlich so stark präsentiertes, viel verkauftes und viel besprochenes Thema. Sex spielt schon morgens am Kiosk eine Rolle – bis hin zu etlichen Fernsehformaten, die Sex in jeder Form ans Kind verkaufen. Dazu kommt, dass Kindern und Jugendlichen heute bereits früh klargemacht wird, sexy sein zu müssen, sich für Sex zu interessieren wichtig, Sex zu machen nötig ist – um „hip" zu sein.

„Sexy-sein" ist insbesondere für Mädchen heute sehr wichtig. Mal davon abgesehen, dass die Essstörungen zunehmen, nimmt auch die Anzahl der Mädchen zu, die sich bauchnabelfrei, auf „hübsch" geschminkt, in den neuesten Trendklamotten auf dem Schulhof präsentieren. Aber auch Jungs unterliegen entsprechenden Zwängen, so dass diese ebenfalls unter Druck geraten.

„Du hast den Arsch der Klasse" wäre zwei Generationen früher wahrscheinlich mit einer saftigen Ohrfeige quittiert worden, während es heute als Auszeichnung gewertet wird. Gegenseitig wird sich das Idealgewicht errechnet, was meistens weit unter dem Normalgewicht liegt. Es geht schon lange nicht mehr um die geilsten Turnschuhe, sondern der Markenterror transzendiert die Äußerlichkeit von Kindern selbst zur Marke – Sexy-sein, geil sein. Sich selbst über das Urteil der anderen definieren. Man ist durch die anderen.

Sicher gab es auch in den 70er-Jahren Cliquen, Modetrends, geliebte Mitschüler und die blöden Kühe. Die Wertigkeit des anderen wurde aber seltener von dem, was einer besaß, abhängig gemacht. Vielmehr ging es um „Wer lässt mich abschreiben oder leiht wer leiht mir seinen Walkman". Einer der keine Adidas-Schuhe hatte, wurde trotzdem Mitglied der Clique. Einer mit einem alten Peugeot-Mofa wurde Anno 1980 genauso anerkannt, wie der mit der neuen Zündapp. Wichtig war hier höchstens, wer am besten „frisierte". Und das machte man in der Gruppe. Klar, es gab Zickenterror und Neid. Aber auf einem anderen Niveau.

Sexualität spielte eine Rolle, ja. Aber nicht in der heutigen aggressiven, konsumorientierten Form. „Bauchnabelfrei und sexy aufgestylt" gab es kaum. Das war nicht von Bedeutung. Sexualität war eine neue, unbekannte Welt, die nicht zur Schau getragen, nicht verklemmt, jedoch als etwas sehr Persönliches gehandelt wurde. Man las die Bravo, hat gekichert und mal eine Brieffreundschaft begonnen. Kein Medium hätte damals gewagt, Mädchen in nuttigem Outfit zu präsentieren und das als Modetrend zu verkaufen; Kinder als Sexualobjekte zu vermarkten. Eltern der damaligen Generationen wären Sturm gelaufen.

Sexualität spielte eine Rolle, ja. Aber im Gegensatz zu heute hat man von Sexualität und nicht von „Sex" als Konsumgut in dieser Form und Größenordnung gesprochen. Die damals vermittelte Sexualität, die natürlich auch manchmal noch etwas geblümt ans Kind gebracht wurde, hatte nichts mit „Straßenstrich" zu tun. Sexualität wurde nicht zu Markte getragen. Sexualität lebte man nicht öffentlich aus. Sexualität hatte immer – wenn auch natürlich oft verlogen – was mit Liebe, aber zumindest was mit Emotionalität oder einem gewissen Zusammengehörigkeitsgefühl zu tun. Sexualität hatte außerhalb des Bordell- und Schmuddelheftchen-Milieus nichts Kommerzielles.

Jugendliche hatten mehr Zeit, sich mit ihrer eigenen sexuellen Entwicklung zu beschäftigen und auseinander zu setzen. Für Kinder war Sexualität kein Thema. Jugendliche unterlagen keinen modischen Trends und Zwängen hinsichtlich ihrer eigenen Sexualität und ersten Erfahrungen. Es wurde sich nicht über die Sexualität oder Sexy-sein definiert.

Wenn man, ohne idealisieren zu wollen, den Vergleich zu Zeiten „vor dem Internet" zu heute zieht, so könnte man den Eindruck bekommen, dass bei Teilen der Jugendlichen Anno 2007 eine totale Verdinglichung der eigenen noch nicht mal zu Ende entwickelten Sexualität stattfindet oder schon stattgefunden hat. Liegen die Anfänge dieser Entwicklung vielleicht noch im „echten Leben", so wird der Internetkonsum mit seinem vielfältigen Angebot in diesem Bereich bei dem einen oder anderen sicher entsprechende Spuren hinterlassen.

Medienkompetenz?

Jeden Tag werden in Schulen Kinder ans Internet herangeführt und mit diesem Medium vertraut gemacht. Jeden Tag geben Lehrer „Hausaufgaben im Internet". Jeden Tag richten Schulen – ohne Information an die Eltern – E-Mail-Accounts für die Schüler ein. Jeden Tag lassen sich Schulen von Eltern ihr Einverständnis für das Einstellen von Bildern ihrer Kinder auf der Schulhomepage unterschreiben. Bereitwillig unterschreiben Eltern ohne nachzufragen oder nachzudenken. Sie wissen oft gar nicht, dass ihre Kinder in der Schule nun im „Netz" unterwegs sind bzw. in der Pause und in Freistunden „Chatten" gehen. Eigentlich fühlen sich Lehrer und Eltern meistens völlig überfordert, wenn es um das neue Medium geht. Aber keiner traut sich, das zuzugeben. Die meisten verfügen über eine eher gering ausgebildete Medienkompetenz. Einmal davon abgesehen, dass Erziehende keine Ahnung von dem haben, was Kindern im Internet begegnet, bzw. zugemutet wird, scheinen auch die meistens kein Interesse an den tatsächlichen Inhalten zu haben. Internet ist modern, also schaffen wir es an. Internet ist gut für die Bildung, also schaffen wir es an. Die Beauftragten der Kultusministerien, die vor rund zehn Jahren damit begonnen haben, mit Hilfe der Industrie die Schulen ans Netz zu bringen, müssen ähnlich gedacht haben. Leider wurde bei aller Euphorie über die Möglichkeiten, die das Internet bietet, wohl vergessen, welche Schattenseiten es für Kinder und Jugendliche parat hält.

Bis heute gibt es keine einheitlichen Richtlinien, die Schulen klar anweisen, in welcher Form, ab welchem Alter und welche Lehrinhalte genau mittels Internet „an die Schüler gebracht werden" sollen. Das führt dazu, dass in allen Bundesländern, und auch innerhalb der Bundesländer selbst in fast jeder Schule sehr individuell verfahren wird. Oft hängt die Qualität der Nutzung des Internets durch Schüler von einzelnen engagierten Lehrern einer Schule ab. Es gibt kaum gute Ausbildungen für Lehrer, um die IT-Systeme wirklich nutzen zu können. Viele, insbesondere ältere Lehrer, haben keine Ahnung von Computern, Programmen, Netzwerken und dem Internet. Von Präventionsarbeit zu den Gefahren, die der Netz- und Computergebrauch für Kinder haben kann, ganz zu schweigen.

Oft funktionieren die Systeme nicht und viele Schulen verfügen nicht einmal über eine sichere Software, um es Schülern beispielsweise unmöglich zu machen, unkontrolliert außerhalb des Schulnetzwerkes zu agieren. Da wird über den Schulrechner Pornografie geladen, oder die Kinder gehen in Pausen mal die heimische Mail-Post nachgucken. In Freistunden werden Kinder klassenweise nicht selten sich selbst überlassen, ins Netz geschickt um zu chatten. Lehrer wie Eltern liegen im Rennen über das, „was im Netz in Wirklichkeit abgeht", weit hinter ihrem Nachwuchs zurück. Bis heute denken viele, dass die Internetwelt nichts mit dem „echten Leben" zu tun hat. Oft wollen es Erwachsene auch gar nicht wissen, denn sie fühlen sich von dieser Netzwelt überfordert. Kritisch zu hinterfragen scheint vielen zudem *unmodern* und *rückständig*.

Immer mehr Fachleute warnen vor dem steigenden Medienkonsum von Kindern. Neurologen, Psychologen und Kriminalisten weisen in Studien mittlerweile nach, dass Kinder mit hohem Medienkonsum signifikant in der Schule versagen.

Die Rolle der Provider – Anbieter von Kinderseiten und Jugendchats

Mittlerweile gibt es unzählige Seiten und Chats für Kinder und Jugendliche im Internet. Für den Laien ist kaum auszumachen, welches Angebot gut oder schlecht ist. Die meisten Angebote finanzieren sich über Werbung. Mit jedem chattenden

Kind wird Geld verdient. Denn viele Provider (Anbieter) bewerben zum Beispiel Klingeltöne für das Handy oder irgendwelche Fan-T-Shirts, die dann oft auch gleich über den Chat/die Kinderseite erworben werden können. Pro Klick, also pro Kind, welches sich auf einer Seite einloggt, zahlen die werbenden Firmen den Providern Geld.

Jugendschutz ist fast allen Providern offenkundig kein wirkliches Anliegen. Auch wenn sich mittlerweile auf fast jeder Kinderseite entsprechende Hinweise finden. Auf etlichen Pages müssen Kinder heute mit einem entsprechenden Klick in ein Kästchen bestätigen, dass sie die Nutzungsbedingungen, die dann oft auch Tipps zum sicheren Surfen enthalten, anerkennen. Ob sich ein Kind diese meist unübersichtlichen und „meterlangen" Bedingungen durchliest, ist fraglich. Manchmal geht man etwas offensiver, aber nicht wesentlich ernsthafter mit den Sicherheitsregeln um. Knuddels.de lässt Kinder zum Beispiel einen „Test" machen. Wenn man aber keine Lust dazu hat, diesen Test zu machen und das entsprechende Fenster einfach wegklickt, war's das dann auch schon in Sachen Sicherheit. Mitteilungen an Eltern, beispielsweise darüber, dass sich ihr Kind bei einem Provider angemeldet hat, ergehen höchstens mal per E-Mail. Eltern werden ansonsten nicht kontaktiert oder informiert.

Die Anbieter von Kinder- und Jugendchats wissen sehr wohl um die Schwierigkeiten, die es hier gibt. Deshalb haben viele Provider, als die Probleme zu offensichtlich wurden, dann auch schnell so genannte „Jugendschutzbeauftragte" benannt und sich ernsthaft um Verbesserung bemüht in Szene gesetzt. So schaffte beispielsweise AOL seine Chaträume „Harry Potter" und „Britney Spears" ab und benannte eine Jugendschutzbeauftragte. Man findet bei diesem Provider auch Tipps für Eltern und Kinder zum sicheren Chatten. *Aber* man findet bei AOL auch immer noch ausreichend viele Chaträume, in denen die „Szene" mehr als aktiv zur Sache geht. Bei diesem Provider sollte man auf keinen Fall mit einem Internetnamen wie „Lisa12wHB" (Lisa, 12 Jahre, weiblich, Bremen) online gehen. Ob man sich zum Beispiel in den Raum „Bin neu hier" oder „Sie-mag-älteren-ihn" setzt, ist trotz Jugendschutz völlig egal, denn die eindeutige Anmache ist einem als Kind ganz sicher.

Ähnlich verhält es sich bei dem Provider Lycos. Ja, es gibt Jugendschutz-Tipps und man speichert alle Verbindungsdaten. Und trotzdem finden sich im „Kinderchat" ausreichend viele Erwachsene, die sich gerne mit Kindern „mal ganz anders" unterhalten wollen.

Man könnte die Liste endlos fortführen. Letztlich verdienen alle Anbieter nicht schlecht mit dem Internet in seiner bisherigen Form und den damit gegebenen Möglichkeiten. Dagegen wäre nichts zu sagen, wenn sie sich ernsthaft mit dem Jugendschutz auseinander setzen würden.

Kritisch betrachtete Kinder- und Jugendchats

Lizzynet.de

Selbst Anbieter, die nicht ans Geld verdienen denken müssen, weil sie staatlich gesponsert werden, wie die Seite Lizzynet.de (Schule ans Netz e. V.), gehen ziemlich unprofessionell in Sachen Jugendschutz und Medienkompetenz vor. Lizzynet.de ist ein Angebot, welches sich speziell an Mädchen richtet. Hier kann man chatten, bekommt bei der Registrierung eine Lizzynet-E-Mail-Adresse, und Mädchen können einfach lernen, wie man eine Homepage „bastelt" und auch wie man Bilder einstellt. Kaum einer der Pädagogen der Seite Lizzynet.de scheint sich Gedanken darüber gemacht zu haben, dass die Kinder, die auf ihrer Seite surfen und Homepages „basteln", morgen bei einem anderen Provider genau dasselbe tun. (Sicher versucht man sich daran, Medienkompetenz zu vermitteln. Ausgebildete Pädagogen betreuen

500 Fragen

Den Fragebogen hab ich von irgendeiner Page runter und dann auch ganz brav alle 500 Fragen beantwortet! Tja und hier ist er :D

1) Wie ist dein vollständiger Name ?
Sandra Bianca P
2) Wie spät ist es ?
13:30 Uhr
3) Würde es dich nerven wenn wir dir noch 497 weitere fragen stellen würden?
nein J
4) Welche Farbe hat das Telefon in deinem Zimmer ?
ich hab kein Telefon im Zimmer, aber unseres ist weiß J
5) Welche Taschentuchmarke benutzt du ?
die Tempos vom Aldi :D
6) Wie alt bist du ?
fast 17 ;)
7) Wie alt willst du mal werden ? (Vorausgesetzt du wirst nicht Opfer eines Anschlags)!
Keine Ahnung.... Früher hab ich mir immer gewünscht 100 oder so zu werden, aber wenn ich mir jetzt mal die Welt ansehe.... Naja....
8) Wie viele Sekunden hast du gebraucht um diese ersten 8 fragen zu beantworten ?
keine Ahnung, hab da ehrlich gesagt nicht mitgezählt J
9) Drehe deinen Kopf um 50 grad nach oben und um 30 grad na rechts!
Was
siehst du ?

Lizzynet.de: Lizzyshow (10/2006) „Infos von Kindern so weit das Auge reicht".

das staatlich geförderte, ohne Werbung finanzierte und für die Mädchen kosten-
lose Angebot.)

Trotz pädagogischem Beistand werden die Informationen, die die Kinder auf der
Seite Lizzynet.de über sich preisgeben, vor dem Zugriff Fremder *nicht wirklich* geschützt. Leicht konnte man bis vor ein paar Monaten, ohne registriertes Mitglied bei
Lizzynet zu sein, alle eingestellten Informationen der Kinder lesen und rauskopieren.
Auf Homepages in der Rubrik „Lizzyshow" fand der Suchende schnell, was er
begehrte. Bilder und ganze „Romane" aus dem Leben von Mädchen. Bis vor ein
paar Monaten war es kinderleicht, sich bei Lizzynet.de anzumelden, auch wenn man
dort eigentlich nichts zu suchen hatte. Eine Verifizierung der bei der Anmeldung ab-
gefragten Daten fand nicht statt. Und das, obwohl neben Name und Adresse zum
Beispiel sogar die Schule angegeben werden sollte. Einmal davon abgesehen, dass

**Falls ihr euch wirklich traut mir zu schreiben dann erfahrt ihr hier wie
ihr das machen könnt :)**

E-Mail :D
Ihr könnte mir gerne ne E-Mail schreiben, ich freu mich über alle Mails!
Außer über diese komischen Briefe "Mach den Test und du hast
123479028347 Jahre Glück" etc! Wenn ihr mir nicht so eine schreibt
bekommt ihr bestimmt ne Antwort von mir :)

Meine E-Mail Adressen sind:

▬▬▬▬zynet.de

▬▬▬▬.de

ICQ
Ja, ICQ hab ich auch **freu** :)

Meine Nummer:

262▬▬▬▬

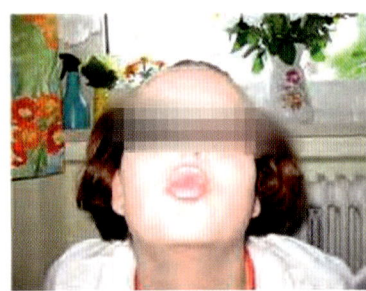

Gästebuch
Auch übers Gästebuch könnt ihr Kontakt zur mir aufnehmen :)

„Kontaktanbahnung leicht gemacht" – dieses Kind veröffentlichte
auf seiner Homepage bei Lizzynet sämtliche Accounts,
über die sie auch bei web.de oder ICQ zu erreichen ist.

in jedem Chatratgeber steht, dass man im Internet keine Daten von sich preisgeben soll, könnte man von einer auch von Schulen beworbenen Seite doch zumindest erwarten, dass verifiziert wird, ob das sich anmeldende Mädchen wirklich „echt" ist. Zudem könnte man erwarten, dass die Informationen, die Mädchen hier so frei veröffentlichten, nur den Mitgliedern von Lizzynet zugänglich gemacht werden. Außerdem hätte man erwarten können, dass die Mädchen in einem geschlossenen System chatten und Homepages basteln – um wirklich Sicherheit zu gewährleisten.

Aber das war ja alles mal … Seit kurzer Zeit ist alles neu auf Lizzynet.de. Keine Anmeldung ohne Handynummer mehr! Wie das funktioniert? Bevor man sich anmelden will, muss man etwa „drei Meter" AGB's (Allgemeine Geschäftsbedingungen) studieren und per Mausklick bestätigen, dass man diese gelesen hat und einverstanden ist. Hat man diesen Schritt geschafft, poppt ein neues Fenster auf. Hier soll man gleich zweimal seine Handynummer preisgeben und einen selbst kreierten Benutzernamen eintragen. Ist das passiert, muss man auf einen Versendebutton klicken und bekommt eine Meldung, dass man auf seinem Handy gleich eine SMS erhält in der das Passwort für den Zugang zu Lizzynet.de bekannt gegeben wird. Schon bimmelt das Handy und man findet eine SMS vor, in der tatsächlich eine Buchstabenkombination, die sich keiner merken kann – das Passwort – geschrieben steht. Nun geht es los bei Lizzynet: Benutzername und zugesandtes Passwort und es eröffnet sich die Welt von Lizzynet.de. Wie sich Kinder anmelden sollen, die kein Handy haben, muss hier offen bleiben.

Zum Zeitpunkt der Recherche (12/2006) hatten die Betreiber von Lizzynet.de ihre neue Seite noch nicht ganz fertig. Aber es kündete bereits wieder ein entsprechender Button davon, dass es auch auf dieser Version Lizzynet.de wieder die beliebte Lizzyshow (Homepages von Mädchen) geben wird. Es ist fraglich, wie die Betreiber von Lizzynet.de per Handynummer des jeweiligen Kindes, beziehungsweise den von den Kindern selbst abgegebenen Angaben zu Wohnort und Postleitzahl im „Not- oder Überprüfungsfall", Kontakt zu den Eltern aufnehmen wollen. Es wird weder die Straße noch eine Festnetznummer abgefragt. Oder geht man bei Lizzynet.de davon aus, dass alle Kinder ein Vertragshandy besitzen, oder mit einem Handy telefonieren, dessen Karte mit der Heimatadresse korrespondiert? Die Verifikation per Handynummer ist leicht zu umgehen. „LauraLikus13" ist am 09. 12. 2006 angemeldet worden und hat selbstverständlich mit einer aktuellen Handynummer die Verifikationskontrolle mit Bravour gemeistert. „LauraLikus13" ist, wie vielleicht andere auch, ein Fake – nicht echt. Wie man nun die „echten" von den „falschen" Mädchen mit dieser Form von Kontrolle voneinander unterscheiden will, ist unklar. Sicher ist aber, dass sich hier weiterhin die „Falschen" anmelden können und sich an Rubriken wie der Lizzyshow erfreuen dürfen.

Warum Schule ans Netz e. V. nicht die Schulen in das Projekt Lizzynet.de einbindet und lediglich über diese Anmeldungen für das Mädchenangebot durchführen lässt, ist unverständlich. In den Schulen sind die Kinder bekannt und somit wäre eine bestmögliche Verifizierung gegeben. Mit einer so klaren Zuordnung der Benutzer und ein paar weiteren kleinen Handgriffen wäre es dann auch denkbar, dieses Angebot nach „außen" weitestgehend gegen Fremdbenutzer abzuschotten und Mädchen damit zumindest eine sichere Plattform zu bieten. Außerdem könnte man über diesen Weg direkt an den Schulen die im Internet gegebenen Probleme mit Kindern und Elternhäusern thematisieren und so mit wenig Aufwand Präventionsarbeit leisten.

Knuddels.de

Die meisten Kinderangebote im Internet kommen ohne die Betreuung durch pädagogisch ausgebildetes Personal aus. Auf Seiten, wie zum Beispiel Knuddels.de, kann man durch die Menge der Zeit, die man in diesem Chat verbringt, und ein entsprechendes Wohlverhalten, schnell zum „Aufpasser aufsteigen". So trifft man teilweise auf sehr junge Kinder im Alter ab elf bis zwölf Jahren, die auf das Chatgeschehen achten, bzw. anderen mit Rat und Tat zur Seite stehen sollen. Auf die Frage, wie man sich verhalten solle, wenn einen ein Chatter „blöd anmacht", bekommt man dann schon mal die Antwort, dass man den Chatraum wechseln kann. Erzählt man von einem verbalen Übergriff und fragt, was man den machen könne, um einem übergriffig gewordenen „bösen Chatter" nun nicht mehr zu begegnen, passiert meist wenig. O-Ton eines Bewachers in einer solchen Situation: „Wenn der jetzt nicht mehr online ist, dann kann ich nichts machen. Du musst den noch mal melden, wenn der wieder da ist".

Auch sonst geht es bei Knuddels.de locker zu. Bereits beim Betreten dieses Kinderangebots fällt die Aufteilung der Räume auf. Sicher war es „mal nett gedacht", die Chaträume nach Altersklassen zu differenzieren. Der Effekt, den diese Einteilung hat, ist allerdings weniger positiv. Denn jedem an Kindern aus sexuellen Gründen interessierten Internet-Nutzer wird es so besonders leicht gemacht, die Zielgruppe gleich zu Beginn der Chatsession auszumachen. Das Bildmaterial, welches Kinder und Jugendliche auf diesem für sie ins Netz gestellten Angebot von sich hinterlegen, lässt zudem keine Wünsche offen. Von dem „leicht bekleideten Rekel-Bildchen bis zu sich aufreizend küssenden Mädchen" ist hier alles zu haben. Dazu kann jedes angemeldete Mitglied eine „Profilkarte" mit Informationen zu seiner Person hinterlassen. Der Umgangston in diesem Chat ist seicht, sexuell geprägt – Knuddeln wird bei Knuddels.de halt ganz groß geschrieben. Neben dem normalen

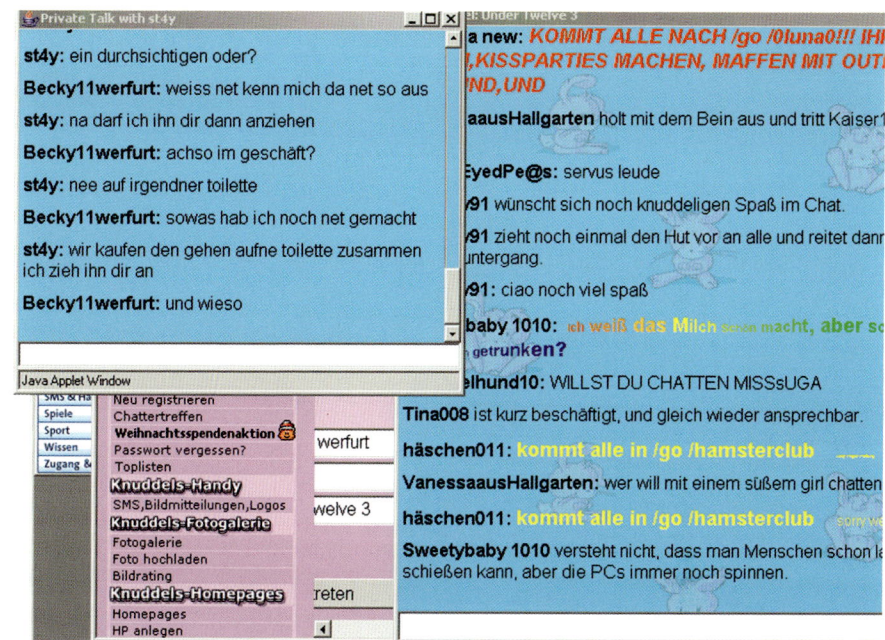

„Unterwäschekauf im Kinderchat" – Knuddels.de

Chatgeschehen kann „geflüstert" (diese Texte werden nur an den angeflüsterten Gesprächspartner gesandt, nicht öffentlich im Chatraum angezeigt) werden und man kann sich im Zweigespräch begegnen (extra Fenster). Knuddels.de ist eines der unsichersten Chatangebote für Kinder. Die „Anmachquote" ist sehr hoch. Die „Erfinder" von Knuddels.de haben diesen Kinder- und Jugendchat während ihrer Studentenzeit aufgebaut und ins Netz gestellt. Aus einer anfänglich relativ kleinen Chatgemeinde wurde im Verlauf der Jahre einer der bekanntesten und größten Kinder- und Jugendchats. Es darf vermutet werden, dass die Betreiber über die auf Knuddels.de geschaltete Werbung heute gut verdienen.

Cyberzwerge.de

Geld oder seriöse pädagogische Ziele scheinen nicht die Motive des Betreibers der Seite Cyberzwerge.de für sein Angebot an Kinder im Internet, zu sein.

Betrachtet man unvoreingenommen die Titelseite dieses Chatangebots für Kinder von sieben bis siebzehn Jahren, kann man sich schon etwas über die „allgemeine Aufmachung wundern", da sie sich von den meisten Kinderchats signifikant unterscheidet. „Die Kinderrechte" werden bereits auf der Startseite so hervorgehoben,

Vom Betreiber eigenhändig ist Internet gestellt –
Foto einer Cyberzwerge-Urlaubsreise in die Schweiz

dass sie beinahe penetrant wirken. Meldet man sich bei Cyberzwerge.de an, soll man schon einmal neben einem Fantasienamen seinen echten Namen und eine E-Mail-Adresse angeben. An diese E-Mail-Adresse versendet der Betreiber bei der Anmeldung einen Bestätigungslink, ohne den man seine Anmeldung nicht abschließend durchführen kann. Nach erfolgreichem Anmeldeprozedere öffnet sich die Welt der Cyberzwerge für den Neuankömmling nur Schrittweise. Man darf als „Neuzwerg" im Chat nicht „flüstern" und auch keine Zwiegespräche in einem Extrafenster führen. Man kann lediglich den Raum „Marktplatz" besuchen. Der Marktplatz ist der Hauptchatraum des „Cyberzwergenlandes". Ist man nicht unangenehm aufgefallen, darf man nach drei Stunden Mitgliedschaft auch Chaträume besuchen, die von anderen Mitgliedern kreiert wurden. Die Vielfalt dieser Räume ist grenzenlos. Man findet Chats, die „Apotheke" oder auch „Schafzimmer" heißen können. Nach insgesamt sechs Chatstunden darf man zusätzlich flüstern und Zwiegespräche führen.

Neben der Möglichkeit zu chatten, können die Kinder auch Bilder von sich einstellen. Die Kinder schicken ihre Bilder direkt an den Betreiber. Nach erfolgter Kontrolle des Bildmaterials stellt der Anbieter die Fotos ein. Leider geht hier scheinbar auch mal ein Bikinifoto durch die Kontrolle, was dann nicht mal kopiergeschützt auf der Startseite landete (04/2005). Bilder scheinen, wenn man sich die auf der

Seite hinterlegten Galerien einmal näher ansieht, eine „Passion des Betreibers" zu sein (Stand 12/2006). Von so genannten Chattertreffen finden sich hier hunderte Bilder von Kindern und Jugendlichen in verschiedenen Situationen: Bei der Nachtwanderung oder auch beim Sonnenbad; Kinder die essen, trinken oder schlafen.

Apropos Chattertreffen: Jedes Jahr, mindestens zweimal, treffen sich die kleinen Zwerge irgendwo in Deutschland oder auch mal in der Schweiz (2003). Kinder und Jugendliche aus der ganzen Bundesrepublik reisen mit der Bahn oder von den Eltern gebracht an, um ein paar Tage mit den „Zwergen" zu verbringen. Organisiert werden diese Treffen vom Betreiber und seinen Helfern. Bereits Monate im Voraus wird ausgiebig Werbung auf dem „Marktplatz" des Zwergenlandes für diese Kinder-Chatter-Meetings gemacht. Und auch im Nachgang solcher Treffen finden sich beim Betreten des Hauptchatraums immer ein Hinweis auf die „tollen" Erlebnisse.

Eine Mutter, die diesen Treffen kritisch gegenübersteht, erläutert dazu: … *„im nächsten Jahr ging der Zirkus von vorne los. Während des ganzen Jahres werden Werbungen für diese Treffen in Plauen im Chat eingespielt."*

Wer durch besonders ausgiebiges Chatten und eine „saubere" Mitgliedschaft positiv aufgefallen ist, kann im Verlauf seines „Zwergenlebens" ein „Teamie" werden. So nennen sich die Mitglieder des Bewacher-Teams. Sowohl Kinder und Jugendliche als auch ein paar engagierte Erwachsene „passen bei den Cyberzwergen auf, dass nichts Unrechtes geschieht". Neben dem Dasein eines einfachen „Teamies" ist der Aufstieg zum Chef eines Teams möglich. Hat man es im Zwergenland so weit gebracht, werden einem ein paar „Teamies" unterstellt, die man dann „anführen" kann. Nur ganz wenige Zwerge schaffen es, in das so genannte Leitungsteam aufzusteigen. Im Leitungsteam der Bewacher und Macher des Zwergenlandes finden sich vor allen Dingen Erwachsene und ein paar ältere Jugendliche.

Zurück zur Bewachung. Diese erfolgt vor allen Dingen durch die Teamies. Sie verrichten ihren Dienst jedoch lediglich auf dem „Marktplatz", dem Haupt-Chatraum des Zwergenstaates. Alle anderen Chaträume werden *nicht* überwacht. Auch die Zwiegespräche und das „Geflüster" (Zwiegespräch) kann höchstens vom Leiter des Chats kontrolliert werden. (Angesichts der Fülle von Daten scheint eine umfassende Kontrolle allerdings unmöglich.) Kein Teamie hat hier Möglichkeiten der Kontrolle. Bewacht wird (wenn ausreichend „Personal" zur Verfügung steht) während der offiziellen Öffnungszeiten dieses Chatangebots für Kinder zwischen 09:00 Uhr und 22:00 Uhr. Nicht selten trifft man aber beispielsweise morgens keinen einzigen „Teamie" an. Und damit nicht genug. Der Chat ist auch nach 22:00 Uhr geöffnet. Vordergründige Erklärung hierfür ist, dass man so verhindern möchte, dass die Kinder in andere Chatangebote abwandern, in den es „gefährlich" für sie sein könnte, weil sie dort möglicherweise belästigt werden.

Ob es allerdings bei den Cyberzwergen für Kinder und Jugendliche „ungefähr-licher" ist, zu chatten, und das egal um welche Zeit, ist die große Frage. Ex-Chatter dieser Kinderseite berichten von nächtlichen Gesprächen von Erwachsenen mit Kindern, die nicht immer „jugendfrei" gewesen sein sollen. Eidesstattlich versichert so zum Beispiel ein Mädchen, von einem erwachsenen Teamie belästigt worden zu sein. Als sie sich beim Leiter des Chats über den Bewacher beschwerte, soll dieser sie rüde darauf hingewiesen haben, dass sich der erwachsene Teamie ihrer „An-mache" nicht hätte erwahren können. Das Mädchen war zum Zeitpunkt des Zwischenfalls dreizehn Jahre alt.

Im „Zwergenland" scheint man äußerst bemüht um das seelische Wohlergehen der Kinder zu sein. Neben der Chat-Gemeinschaft bietet die Kinderseite auch eine „Lebensberatung", an die man sich bei Problemen wenden kann. Zudem kann man über eine kostenpflichtige Hotline anrufen. Aber damit nicht genug: Team-Mitglieder (Leitungsteam) telefonieren mit Cyberzwerge-Mitgliedern oder suchen diese schein-bar auch schon mal ohne Wissen der Eltern, persönlich auf. So berichtet ein Mädchen von nächtlichen Anrufen des Chatleiters und Besuchen von Mitgliedern des Leitungs-teams der Cyberzwerge, von denen ihre Mutter nichts gewusst haben soll. Das Kind sagt heute, dass sie das Gefühl gehabt hätte, man habe ihr Probleme einreden wollen, die sie gar nicht gehabt hätte und man habe versucht, sie von ihrer Familie zu entfremden (hierzu liegen eidesstattlich versicherte Aussagen vor).

Nur nach Voranmeldung ist es Eltern übrigens gestattet, einen Blick hinter die Kulissen zu werfen. Wer illegal (Eltern und andere über 17 Jahre alt) suchend er-wischt wird, bekommt für ewig eine Sperre und die Kinder vielleicht einen ent-sprechenden Rüffel. Kinder wissen das und werden ihre Mami vielleicht noch recht-zeitig davon abhalten, mal einen Test zu machen bzw. möglicherweise den Chef rechtzeitig darüber in Kenntnis setzen, dass ihr Mutter mal gucken kommt.

Einen Teil der Kosten für das Betreiben der Seite Cyberzwerge.de werden über ein Sponsoring durch die T-Online getragen. Zudem steht hinter dem Seitenangebot der Verein Cyberzwerge mit Sitz in Stuttgart.

Wie schwierig es zu sein scheint, wirklich hinter die Kulissen zu schauen und die Motive der „Bewohner der Internetwelt" zu erkennen, zeigt insbesondere das letzt-genannte Beispiel. Nicht einmal die staatlichen Wächter haben hier mit Nachdruck kritisch aufgemerkt. In der neusten Ausgabe der Elternbroschüre von Jugendschutz. net werden die Cyberzwerge als sicherer Kinderchat empfohlen. Cyberzwerge.de trägt bis heute (Dezember 2006) die Jugendschutz.net-Plakette, die dem unvor-eingenommen Betrachter der Cyberzwergen-Seite bereits auf der Startseite ent-gegenblinkt.

Resümee

Kinder, die bereits im „echten Leben" in der Form geprägt worden sind, dass Sexualität einen wichtigen Stellenwert in ihrem Sein darstellen, sind „prima" Opfer im Internet. Denn die entsprechende Vorbereitung hat ja bereits stattgefunden und ist bis zu dem bisherigen Internet-Eintrittsalter meist abgeschlossen – die Richtung also klar. Wenn man heute in ganz normale Kinderabteilungen ganz normaler Kaufhäuser geht und dort ein bisschen in der Konfektionsgröße 128 stöbert, fragt man sich nicht selten, ob man sich eventuell verlaufen haben könnte. Glitzershirts, bauchnabelfreie, eng anliegende Oberteile zu knackigen, modisch aufgepeppten Jeans in allen Variationen. Dazu Accessoires zum Schminken, Modeschmuck und das entsprechende Schuhwerk. Es ist heute möglich, sein Kind ganz legal im Kaufhaus um die Ecke für „die Straße" einzukleiden. Printmedien wie „Bravo" und „Mädchen" oder auch TV-Formate wie GZSZ (Gute Zeiten – schlechte Zeiten) oder „Wir unter uns" übernehmen dann die weitere Erziehung, hinsichtlich Modetrends und Sex.

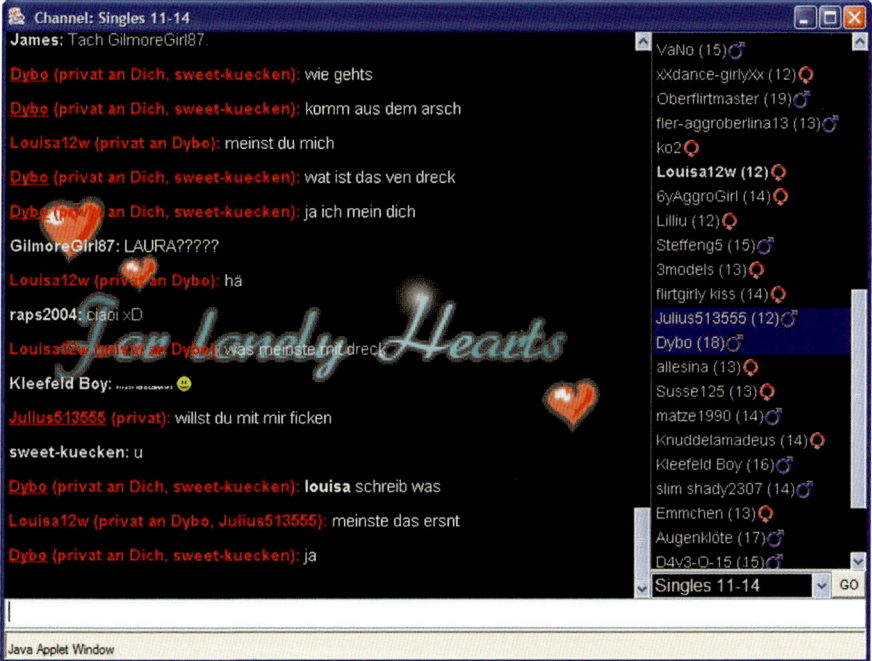

Ausschnitt aus dem Kinder- und Jugendchatangebot Knuddels.de

Nach dem Abschluss der Vorbereitungsphase geht es ins Internet. Zum Ausprobieren – auf scheinbar sicherem Terrain. Die Folgen sind bekannt. Bis heute
halten nicht wenige Medienpädagogen das Internet für einen geeigneten Raum, in
dem sich Kinder ausprobieren können und sollten. Jeder mag hier selbst zu einem
Urteil kommen.

Die Folgen hinsichtlich der Konditionierung und Desensibilisierungen in den
Bereichen Sexualität und Gewalt scheinen sich bereits abzuzeichnen. Zum einen lässt
sich die Zunahme der Gewaltbereitschaft oder auch der Fallzahlen im Bereich der
Sexualstraftaten, die von Jugendlichen verübt wurden, nachweisen. Zum anderen
lassen sich die Veränderungen auch im Internet selbst nachvollziehen. In den Chats
lassen sich immer mehr Jugendliche antreffen, die gezielt auf die Suche nach Sexual-
partnern gehen.

Der hierbei herrschende Umgangston gleicht meist eher den Verhandlungs-
gesprächen auf dem Kiez. Das Gegenüber wird völlig verdinglicht, was dann letzt-

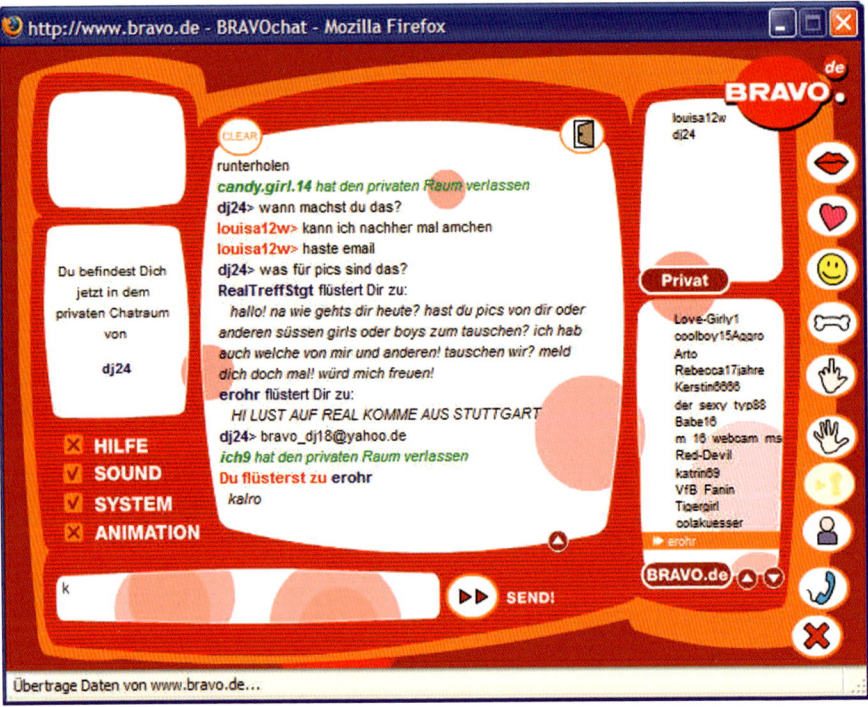

Normaler Alltag im Jugendchat"
(Bravo.de wurde Mitte 2006 vom Netz genommen)

lich auch den Übergriff leichter macht. Das Gegenüber hat allenfalls den Wert eines Gebrauchsgegenstands, was dazu dient, der eigenen Befriedigung „dienlich" zu sein. Die Vorgehensweise manches gleichaltrigen Chatfreundes ähnelt der des „ausgewachsenen" Bungee-Pädos, bzw. übertrifft sie noch. Aus diesem Grund kann man diese Kinder und Jugendliche ebenfalls zu der Gruppe der Bungee-Pädos zählen. Der 17 Jahre alte Sex-Chatter hat sicher oft keinen pädosexuellen Hintergrund, wenn er die 13 Jahre alte Gesprächspartnerin zum gemeinsamen Cybersex einlädt. Er baut keine Beziehung auf. Er ist auf seine sexuelle Befriedigung fixiert und es ist ihm ziemlich egal, mit wem er nun Cybersex betreibt. Hauptsache, da ist jemand.

Sex im Internet – Sex via Internet wird für nicht wenige Jungen und Mädchen zur Sucht – ähnlich wie der ganz normale Internetgebrauch im Übrigen auch. Bereits seit Jahren „lebt" ein stetig wachsender Anteil von Kindern und Jugendlichen ein Internetleben. Kaum aus der Schule gekommen, geht's ab ins Netz zu den „Freunden", zur Internetgemeinschaft. Irgendwie ist die Kommunikation mit Freunden und Fremden ja auch ganz praktisch: Man muss sich nicht aus dem Haus bewegen; man kann sich eher so geben, wie man ist *und* die Freunde lassen sich abschalten, wenn man „keinen Bock" mehr oder sich geärgert hat. Problembewältigung und Konfliktlösung sind Kernkompetenzen, die in der Kommunikation im Internet keine große Rolle mehr spielen müssen.

Hinsichtlich Gewalt und Sexualität müsste diese Umstände eigentlich in besonderem Maß gewertet werden. Ein Blick nach Japan könnte Sorge bereiten. Dort gibt es bereits heute eine ausreichend große Fangemeinde des Cybersex in allen Variationen. Einem Teil dieser Menschen reicht der Cybersex irgendwann nicht mehr. Es sind Berichte bekannt geworden, in denen Männer Mädchen entführten, die sie jahrelang als Sexsklavinnen bei sich zu Hause hielten (Japan, bis zu 10 Jahre). Inwieweit eine frühe Internet-Cybersex-Sucht dazu führt, dass solche Entwicklungen stattfinden, muss offen bleiben. Eine Disposition wird aber höchstwahrscheinlich angelegt.

Inwieweit jugendliche Cybersex-Freunde „im echten Leben" automatisch übergriffig werden und es dadurch vermehrt zu Vergewaltigungen unter Jugendlichen kommt, muss ebenfalls offen bleiben. Die Bereitschaft, sich eben so einfach das zu nehmen/holen, wie man das im Internet macht/gemacht hat wird wahrscheinlich höher sein, da die Hemmschwelle durch die Konditionierung niedriger ist. Es ist ja nur noch der kleine Sprung aus dem Cyberspace ins „echte Leben" zu bewerkstelligen.

Für viele, wahrscheinlich die meisten Kinder, wird ihre Zeit im Internet in der Rückschau keine schöne Zeit sein. Fragt man heute Jugendliche, die mittlerweile aus dem Chat-Kernalter (10–17 Jahre) ausgestiegen sind, so bewerten viele diese Zeit als verschwendet; Zeit, in der man schlechte Erfahrungen gemacht hat, bzw. Zeit mit vielen Enttäuschungen. Aber sie sagen auch, dass das Netz ihnen die Möglichkeit geboten hat, „was ohne die Eltern auszuprobieren". Für manche ist es die Zeit der großen Illusionen, „die man sich als Kind so macht". Nicht wenige hätten es manchmal ganz gut gefunden, wenn die Eltern mehr Ahnung gehabt hätten, denn fast kein Kind hat seinen Eltern, während seiner aktiven Internetphase, irgendwas Schlechtes übers Internet erzählt – auch nach Jahren schweigen die Kinder als junge Erwachsene über ihre unangenehmen Erlebnisse im Cyberspace.

Es ist fatal zu meinen, dass „so ein bisschen Pornografie schon nicht schadet". Es kommt sehr darauf an, in welchem Zusammenhang Kinder und Jugendliche mit Pornografie oder der sexuellen Anmache konfrontiert werden. So ist es ein Unterschied, ob ein Jugendlicher bewusst zur Pornografie greift, um sich damit zu stimulieren und zu onanieren. Oder, ob man „so ein Bild" zugesandt bekommt – aus dem Nichts und völlig unvorbereitet. Wie viele Kinder und Jugendliche traumatisiert werden und wenn ja, in welcher Form und mit welchen Folgen, muss an dieser Stelle offen bleiben. Sicher scheint, dass viele „das Chaterlebnis" oder auch „den Chatfreund" lange nicht vergessen und gut gespeichert mit sich herumtragen.

Die Bundesinitiative Schule ans Netz e. V. feierte erst jüngst ihr 10-jähriges Bestehen (Oktober 2006). Zu diesem Anlass verkündete man stolz, wie erfolgreich man bei der Ausstattung der Schulen mit PC's und Internetzugängen bundesweit gearbeitet vorangekommen sei. Lehrer, Eltern, Kinder und Jugendliche werden heute in der Schule und über die Werbung dazu animiert, sich über das Internet zu informieren. Alle sollen das Netz kennen lernen und nutzen. Das neue Medium gehört selbstverständlich ins Klassenzimmer und möglichst auch nach Hause. Eltern, die dem Netz-Nutzungsverhalten ihrer Sprösslinge skeptisch gegenüberstehen, werden schnell ausgegrenzt. Ebenso ergeht es Lehranstalten, die nicht mit der entsprechenden Ausrüstung aufwarten können oder wollen.

Experten und Industrie
Notebook-Klassen & Co.

Das Internet genießt bis heute den Ruf, die Kommunikationsfähigkeit seiner Nutzer zu optimieren. Medienspezialisten und -pädagogen preisen das World Wide Web als das Nonplusultra in Sachen Informationsbeschaffung. Den schlechten Pisa-Ergebnissen will man mittels Internet auf die Sprünge helfen. Sicher sollte man die Befürworter und ihre Argumentation mit etwas Abstand betrachten, denn es darf angenommen werden, dass das kommerzielle Interesse bei jenen im Vordergrund steht. So preist beispielsweise die Medienpädagogin Gabi Reimann, E-Learning-

Expertin an der Hauptschule Geretsried in Bayern, den Einsatz von Notebooks in der Schule. Schüler lernten in Notebook-Klassen selbstständiger, urteilt die Fachfrau. Der Unterricht mache den Schülern mehr Spaß und motivierte sie zum Lernen. Die Schüler übten sich zudem mehr in Problemlösefähigkeit, sozialer Kompetenz wie beispielsweise Teamfähigkeit und Medienkompetenz, wird die Expertin in einem Bericht der Frankfurter Allgemeinen Zeitung am 24.10.2006 (S.42, „Das elektronische Klassenzimmer", Autorin Ina Freiwald) zitiert.

Dass Fachfrau Reimann zu diesen positiven Ergebnissen kommt, überrascht nicht, denn ihr Projekt „Evaluation und Qualitätsentwicklung von Note-Book-Klassen in Hauptschulen" wurde von unterschiedlichen Medienanbietern finanziert. Ähnlich verhält es sich bei den positiven Ergebnissen, die man in den Schulen bundesweit gemacht haben will. Wie viele Eltern in Deutschland tief in die Tasche gegriffen haben, um dem Sprössling die Teilnahme an einer Note-Book-Klasse zu ermöglichen, werden wahrscheinlich nur Bertelsmann, Siemens & Co. genau sagen können. Bei 1.000,– Euro elterlichen Sponsorings pro Exemplar dürfte es sich bei den meist per Sammelbestellung angeschafften „Schüler-Note-Books" wohl eher um ein Sponsoring in Richtung Industrie gehandelt haben.

Ob Bertelsmann AG, Telekom oder andere, die den Schulen ans Netz verholfen haben – alle werden profitieren. Kinder, die beispielsweise in der Grundschule schon an die Internetplattform der T-Online gewöhnt wurden, werden bei der Anschaffungsentscheidung für den heimischen Internetanschluss sicher für die T-Online plädieren, oder nicht?

¦Serv an Schulen

Ganz modern bringen heute Schulen in Niedersachen Kindern das Internet näher. Sie richten über die Software „IServ" so genannte „IServ-E-Mail-Accounts" für Ihre Schüler ein, mit denen diese weltweit kommunizieren können. Dieser Internetname/ E-Mail-Account wird aus dem jeweiligen Vor- und Zunamen eines Kindes, sowie mit der jeweiligen Schulkennung gebildet. (Beispiel: LisaMüller@gymasium-ohz.de deute auf ein Mädchen mit dem Namen Lisa Müller, die ein Gymnasium in Osterholz-Scharmbeck besucht) Meldet sich unser Beispiel-Kind mit dieser E-Mail-Adresse bei einem Chat-Provider an oder gibt diese E-Mail-Adresse als Kontakt-Adresse auf seiner öffentlich zugänglichen Homepage preis, weiß jeder einigermaßen intelligente Zeitgenosse nicht nur den vollständigen Namen seines Gegenübers, sondern kann dieses auch noch örtlich zuordnen.

Zudem erhalten die Schüler mittels „IServ" die Möglichkeit, eine eigene Homepage ins Netz zu stellen. Wer hierzu die Inhalte kontrolliert, ist offen. Klar ist aber, dass diese Homepages öffentlich im Internet zu sehen sind und ein gültiges Impressum (!) enthalten müssen.

Im nach außen geschlossenen Intranet der jeweiligen Schule sollen die Kinder das Kommunizieren mit Lehrern und Mitschülern lernen. Eltern sollen für die perfekte Kommunikation die Erlaubnis zur Veröffentlichung sämtlicher persönlicher Daten erteilen (Telefonnummer, Adresse usw.). Dieses Angebot ist nicht nur medienpädagogisch problematisch, sondern hier ist der Datenschutz nicht gewährleistet. Wer sichert das System und die Kinder gegen Missbräuche und fremde Zugriffe ab? Wenn ein Oberstufenschüler vom Gymnasium ein Mädchen von der Realschule am gleichen Ort toll findet, kann er so mal schnell einen Realschulkumpel fragen und bekommt flugs Adresse und Telefonnummer des Mädchens geliefert.

„IServ bietet Lösungen für Probleme, die vielerorts noch nicht einmal als solche erkannt wurden," werben die Macher von „IServ" auf ihrer Startseite (Homepage IServ) im Internet. Wohl wahr!

Zu den pädagogischen Zielen ihres für die Schulen nicht ganz billigen Projekts heißt es unter der Rubrik „Nutzen" weiter:

„Die pädagogische Idee des IServ-Konzeptes gründet sich wesentlich auf die Eigenverantwortlichkeit der Nutzer (Schülerinnen und Schüler „erziehen" sich gegenseitig).
Daher gilt:
– So wenig Zensur wie möglich
– Lehrer sollten sich in ihrer – von Schülern häufig so empfundenen – besserwisserischen Art zurücknehmen
– Nur in Ausnahmefällen einschränkende Kontrolle (siehe Benutzerordnung)"

Und man hat seitens der IServ-Macher wirklich an fast alles gedacht. Sogar den Vorschlag einer Nutzungsordnung kann man sich als Lehrer gleich von der Seite runterkopieren. Neben der Aufforderung, nicht neben den Rechnern zu essen und zu trinken, soll möglichst von den Eltern und Schülern Folgendes zur Kenntnis genommen werden:

(…)
„In der Zugangsberechtigung zu den Schulrechnern ist der Email-Zugang enthalten. Die Email Adresse lautet: vorname.nachname@meine-schule.de.
Um den reibungslosen Betrieb des Email-Systems zu gewährleisten, sind folgende Regeln unbedingt einzuhalten: Massenmails, Jokemails, Fake-Mails, der Eintrag in Mailinglisten, Fan-Clubs, Mail-Weiterleitungsdienste (GMX, Hotmail etc.) u. ä. sind strikt untersagt!

Jeder Benutzer erhält außerdem eine eigene Homepage, die er nach eigenen Vorstellungen einrichten kann. Diese Seite ist aus dem Internet zu erreichen unter: http://vorname.nachname.meine-schule.de.

Es versteht sich von selbst, dass die Veröffentlichung rechtswidriger Inhalte sowie Inhalte die gegen die guten Sitten verstoßen zum sofortigen Verlust des Accounts führt. Außerdem ist strikt darauf zu achten, dass Urheberrechte nicht verletzt werden.

Entsprechendes gilt für das Verhalten in den Diskussions-Foren!

Mit der Einrichtung des Accounts erhält der Benutzer das vorläufige Passwort vorname.nachname. Dieses ist umgehend durch ein mindestens acht Zeichen langes Passwort zu ersetzen. Der Benutzer hat Sorge zu tragen, dass dieses Passwort nur ihm bekannt ist!

Jeder Benutzer erhält einen Festplattenbereich von 10 MB (Homeverzeichnis), der zum Speichern von Mails, der eigenen Homepage und unterrichtsbezogenen Dateien genutzt werden kann. Anderweitige Nutzung ist nicht gestattet.

Das Ablegen von Dateien auf lokalen Festplatten, das Aufspielen von Software sowie das Verändern von Rechnereinstellungen ist strikt verboten.

Die Nutzung von Internetdiensten zu unterrichtlichen Zwecken (Facharbeit, Referat usw.) ist erwünscht. Dazu vergibt der zuständige Fachlehrer auf Anfrage Online-Zeitmarken, sog. NACs (Network-Access-Code). Die private Nutzung ist grund-sätzlich nicht gestattet.

Zur Benutzung der Drucker erwirbt man Druckmarken, sog. PACs (Printer Access Code). Ein DinA4-Ausdruck mit dem Laserdrucker kostet 0,03 EUR, ein Farb-ausdruck 0,50 EUR." (Quelle: Hompage IServ, Stand 2007)

Eine sehr aufgeklärte Schule im niedersächsischen Osterholz-Scharmbeck ergänzte diesen Nutzungsverordnungs-Vorschlag um die für die Eltern wichtigen Hinweise:

„(…) Die Einrichtung der Benutzerkennung (gemeint ist der Name, mit dem das jeweilige Kind angemeldet werden soll, Anmerk. der Autoren) setzt voraus, dass der/die Schulnetzbenutzer/in (also der Schüler/die Schülerin, Anmerk. der Autoren) schriftlich erklärt, die Benutzerordnung gelesen und verstanden zu haben. Bei Minderjährigen müssen die Erziehungsberechtigten und die Schüler/ Schülerinnen unterschreiben."

„(…) Eine Geheimhaltung von Daten, die über das Internet übertragen werden, kann in keiner Weise gewährleistet werden. Die Bereitstellung jedweder Informa-tionen im Internet auf jedwede Weise kommt einer Öffentlichmachung gleich. Es besteht daher kein Rechtsanspruch gegenüber der IGS Osterholz-Scharmbeck auf Schutz solcher Daten vor unbefugtem Zugriff."

„(…) Die Schule kann technisch bedingt das Sperren von Web-Seiten mit straf-rechtlich relevanten Inhalten nicht garantieren (…)." (Quelle: Benutzerordnung für die Kommunikationsplattform.doc, IGS Osterholz-Scharmbeck, Stand Januar 2007)

Die Kinder der Eltern, die die Nutzungsordnung nicht unterschreiben, bleiben von der Nutzung der neuen Medien ausgeschlossen. Das heißt dann aber auch, dass diese Kinder den einfachen Schul-PC nicht mehr nutzen können, um zum Beispiel einen Text mittels eines entsprechenden Programms zu bearbeiten. Eltern-Informa-tionsabende, um das System vorzustellen und unwissenden Eltern eine echte Mög-lichkeit der Entscheidung zu bieten, sind in dem „IServ-Konzept" ebenso wenig vorgesehen wie Präventionsarbeit mit Kindern oder spezielle Schulungen für das betreuende Personal. Hierzu findet sich lediglich ein kleiner Hinweis, der da besagt, dass Lehrer, die das System betreuen „kundig" sein sollten.

Gut, dass just wenigstens die niedersächsische „Jugendministerin" Mechthild Ross-Luttmann die Zeichen der Zeit, erkannt zu haben scheint. Auf der CeBit ver-kündete diese eine Präventions- und Aufklärungsoffensive für die Eltern des Bundes-landes. *„Wer Kinder vor negativen medialen Einflüssen schützen will, muss die Eltern unterstützen. Da fast drei Viertel der Väter und Mütter aber nicht informiert sind, was ihre Kinder am PC machen, hat das niedersächsische Sozialministerium das bundesweit bisher einmalige Projekt „Eltern-Medien-Trainer" aufgelegt (…)." (Quelle: Weser Kurier vom 19. März 2007, Seite 4, „Eltern müssen besser durchblicken")*

Einmal davon abgesehen, dass die ehemalige Kollegin von Mechthild Ross-Luttmann im Kultusministerium des Landes Niedersachsen, Kultusministerin Renate Jürgens-Piper bereits im Jahr 2001 über die Probleme speziell im Internet informiert war, aber untätig blieb, scheint es fraglich, ob die geplanten 30 Elternmedientrainer, die nun zur Aufklärung von Eltern eingesetzt werden sollen, ausreichen werden, diese schnellstens in den Stand zu versetzen, von der gleichen Landesregierung (Ressort Kultusministerium) befürwortete Projekte wie „IServ" richtig bewerten zu können.

Lerneffekte?

Ob die viel gepriesenen und gewünschten Lerneffekte mittels Internet & Co. ein-treten werden, darf bezweifelt werden, wenn man sich einmal ansieht, wie Kinder und Jugendliche das Internet in der Hauptsache nutzen:

Die häufigsten Antworten, die man von Kindern im Altern von zehn bis 17 Jahren zu ihrem Netzgebrauch bekommt: Chatten, Musik runterladen, unterschiedliche

Homepages anschauen oder etwas für die Hausaufgaben heraussuchen. Hinsichtlich der Chats befragt, besuchen Kinder und Jugendliche neben den Kinder- und Jugendangeboten oft auch Chats und Seiten, die beispielsweise von Fernsehsendern zu bestimmten Serien ins Netz gestellt werden.

Die wenigstens Kinder und Jugendliche surfen in moderierten oder so genannten bewachten Chats! Dass liegt zum einen auch daran, dass die meisten Chatangebote nicht wirklich bewacht werden. Zum anderen werden Chaträume aber auch vielfach gar nicht für Gespräche mit anderen genutzt, sondern auch Kinder und Jugendliche nutzen diese eher als Kontakthöfe.

Sich unterhalten wird dann meist über gängige Messengerprogramme wie Yahoo-Messenger, MSN, ICQ oder andere Instant Messenger. Diese „Messis" (Messengerprogramme) machen neben dem Zwiegespräch auch die WebCam-Funktion oder auch E-Mail-Kontakte möglich. Außerdem kann man über den „Messi" mit der entsprechenden Ausstattung auch über das Internet telefonieren. Kinder und Jugendliche entziehen sich ganz bewusst kontrollierten Angeboten, weil man „da ja sonst nicht machen kann, was man will".

Danach gefragt, welche Homepages sie besuchen, die nichts mit der Schule zu tun haben oder grundsätzlich unter die Rubrik „Wissen" einzuordnen sind, antworten Kinder und Jugendliche nicht selten: „verbotene Seiten" (Sex und Gewalt). Immer mehr Kinder unterhalten eine eigene Homepage. Profi-Chatter haben mindestens eine Visitenkarte (Profil) mit Bild bei dem Chat eingestellt, bei dem sie sich häufig einloggen. Schließlich will man ja neue Leute kennen lernen. Wer der Tochter oder dem Sohn bis heute glaubt, dass er oder sie „nur mit den Leuten aus der Schule und bekannten Freunden chattet" und nie mit Fremden redet, sollte dem pubertierenden Nachwuchs mit gesundem Misstrauen begegnen. Auch die von Kindern immer als so sicher verkaufte ICQ-Nummer, die angeblich die Ansprache von Fremden verhindert, ist ebenso unsicher, wie alle anderen Messengerprogramme (Instant Messenger, Yahoo-Messenger, MSN-Messenger etc.). (Recherche B. Krafft-Schöning, siehe auch Seite 55 ff.)

Expertenmeinung: kontroverse Erkenntnisse

Lehrer meinen heute besonders fortschrittlich zu agieren, wenn sie Hausaufgaben verteilen, bei denen die Kids „was aus dem Netz suchen dürfen/sollen" oder Unterricht mittels PC erteilen. Damit fördern sie schon *sehr früh* (Grundschule) den oft täglichen Gebrauch des Internets. Sehr eindeutig sind die Meinungen der kritischen *Fachleute* hinsichtlich des allgemein steigenden Medienkonsums durch Kinder und den damit verbundenen Folgen. Von wirtschaftlichen Interessen unabhängige Stellen wie das Kriminologische Forschungsinstitut des Landes Niedersachsen wurden beispielsweise 23.000 Schüler zwischen zehn und fünfzehn Jahren befragt. Man kam zu keinem positiven Ergebnis. Klare Aussage: Je mehr Zeit die Kinder vor dem Fernseher oder Computer verbringen, desto schlechter werden die Noten. Ebenfalls eindringlich warnt Prof. Dr. Dr. Manfred Spitzer, seit 1997 leitender ärztlicher Direktor der psychiatrischen Universitätsklinik in Ulm, vor den Auswirkungen des Gebrauchs der modernen Medien durch Kinder und Jugendliche. Auch wenn Spitzer keine explizit das Internet betreffende Studie durchgeführt hat, so sind seine Beobachtungen im Zusammenhang mit den Lerneffekten von Kindern, die beispielsweise PC-Spiele „konsumieren," sehr bemerkenswert und auf das Internet wahrscheinlich gut übertragbar.

> *„Durch eine wachsende Zahl von Untersuchungen zu den Auswirkungen einer der bedeutendsten Freizeitbeschäftigungen der jüngeren Generation auf deren Gedanken, Gefühle und Verhalten wurde eindeutig nachgewiesen: Gewalt im Videospiel führt zu mehr Gewalt in der realen Welt" (Spitzer, 2005 S. 240/241).*

Auf das Internet bezogen könnte man dementsprechend folgern: Immer mehr sexuelle Gewalt im Internet oder sexuelle Übergriffe via Internet (an Kindern erfolgt) führt zu mehr sexueller Gewalt im realen Leben (und der Akzeptanz von sexueller Gewalt).

Prof. Dr. Dr. M. Spitzer weiter:

> *„Die Mechanismen, auf denen diese Auswirkungen beruhen, sind vielfältig und lassen sich in erster Näherung in kurzfristige und langfristige unterscheiden. Kurzfristig bewirkt Gewalt in Computer- und Videospielen eine Steigerung der Erregung, die Gewalt wird imitiert und es kommt zu einer Abstumpfung gegenüber realer Gewalt. Für das Denken, Fühlen und Handeln von Kindern und Jugendlichen wird Gewalt damit zum Normalfall, und die Fähigkeit zum Mitgefühl für andere nimmt ab. Langfristig kommt es durch den permanenten erfahrungs- und gebrauchsabhängigen Umbau des Gehirns, d. h. durch Neuroplastizität, zum aktiven Einüben, Modelllernen sowie zum emotionalen und sozialen Lernen von Gewalt.*
>
> *Wir dürfen nicht abwarten und nichts tun. Weil wir wissen, dass das Gehirn, und zumal das von Kindern und Jugendlichen, immer lernt und nichts lieber tut, als unsere täglichen Erfahrungen in sich aufzunehmen und deren Regeln auf sich abzubilden, können wir nicht zulassen, dass modernste Technik aufgrund der Profitgier skrupelloser Anbieter von Software bei unseren Kindern vor allen zu vermehrter Gewaltbereitschaft führt." (Spitzer, 2005, S. 240/241)*

Auf das Internet bezogen könnte man folgern: Durch immer wiederkehrende Erfahrung sexueller Übergriffe durch Dritte via Internet kommt es zur „Abstumpfung". Diese These scheint sich durch Befragungen von Kindern und Jugendlichen (B. Krafft-Schöning 2001–2006) zu bestätigen. Kinder ab 10 Jahren finden es heute normal, im Netz sexuell angesprochen zu werden. „Das ist halt so. Ich klick die Typen dann weg", so *die* Standardaussage. Sexuelle Ansprache wird zum Normalfall, die Fähigkeit zur richtigen Einschätzung nimmt ab. Die Konditionierung nimmt ihren Lauf. Insbesondere wenn die Kinder in die pubertäre Phase eintreten, scheint aus manchem „Opfer" ein sich auch durch die Konditionierung überschätzender Jugendlicher zu entwickeln, der *das Gelernte* nun selbst einmal ausprobieren will. Das Kind oder der Jugendliche reagiert auf die Konditionierung/Gewöhnung mit der Verdinglichung der *eigenen* Person und anderer Menschen. „Was ist daran schlimm, wenn ich mich vor der Kamera zeige. Das machen hier alle".

Nicht selten schwindet das Bewusstsein für den *eigenen Wert* durch die erfolgte Konditionierung/das Gelernte so weit, dass eben auch das Angebot für einen „Blow-Job" gegen 50 Euro nicht mehr als Übergriff betrachtet wird, sondern als seriöses Angebot über das man nachdenken könnte/sollte. Werte scheinen sich insgesamt zu verschieben.

Der große Unterschied zu den Ausführungen hinsichtlich der Wirkung von Videospielen ist sicherlich, dass im Internet real kommuniziert wird. Gegenüber sitzt ein anderes *Ich und kein fiktiver* Mitspieler oder Feind – wie im Videospiel. Ob konditioniertes Kind oder konsumorientierter erwachsener Chatfreund, spielt dabei keine Rolle. Im Gegensatz zum Videospiel, bei dem das *Ich* immer noch die Möglichkeit hat zu imaginieren, dass es sich beim Spielen um fiktive Handlungen mit fiktiven Gegenübern handelt, ist das Gegenüber im Internet real und handelt real. Das Gegenüber verfolgt keine fiktiven Ziele, sondern *eigene – seine* Ziele. Das *Ich* des Kindes oder Jugendlichen registriert schon, dass das Gegenüber sich *anders* verhält, als es das im „normalen Leben" vielleicht tun würde. Es bemerkt auch den Übergriff. Nicht selten sprechen Kinder und Jugendliche von „einem komischen Gefühl" bis hin zu der klaren Aussage „Angst bekommen zu haben".

Anders als beim Spiel, weiß das Kind oder der Jugendliche also sehr wohl um die Realität des Geschehens und beginnt damit, Strategien zu entwickeln, „damit klar zu kommen" – sich zu konditionieren, abzustumpfen. Aus dem passiven kindlichen Konsumenten (Opfer) wird nicht selten ein aktiver Konsument (Täter), der gut vorbereitet selbst zur Tat schreitet und damit eine klassische Opfer-Täter-Karriere lebt.

Alleine im Internet – Kinder überfordert?

Überfordert man Kindern und Jugendlichen nicht insgesamt, wenn man so ein großes Maß an Eigenverantwortlichkeit und Lebenserfahrung voraussetzt, um sie in der Internetwelt *alleine* ihrem *eigenen* Urteilsvermögen zu überlassen?

Wie viele Erwachsene sind in der Lage, die Internetwelt in ihrer Komplexität zu begreifen, sich in der Informationsflut zurechtzufinden und zwischenmenschliche Kontakte sicher und vor allen Dingen richtig einzuschätzen? Wird nicht oft genug blindlinks vertraut, weil *auch* die meisten Erwachsenen auf ihr Urteilsvermögen „aus dem echten Leben" vertrauen? Wie viele fallen jeden Tag, ähnlich wie Kinder, auf andere Menschen im Internet herein und sind nachher bitter enttäuscht darüber, dass das Gegenüber „in echt" so ganz anders war als im Internet. Wie viele fühlen sich jeden Tag betrogen, weil sie etwas im Internet gekauft haben, was ein anderer hier ganz anders dargestellt hat, als es in Wirklichkeit ist (Ebay-Auktionshaus). Wie oft wird via Internet, in welcher Form auch immer, täglich betrogen, gelogen und abgezogen – unter Erwachsenen! Wie oft werden Menschen via Internet diffamiert, verleumdet und bedroht – in der erwachsenen Internetwelt! Wer denkt, dass sich das Leben innerhalb dieses neuen Mediums für Kinder in einer besseren Form abspielt, irrt.

Betrachtungen zur (Selbst-) Schuldfrage des Opfers

Vergleich Internet-Täter zum klassischen Fallbeispiel, Teil II

Es gibt Experten, die das Opfer von sexueller Gewalt im Internet dem Opfer der bisher bekannten Variante aus dem „echten Leben" gleichstellen. Es wird argumentiert, dass Opfer und Täter sich bekannt sind – durch das Internet – bevor es zum Übergriff kommt. Die via Word Wide Web entstehende Vertrautheit eines Internet-Opfers wird mit der Vertrautheit eines Missbrauchsopfers „aus dem echten Leben" quasi gleichgestellt.

Als problematisch an dieser These könnte sich herausstellen, dass die Qualität der Vertrautheit des Internet-Opfers zu seinem Gegenüber eine ganz andere ist, als die des Opfers sexueller Gewalt „aus dem echten Leben", dem klassischen Fallbeispiel. Dieser Unterschied wirkt sich nämlich auf das Verhalten des Täters und auch des Opfers in einer anderen Weise aus, als bisher „aus dem klassischen Fallbeispiel" bekannt.

Im Gegensatz zum Opfer „aus dem echten Leben" hat das Internet-Opfer zu Beginn des Kontakts *kein* Grundvertrauen, weil das Gegenüber *nicht* der Opa, Onkel oder Freund der Mutter ist. Es gibt also weder eine Vertrautheit durch die

Nähe der Mutter oder des Vaters zum Täter, noch eine dadurch resultierende eigenständige vertrauensvolle Beziehung vom Opfer zum Täter. Der Internet-Täter ist also erst einmal ein Fremder *ohne* Vertrauensbonus.

Ganz anders das „Opfer aus dem echten Leben". Dieses teilt in den meisten Fällen eine „Geschichte" mit dem Täter. Täter und Opfer sind sich nicht fremd und stehen nicht selten in enger und/oder abhängiger Beziehung zueinander. Dieser Täter nähert sich dem Kind in der vertrauten Umgebung und „unter den Augen" der nichts ahnenden Eltern/eines nichts ahnenden Elternteils. Er verhält sich konspirativ, muss das Opfer zum Schweigen bringen und muss die Entdeckung befürchten. Das Verhalten des Täters richtet sich gegen die Eltern/einen Elternteil *und* gegen das Opfer. Er benutzt das vertrauensvolle Verhältnis zu den Eltern und dem Kind, um seine „Tat zu vollbringen". Dieser Täter setzt nicht nur das ihm vom Opfer – vielleicht sogar „freiwillig" – entgegengebrachte Vertrauen, sondern auch das der Eltern – gegen das Kind ein!

Das Opfer hat in diesem Fall nicht nur das Problem mit dem Übergriff klarkommen zu müssen, sondern auch mit seinem Verhältnis – im Kontext mit dem Übergriff – zu den nichts ahnenden Eltern/dem nichts ahnenden Elternteil. Zudem bleibt es für dieses Opfer oft nicht bei einem Übergriff, sondern es kommt zu jahrelangem Missbrauchsgeschehen. Das Opfer hat kaum eine Chance „aus der Sache" herauszukommen, weil es keine Möglichkeit sieht, sich jemandem zu offenbaren. Setzt das Opfer Zeichen, werden diese meist übersehen, weil die Umgebung „betriebsblind" ist.

Das Internet-Opfer hat einen ganz anderen „Werdegang", auch wenn es ein paar Parallelen gibt. Es lernt im Internet einen *Fremden* kennen, den es weder sehen noch hören kann. Es ist auf das angewiesen, was der andere von sich erzählt. Der Einschätzung des Internet-Opfers wird von dem, was der Internet-Täter von sich preisgibt bzw. dem Gesprächsverlauf, geprägt. Das Internet-Opfer entscheidet sich für oder gegen einen weiteren Kontakt zum Internet-Täter also aufgrund einer *eigenen* Einschätzung, zu der es jedoch lediglich über die rein verbale Kommunikation mit dem Internet-Täter gekommen ist. Das Internet-Opfer empfindet zudem auch einen zudringlichen Gesprächspartner nicht unbedingt als gleichwertig bedrohlich, wie einen „im echten Leben" am Schultor erscheinenden Fremden. Diese andere Wahrnehmung liegt in der Tatsache begründet, dass das Internet-Opfer in seiner vertrauten Umgebung mit einem Fremden spricht, der sich nicht gleichzeitig in dieser vertrauten Umgebung befindet, sondern erst einmal *sicher* weit weg ist.

Auch der Internet-Täter wird mit ähnlichen Mechanismen wie der Täter „aus dem echten Leben" versuchen, sein Opfer „gefügig" zumachen. Er wird vielleicht freundlich Druck machen, Überredungskünste anwenden, etwas Verlockendes anbieten, um zum Ziel zu gelangen. Aber vielleicht überrascht er sein Opfer auch einfach mit einem „netten Bildchen" oder einer „fiesen Anmache", weil er bereits über die Ahnung der Reaktion seines Opfer Befriedigung findet. Vom Überraschungs-Täter einmal weggedacht und zum ursprünglichen Internet-Täter-Beispiel zurück-gekommen, hat das Internet-Opfer im Zusammenhang mit seinem Verhältnis zu den Eltern ein ähnliches, aber anders gelagertes Problem, als das Opfer „aus dem echten Leben".

Auch das Internet-Opfer wird ab einem bestimmten Moment in der „Beziehung" zum Internet-Täter auf keinen Fall seinen Eltern etwas sagen. Und das, obwohl es einen entscheidenden Vorteil im Gegensatz zu dem Opfer „aus dem echten Leben hat": Es gibt keinerlei Beziehung zwischen Eltern (vertraute Person) und Täter! Eigentlich könnte es doch was sagen. Doch dieser Vorteil wird hier scheinbar schnell zum Nachteil, denn das Internet-Opfer *selbst* hat ja völlig eigenständig über den Kontakt zum Internet-Täter entschieden und wird sich deshalb in erster Linie nicht als Opfer empfinden, sondern in der Hauptsache als Mittäter fühlen.

Auch Opfer „aus dem echten Leben" fühlen sich der Mittäterschaft nicht selten schuldig. Doch das Internet-Opfer hatte durch die räumliche und im Vorfeld nicht vorhandene emotionale Distanz *eigentlich* eine größere Chance zum Ausstieg, oder nicht? Es hat sich – ohne eine vorherige Vertrautheit mit dem Täter – völlig *selbst-ständig* und ohne Zwang auf ihn eingelassen, ist seiner Imagination gefolgt, und auf seine *eigene* Illusion hereingefallen.

Das Internet-Opfer findet sich im „echten Leben" bisher in der beschriebenen Beziehungskonstellation eher selten. Kaum ein Kind geht heute noch ahnungslos mit einem Fremden mit. Kein Kind baut eine Beziehung zu einem Fremden auf, den es nicht sehen kann und mit dem es nicht spricht, sondern lediglich schriftlich kommuniziert. Kein Kind trifft sich mit jemandem, mit dem es nur geschrieben hat. Auf das richtige Leben übertragen, müsste das Kind sich mit einem Brieffreund treffen, von dem die Eltern keine Ahnung haben. Etwas moderner gedacht, würde sich auch kaum ein Kind im „echten Leben" mit jemandem treffen, mit dem es vorweg nur telefoniert hat, ohne dass die Eltern etwas mitbekommen haben. Im „echten Leben" gibt es fast keine Möglichkeiten, sich als Fremder auf fast un-bemerkte Weise einem Kind zu nähern und eine „Beziehung" zu ihm aufzubauen. Das funktioniert nur im Internet so einfach.

Je älter Kinder werden, desto geringer ist oft die Kontrolle im Elternhaus. Bei jüngeren Kindern nehmen sich Eltern manchmal noch die Zeit, mit ihrem Nachwuchs ins Internet zu gehen. Ab einem Alter von zehn Jahren findet man heute vermehrt Kinder, die fast immer alleine surfen. Filterprogramme, um sie wenigstens von denen für sie schädlichen Inhalten einigermaßen sicher fernzuhalten, sind selten installiert (Filterprogramme). Zwölfjährige surfen fast ausschließlich alleine. (Recherche 2001–2006, B. Krafft-Schöning)

Bald könnte man manches Mal den Eindruck haben, als interessierte sich niemand wirklich oder anders gesagt: Eltern und Lehrer schauen bewusst weg. Ein herber Vorwurf denen gegenüber, die sich es zur Aufgabe gemacht haben, Kinder und Jugendliche zu erziehen, zu schützen, zu lehren …? Könnte man denken, oder aber eine passendere Frage stellen: Welche Eltern würden der Tochter oder dem Sohn erlauben, eine Party zu besuchen, auf der Cannabis geraucht wird? Welche Eltern würden ihr Kind nachts nackt in einen Park schicken, von dem jeder weiß, dass dort Pädosexuelle ihrer Neigung nachgehen? Wahrscheinlich niemand …

Die gleichen Fragen auf das Internet übertragen und nur wenige Mütter, Väter und Lehrer könnten diese Frage überhaupt beantworten, weil sie nichts wissen von dem, was in der Internetwelt so los ist.

Die gleiche Frage auf das Internet übertragen und von Kindern und Jugendlichen beantwortet, würde wahrscheinlich zu großem Entsetzen führen. Denn alle die, die ihre Kinder täglich tausendfach fröhlich in Chats und auf irgendwelchen „interessanten" Pages wähnen – sie alle könnten ihre Kinder auch nachts in den „Pädo-Park" schicken, oder sie gleich zu Hause Cannabis rauchen lassen.

Diese Beispiele mögen etwas überspitzt erscheinen. Die Realität, insbesondere die im Internet gelebte, ist leider krass. Die Realität oder das Realitätsbewusstsein insgesamt spielt im Zusammenhang mit dem Internet eine tragende Rolle. Das *virtuelle* Leben im World Wide Web unterscheidet sich lediglich in der Form der Kommunikation zwischen den Menschen vom „echten Leben". Ansonsten ist alles ebenso real und echt, wie immer – im „echten Leben". Vereinfacht könnte man sagen: Das Internet lässt die Menschen „echtes Leben" anders wahrnehmen, eine andere Realität sehen und manchmal dadurch auch ein „neues Leben" leben. Der große Trugschluss ist dabei allerdings, dass die Wahrnehmung „des echten Lebens" durch das Internet irreal oder fiktiv wird.

Prävention

Bevor man sich Gedanken über Präventionsarbeit macht, sollte kritisch, sachlich und praktisch über die Frage nachgedacht werden, inwieweit der Umgang mit dem Internet für Kinder und Jugendliche sinnvoll ist. Es muss klar definiert sein: Wozu soll mein Kind das Internet nutzen? Ab welchem Alter sollte mein Kind den Umgang mit dem neuen Medium „lernen"? In welcher Form sollte mein Kind mit dem World Wide Web vertraut gemacht werden? Wie sollte ich, als Erziehender, mein Kind vorbereiten, begleiten und kontrollieren?

Praxiserfahrung ist gefragt

Es ist unbedingt notwendig, dass sich Erziehungsberechtigte mit dem Internet, seinem Nutzen, seinen Möglichkeiten und Gefahren erst einmal auseinander setzen, bevor sie es „in Kinderhände" geben. Verschaffen Sie sich ein *eigenes* Bild von der Lage, um sachlich urteilen zu können. Nur so ist es möglich, Entscheidungen zu treffen und zukünftig verantwortungsvoll mit seinen Kindern im Zusammenhang mit der Nutzung des neuen Mediums, umzugehen.

Deshalb geht nichts über einen Praxistest:

Erst einmal: keine Angst vor der Technik, in die Sie sich leichter einarbeiten werden, als Sie gedacht haben. Was Ihr Nachwuchs kann, schaffen Sie auch!

Nachfolgend ein paar Tipps zum „richtigen" Eintritt in die Cyberwelt Ihrer Kinder. Bitte beachten Sie auch den nachfolgenden Hinweis zu „Kinderpornografie/Pornografie".

„Get in and find out"
(Als Kind online gehen …)

Sich einmal als Kind im Internet zu bewegen, wird manchen Erwachsenen vielleicht in Erstaunen versetzen. Aus der kindlichen Perspektive betrachtet sieht die Welt im Internet eventuell ganz anders aus, als Sie gedacht haben. Der Test macht nicht viel

Mühe. Selbst ein absolutes Greenhorn in Sachen Internet muss lediglich die Fähigkeit besitzen, der Menüführung des jeweiligen Providers (Anbieters) zu folgen.

Step I der Selbsterfahrung sollte ein Chat-Test sein. Am günstigsten wäre die Anmeldung in einem Jugend-/Kinder-Chatangebot eines Providers wie Lycos.de (Kinderchat), ICQ.com (Teen-Chat), Knuddels.de oder andere – jedoch bitte mit einem **Kindernamen** wie beispielsweise Marie12w, Lara13 w, Jonas 12m. Sie können es mit einem Kindernamen auch einmal bei einem Chatangebot für Erwachsene versuchen. Dort finden sich viele Jugendliche ein, um beispielsweise zu flirten (ChatCity, AOL-Chats, Zimmerfrei.de u. v. m.)

Wichtig wäre es, wenn einer der zahlreichen Messenger-Programme (Instant-Messenger, Yahoo-Messenger, MSN-Messenger oder ICQ o. a.) auf dem PC installiert wäre. Aber Achtung: Deinstallieren Sie das Messenger-Programm nach Ihrem Test bitte wieder, denn nicht selten sind die Programme das Einfallstor für Viren und fremde Lauscher (insbesondere ICQ). Diese Programme werden manchmal schon mit der Software des jeweiligen Providers (Anbieters) automatisch mitgeliefert/mitinstalliert (AOL). Sie ermöglichen die vielfältigen Kommunikationswege (Voice, Zwiegespräch, Web-Cam, Mail). Sollten Sie Probleme haben, ein solches Programm zu installieren (es ist wirklich nicht schwer), bitten Sie den jugendlichen Nachwuchs um Hilfe. Sollten Sie ohne Messenger-Programm chatten gehen wollen (auch kein Problem), so ist es – je nach Chatanbieter – auch möglich, ohne Messenger-Programm im Zwiegespräch zu kommunizieren. (Knuddels.de, Lycos-Kinderchat oder ICQ – Chat u. v. m.)

Step II: Nun wird es spannend. Ab in einen Chat-Raum. Nach dem „Betreten" nun bitte im Chatraum „sitzend" abwarten. Es ist nicht notwendig, von sich aus die Initiative zu ergreifen und andere Chatter anzusprechen. Mit einem Jungen-Namen kann es länger dauern, bis man angesprochen wird als mit einem Mädchen-Namen. Sollte das einmal der Fall sein, so ist es zulässig, auch mal von sich aus andere Chat-Teilnehmer harmlos anzusprechen. Im Normalfall poppen nach einigen Minuten (je nach Chat) kleine Fenster (Messenger/Telegramm/Flüsterbox) auf, oder aber man wird in Privaträume eingeladen.

Wenn die kleinen Fenster aufpoppen oder eine Einladung in einen Privatraum erfolgt, bitte antworten. Freundlich, harmlos, nett. Den Gesprächspartner bitte nicht provozieren. Vor allen Dingen fordern Sie als Kind bitte auch zu keiner Handlung auf. Bietet der Gesprächspartner an, ein Bild zuzusenden, nehmen Sie das „Geschenk" an. Sollte es sich bei dem zugesandten Bildmaterial beispielsweise um Kinderpornografie handeln, sind Sie verpflichtet eine Anzeige bei der Polizei zu machen. Brechen Sie das Chatgespräch in diesem Fall sofort ab. Bitte kopieren Sie die Inhalte des Flüster-fensters, also das geschriebene Gespräch vorher in ein Word-Dokument und sichern sie es damit ab. Notieren Sie sich den Chatanbieter (Provider), sichern Sie das zuge-sandte Material mit Datum & Uhrzeit und übergeben es Ihrer örtlichen Polizeidienst-stelle. Dieser Fall tritt nicht so häufig ein. Aber man sollte sich auf alles vorbereiten.

Es ist wichtig, seinem Chat-Gesprächspartner immer die gleichen Antworten zu geben. Es gibt Chatter, die gleichzeitig mit zwei Namen „online" sind. Manchmal sprechen diese ein und dasselbe *Kind* an, um gemachte Angaben zu überprüfen. Es ist daran zu denken, Rechtschreibfehler „einzubauen" und nicht zu schnell zu antworten, um möglichst „echt" zu wirken. Profis legen sich nun noch ein „Profil" an. Das ist je nach Provider (Anbieter) ein Fenster, in dem man Angaben über sich selbst hinterlassen kann – ähnlich einer Visitenkarte. Hier sollten dann für Kinder und Jugendliche typische Angaben zu Hobby, Musikgeschmack oder auch Lebens-motto gemacht werden. Bitte gehen Sie hier nicht zu motiviert an die Arbeit, denn Sie müssen auf Rückfragen entsprechende Antworten parat haben. Deshalb lieber unverfängliche Angaben machen. Fortgeschrittene geben hier auch schon einmal Schlagwörter wie beispielsweise: Hobby = Fotografieren oder Reiten an.

Wie Sie schnell feststellen werden, wird man nicht oder kaum im Chatraum direkt angesprochen, sondern fast ausschließlich über die Flüster- oder Messenger-Funktion und das hier mögliche Zwiegespräch (bei Lycos, Knuddels.de oder im ICQ-Chat kann man auch ohne Messengerprogramm im Zwiegespräch reden). Es ist übrigens möglich, mehrere dieser Zwiegespräche gleichzeitig führen. Kein anderer kann kontrollieren, wer mit wem gerade im Zwiegespräch „redet". Achten Sie einmal darauf, wie oft im Chatraum gefragt wird, wer MSN oder ICQ hat. Diese Chatfreunde gehen sehr offensiv auf die Suche nach dem vertrauten Zwiegespräch und suchen meist Sex-Kontakte.

Sollten Sie sich zu dem Test-Chat mit Messenger-Programm (Yahoo-Messenger, ICQ, AOL-Instant Messenger) entschlossen haben, eröffnen sich hier bald weitere Welten. Wenn Sie beispielsweise eingeladen werden, sich einmal eine „Cam" (Web Cam) anzusehen, gehen Sie ruhig darauf ein. Aber bitte wundern Sie sich nicht, denn oft ist das, was man hier zu sehen bekommt, nicht gerade gesellschaftsfähig und manchmal kriminell. (Nur im Zusammenhang mit einem Messenger-Programm möglich). Sollte Ihnen während Ihres Ausfluges Pornografie jeglicher Art oder Kinderpornografie zugesandt werden, so machen Sie auf jeden Fall eine Anzeige.

Bitte dringend beachten!
<u>Hinweis:</u> Es ist in Deutschland verboten, *Kinder*pornografie zu besitzen. Das heißt, auch Sie machen sich, nach deutschem Recht strafbar, wenn Sie solches Material

– vielleicht auch völlig ahnungslos – auf Ihren PC herunterladen. Deshalb ist es unbedingt notwenig, dass Sie, sollten Sie kinderpornografische Darstellung von einem „Chatfreund" zugesandt bekommen, sämtliche Daten speichern und *sofort* bei Ihrer örtlichen Polizeidienststelle zur Anzeige bringen. Bitte gehen Sie *nicht* aktiv auf Täterjagd oder recherchieren Sie eigenständig im Internet kinderpornografische Darstellungen. Schnell könnte es nämlich sonst passieren, dass Sie selbst wegen des illegalen Besitzes von Kinderpornografie vor einem Richter stehen! Ebenfalls verboten ist es, Pornografie (für Erwachsene) über das Internet *zu verbreiten*, auch wenn der reine Besitz erlaubt ist. Das heißt: Schickt Ihnen jemand Pornobildchen unaufgefordert zu, können Sie diesen „Chatfreund" anzeigen. Bitte fordern Sie während ihres Tests niemals jemanden dazu auf, Ihnen Bilder oder Videos zu schicken. Wer zur Straftat auffordert, ist nämlich zumindest mitschuldig. Sichern Sie, wenn es nötig ist, alle Daten. Texte lassen sich meistens leicht in ein Word.doc speichern (markieren, kopieren). Bilder können Sie auf CD brennen, oder in den Zwischenspeicher nehmen. Die Ermittlungsbehörden können diese dann, bei einer Anzeige, leicht finden und sichern.

Üblicherweise ist am Wochenende oder auch an den Feiertagen immer sehr viel los. Bereits ab sieben Uhr morgens kann man so also sein „Glück" versuchen. Aber auch abends an normalen Wochentagen oder ganz normal tagsüber kann man sich versuchen. Bitte halten Sie aber eine passende Ausrede bereit, für den Fall, dass Sie nach ihrem Fehlen in der Schule befragt werden.

Der **Step III** des Tests besteht darin, das Erlebte für sich zu verarbeiten. Es ist daher sinnvoll für sich zu dokumentieren, was passiert ist. Die meisten Gesprächsinhalte lassen sich über die Kopierfunktion einfach in ein Word-Doc. Speichern (Anmakeln, kopieren und in ein geöffnetes leeres Word-Dokument einfügen). Wichtig ist für sich selbst festzuhalten: Was habe ich empfunden? Was hat mich warum berührt? Was wäre, wenn das meinem Sohn/meiner Tochter passierte? Wie würde ich reagieren, wenn mein Sohn/meine Tochter mir so etwas zeigen würde? Wie hätte ich reagiert, wenn mir mein Sohn/meine Tochter das gezeigt hätten – vor meinem Test?

Im **Step IV** sollten sich Eltern oder Lehrer folgende Fragen stellen und versuchen sie zu beantworten:

Fragenkatalog für Eltern, deren Kinder bereits mit dem Internet umgehen
– Wann waren Sie als Eltern mal mit ihren Kindern im Internet?
– Kennen Sie die Kontakte ihrer Kinder im Netz?

- Was wissen Sie oder ihre Kinder von den Chatfreunden?
- Welche Angaben der Chatfreunde wurden von Ihnen oder ihren Kindern überprüft?
- Wie oft und wie lange ist ihr Kind täglich oder wöchentlich im Netz?
- Was macht Ihr Kind in welchem Chatangebot genau?
- Über was unterhält sich Ihr Kind mit anderen/Fremden im Internet?
- Welche Kontrollmaßnahmen oder auch Abmachungen haben Sie mit ihren Kindern für die Nutzung des Internets getroffen?
- Kennen Sie das Zugangspasswort Ihres Kindes?
- Reden Sie mit Ihrem Kind regelmäßig über die Erlebnisse, die dieses im Internet hat?
- Reden Sie mit Ihrem Kind regelmäßig über die Chatbekanntschaften?
- Sind Sie im Haus, wenn Ihr Kind chattet?
- Verfügt Ihr Kind über einen eigenen PC mit Internetanschluss im Kinderzimmer?
- Wenn ja, wieso haben Sie Ihrem Kind einen Internetanschluss eingerichtet?
- Sind Sie selbst sicher im Umgang mit diesem neuen Medium?
- Fühlen Sie sich fit genug, Ihrem Kind in Fragen zu Chatfreunden, Chatangeboten oder auch dem Internet allgemein ein guter und vielleicht auch kritischer Gesprächspartner zu sein?

Erweiterter Fragenkatalog für Eltern, deren Kind noch nicht im Internet surft

- Ab welchem Alter halten Sie ihr Kind für persönlich so weit entwickelt, dass es beispielsweise die Darstellungen einer aus Versehen angeklickten Pornoseite unbeschadet verarbeitet? Gleiches gilt für Gewaltdarstellungen.
- Wie fit sind Sie und ihr Kind im Umgang mit der Vielfalt an Perversitäten, die sich nicht selten hinter harmlosen „Titeln" verbergen? (Pferdeliebe = Sodomie)
- Wie gehen Sie mit der Informationsvielfalt, die im Internet zu finden ist, um? Sind Sie selbst in der Lage, das für sie Wichtige und von Ihnen Gesuchte schnell zu finden? Wie schätzen Sie die Möglichkeiten Ihres Kindes ein, sich hier schnell zurechtzufinden?
- Wie werden Sie ihr Kind an das Internet heranführen oder schulische Aktivitäten diesbezüglich unterstützen?

Fragenkatalog für Schulen

- Erlauben Sie Kindern und Jugendlichen in der Schule zu chatten?
- Welche Art Nutzungsbedingungen haben sie mit den Kindern vereinbart?
- Welche Lehrinhalte und Lernziele wurden für den Einsatz des Internets erarbeitet?
- Was sollen die Kinder mittels Internet in der Schule lernen?
- Wurden die Lehrer, die das Internet im Unterricht einsetzen, für diese neue Aufgabe geschult?
- Was wissen die Lehrer an Ihrer Schule insgesamt über das, was Kinder im Internet machen und wie sie es benutzen?
- Gibt es an Ihrer Schule eine Vertrauensperson, die sich im Internet auskennt und den Kindern als Gesprächspartner zur Verfügung steht, auch wenn es einmal Probleme gibt?
- Wie schätzen Sie selbst den Wert des Internets im Zusammenhang mit dem Einsatz in der Schule ein?
- Sind die Eltern darüber informiert worden, dass die Kinder in der Schule im Internet surfen?
- Haben die Eltern ihr Einverständnis dafür gegeben, dass ihre Kinder in der Schule mit dem Internet „arbeiten"?
- Wie sieht es mit der rechtlichen Seite aus? Sind Sie fit in Sachen Jugendschutz und Internet?
- Haben Sie die Schüler und auch die Eltern über die „Schattenseiten" im Netz aufgeklärt?
- Wie sieht es mit der Betreuung ihrer Schüler während des Internetunterrichts aus.
- Haben Sie alles unter Kontrolle?
- Wer betreut Ihr Netzwerk?
- Sind Sie selber fit im Internet?
- Haben Sie eine Filtersoftware in Ihrem Netzwerk installiert und wird dieses regelmäßig auf den neuesten Stand gebracht?
- Wie sicher ist der schuleigene Server gegen Angriffe von außen und innen?
- Laufen Schüler- und Lehrernetzwerke getrennt?
- Wer betreut das Schulnetzwerk?
- Unterhält Ihre Schule eine schuleigene Homepage?
- Wenn ja, werden dort auch Bilder von Kindern veröffentlicht?
- Macht es wirklich Sinn eine schuleigene Homepage zu unterhalten? Wer schaut sich diese Homepage an?

Resümee Praxistest

Step V und letzter Schritt:

Nun geht es an die *Präventionsarbeit*. Am wichtigsten ist die Kommunikation des selbst Erlebten an Dritte. Im ersten Teil sollten dies andere Erwachsene sein. Familie, Freundeskreis, Lehrerkollegium … Es sollte nicht ganz unterschätzt werden, welche Spuren die Erlebnisse im Internet auch oder gerade bei Erwachsenen hinterlassen! Das Erlebte weiter zu tragen hat aber noch einen anderen Grund. Es wissen scheinbar immer noch zu wenige Menschen um die Dinge, die Kindern und Jugendlichen im Chat/Internet begegnen. Deshalb ist es wichtig, andere zu informieren. Zudem ist es so möglich, Strategien zu erarbeiten – vielleicht auf örtlicher Ebene. Suchen Sie sich „Verbündete"; schaffen Sie als Schulen oder Eltern Netzwerke, in denen man gemeinsam überlegt, wie man Kinder vor Übergriffen im Internet schützen kann. Wichtig ist es, dass man sich klar macht und fragt:

- Wie alt sollten Kinder mindestens sein, wenn man Sie an das Neue heranführt?
- Was sollen Kinder im Internet lernen?
- Was sollen Kinder mittels Internet lernen?
- Braucht die Schule eine Homepage?
- Wie gut sind die Erziehenden selbst vorbereitet, um Kindern den sinnvollen Umgang mit diesem Medium zu vermitteln?

Was ist zu tun, wenn „was passiert ist"?

Bitte „kein Drama schieben", sondern Normalität ist angesagt. Kinder und Jugendliche kennen sich sehr gut im Internet aus. Viele chatten schon seit Jahren und der Erfahrungsschatz ist dementsprechend.

Am sinnvollsten ist es, damit zu beginnen zu fragen, bzw. das Kind erzählen zu lassen. Sinn und Zweck sollte erst einmal sein, dem Kind oder Jugendlichen zu signalisieren, dass man gesprächsbereit ist. Bitte keine Unterhaltung erzwingen. Viele Kinder brauchen ein paar Tage, bis sie von sich aus – nach den ersten Ansätzen – wieder das Gespräch suchen. Manche erzählen wie ein „Wasserfall".Wenn ein Kind von „Sex-Kontakten" aus dem Chat erzählt, ist Ruhe angesagt. Ausreden lassen, zuhören und nachfragen. Aber alles in Ruhe und mit Gelassenheit. Das gleiche gilt im Zusammenhang mit Bildmaterial oder auch Homepages, die sich Kinder/Jugendliche vielleicht auf Empfehlung angesehen haben. Entscheidend ist die Frage, wie das Kind mit den Erlebnissen bisher umgegangen ist oder umgehen wird. Je weniger „Drama" in der Luft liegt, um so besser für das Opfer. Es ist im Einzelfall zu prüfen, ob eine Anzeige erstattet werden kann. Für manches Kind/manchen Jugendlichen ist dieser Schritt sehr wichtig. Eine Anzeige kann dem Opfer das Gefühl der Machtlosigkeit nehmen. Es kann sich wehren. Es handelt. Es ist ratsam, professionelle Hilfe hinzuzuziehen (örtliche Beratungsstellen), wenn Kinder/Jugendliche außergewöhnliche Reaktionen zeigen.

Bei der Gruppe von Kindern, bei der sicher keine Opfererfahrung vorliegt:

Bitte nicht mit der Geschichte vom „bösen schwarzen Onkel" einsteigen. Besser wäre das Internet mit dem Straßenverkehr zu vergleichen. Beispiel: Auch Internet muss man aufpassen und einige Regeln beachten, „um nicht unter die Räder zu kommen".

Bewusstsein schaffen

Erziehenden sollten sich selbst und letztlich vor allen Dingen auch den Kindern ein Bewusstsein für die Gefahren schaffen! Gerne darf aber auch einmal grundsätzlich darüber nachgedacht werden wie viel „Internet ein Kind braucht, um gesund erwachsen zu werden". Hierzu ein paar nützliche Hinweise:

Kindern und Jugendlichen das Bewusstsein dafür zu schärfen,
- dass der Chatfreund nicht mit dem Freund aus der Schule zu vergleichen ist
- dass der Chatfreund nicht angefasst oder angeschaut werden kann
- dass man die Stimme des Chatfreundes nicht hören kann und,
- dass man kann seine Gesten nicht deuten kann
- dass nichts, was der Chatfreund erzählt wahr sein muss
- dass nichts, was der Chatfreund schreibt, überprüft werden kann
- dass der Chatfreund deshalb nie die Qualität eines echten Freundes erreichen kann
- dass der Chatfreund immer ein Fremder bleibt, auch wenn ich ihm lange schreibe
- dass man sich sehr gut überlegen muss, wie man auf das von dem Chatfreund Gesagte im „richtige Leben" reagieren würde
- dass der Chatfreund schneller „vor der Haustür" stehen könnte, als einem lieb ist
- dass man via Internet die gleiche geringe Chance hat, den „Traumpartner" zu finden, wie über ein Zeitungsinserat
- dass es strafbar ist, anderen seine „Nackedei-WebCam-Bilder" zuzusenden, weil man gerade mal Lust auf Cybersex hat (jugendliche Bungee-Pädos)

- dass man den anderen im Internet ebenso begegnen sollte, wie man ihnen im „richtigen Leben" begegnen würde (keine sexuelle Anmache, Abwehr von sexueller Anmache)
- dass man sich gut überlegen sollte, wie man sich selbst im Internet darstellt, damit einen andere nicht zum „Sexspielzeug" (Ich-Bewusstsein) machen
- dass man sehr gut überlegen sollte welche Angaben man auf einer eigenen Homepage hinterlässt
- dass das Internet von jedem und von überall bedient werden kann und sich damit leider auch viele „üble Gesellen" hier herumtreiben
- dass man einer erwachsenen Person unbedingt etwas erzählen sollte, wenn es einem wegen einem Kontakt/Geschehnis im Internet oder über das Internet schlecht geht
- dass man auch einmal über eine anderen, vielleicht sinnvolleren Zeitvertreib nachdenken könnte, weil Chatten eigentlich ziemlich hohl ist und es fast immer nur um das eine geht.

Es sollte zukünftig mit dem Kind/Jugendlichen überlegt werden, welche Schutz-maßnahmen ergriffen werden können, damit es nicht zu Übergriffen kommen kann/ kommt. Leider gibt es nicht sehr viele Möglichkeiten – rein technisch betrachtet.

Natürlich kann man nach einer „blöden Anmache" dazu raten, den Chat-Raum wechseln oder sich einen neuen Namen zulegen. Das werden aber die wenigsten Kinder machen, weil sie dann ja nicht mehr von den „Chatfreunden" erkannt werden.

Es kann eine Filtersoftware installiert werden, die dann aber meist nur so gut funktioniert, wie sein Anwender sie pflegt (Update). Den beschriebenen Problemen mit Kindersicherungen und Filtersoftware zu begegnen, ist aber leider nur die halbe Miete. Denn diese technischen Hilfsmittel sind dafür konzipiert, Kinder und Jugend-liche vor für sie schädlichen Inhalten fernzuhalten. Die direkte Ansprache vom Täter zum Opfer wird hier nicht unterbunden.

Alternative Freizeitgestaltung

Vielleicht sollte man aber auch einfach mal ganz generell darüber nachdenken, ob es nicht andere Aktivitäten als das Internet gibt, die viel interessanter und sinnvoller sind – als zu chatten. Natürlich wird jetzt schnell wieder argumentiert, dass das doch alle machen und man sich als Eltern nicht verschließen könnte. Und der ganze Nutzen – Kommunikationsfähigkeit und die Rechtschreibung sollen – so wird das immer noch vermittelt – sich beim Chatten und durch den Internetgebrauch insgesamt verbessern. Dem spricht schon entgegen, dass im Internet nur in Kurzform, Wortfragmenten, „geredet" wird, ähnlich der SMS-Sprache. Zudem wird alles klein geschrieben. Die Wortwahl insgesamt ist einfach. Man könnte jetzt auf die Idee kommen, diese Form der Sprache als neue Jugendsprache zu bezeichnen, sie damit zu legitimieren und deshalb als wertvoll zu erachten. Nun ja, man könnte aber auch über den Verfall einer Sprache nachdenken und zu der Feststellung kommen, dass in Zeiten, in denen Kinder immer häufiger nicht mehr in der Lage sind, einfache Texte zu verstehen und wiederzugeben oder gar zwei zusammenhänge Sätze richtig zu formulieren, gerade das Chatten kontraproduktiv wirkt. Man könnte zudem darüber nachdenken, ob es in Zeiten in denen Kommunikationstrainer oder Projekte wie „Faustlos" eingesetzt werden, um schon Kinder auf den richtigen „Kommunikations-weg" zu führen, die zum Teil den Menschen verdinglichende Form der Kommunikation im Internet nicht vielleicht entgegenwirken.

„Lemming-Faktor"

Dem „Lemming-Faktor" hat das Internet sehr viel zu verdanken. Wer will schon unmodern sein, seine Kinder nicht an der modernen Welt teilnehmen lassen, ihnen gar Bildungswegen verschließen? Wer will sich schon mit pubertierendem Nachwuchs auf Diskussionen *über etwas von dem man nicht so ganz Bescheid weiß* einlassen, um dann letztlich von der Mutter der besten Freundin als rückständig bezeichnet zu werden.

Dialog-Erziehung

„Dialog" heißt das Zauberwort der modernen Mutter, um der Schmach, die von allen Seiten hereinzubrechen droht, zu entkommen. Die Dialog-Mutter bietet das Gespräch an, aber fordert nicht. Sie ist immer bereit zu reden, aber selten bereit zu handeln. Und wenn das Kind in den Brunnen gefallen ist, war man doch immerhin im Dialog ... Dass es durchaus Themenfelder gibt, bei denen sich mancher Dialog mit dem kreischenden Nachwuchs erübrigt, scheint bei dieser Form der Kommunikation von Eltern zu Kindern manchmal übersehen zu werden. Welcher erwachsene Mensch kann denn ernsthaft glauben, dass Kinder und Jugendliche die Risiken, die beispielsweise vom Chatfreund ausgehen, wirklich begreifen? Steht dem nicht zu viel Selbsterfahrungsdrang, Neugier gepaart mit mangelnder Lebenserfahrung und einer großen Portion Naivität entgegen? Ist es nicht bekannt, dass insbesondere Jugendliche sich gerne abgrenzen, Wege außerhalb des Elternhauses bewusst suchen und sowieso gegen alles sind, was „von den Alten" kommt? Kinder suchen und brauchen Grenzen, um zu lernen, sich selber richtig einzuschätzen. Sicher kann man diese Bestrebungen bis zu einem gewissen Punkt nachvollziehen und die Kinder kontrolliert „Erfahrungen sammeln lassen". Aber während Mami und Papi sich weiterhin im Dialog üben, übernimmt der Chatfreund sicher gerne die „Aufklärung" und oder die Weisung des rechten Weges. Muss der Dialog nicht irgendwann der Verantwortlichkeit weichen und eingeschritten werden, bevor „es" passiert? Anstatt hinterher zu lamentieren und womöglich dem kindlichen Opfer die Schuld zu geben …

Warum wundert man sich eigentlich über immer gewaltbereitere Jugendliche, kindliche Vergewaltiger, Erpresser …? Warum wundert man sich eigentlich über immer schlechter werdende Schulleistungen vornehmlich bei den männlichen Jugendlichen? (Pisa lässt grüßen) Gefragt werden sollte mal in Norwegen, warum die Schüler dort besser abschneiden. Sicher nicht, weil die Kinder dort alle im Internet arbeiten. Sicher aber doch, weil man in Norwegen viel mehr Geld in die Bildung steckt als in unserem Land.

Allgemeine Tipps und Kniffe

Um Belästigung per Mail aus dem Weg zu gehen, können Eltern für ihre Kinder E-Mail-Adressen einrichten, die nicht an einen Chat gebunden sind. Beispielsweise gmx.de oder web.de sind relativ Spam-frei und sicher. Passwörter müssen Eltern bekannt sein; nicht um nun ständig die Mail-Post zu kontrollieren. Vielmehr sollte der Zugang zur „Kinderpost" für den Notfall offen sein, „falls mal was passiert ist".

Allgemeine Internet-Begriffe

Cam (Web-Cam):	Die Cam (WebCam = WebCamera)-Funktion ermöglicht live den Austausch von viedeoähnlichen Bildern, die in Echtzeit übertragen werden
CamSex:	Sexueller Kontakt via WebCam
CamtoCam:	Beide Teilnehmer stellen die WebCam ein, so dass sich beide sehen können
Chatraum/Chatroom:	Virtuelles Gesprächsforum, an dem unterschiedliche viele User teilnehmen können. Alles, was in den so genannten Chatroom hineingeschrieben wird, kann von allen anderen mitgelesen werden
CS:	Cybersex
Mail:	Briefkontakt in der virtuellen Welt

Mail Messenger:	Briefkontakte sind auch ohne feste Mailbox über die Messenger-Funktion möglich
Mailbox:	Virtueller Briefkasten
Messenger/Messi:	Kommunikationsplattform, die es ermöglicht, via Internet zu telefonieren – Vioce –, die WebCam einzuschalten/sich anzusehen, ein Zweigespräch zu führen, oder auch zu mailen (Instant Messenger, Yahoo-Messenger, ICQ, MSN)
Pic:	Bild
Screen:	Benutzername im Internet/Chat
Scrollen:	das Bildschirmbild an der Leiste mit der Maus nach oben oder unten ziehen
Tel6:	Telefonsex
User:	Nutzer (im Internet)
Voice:	Mikrofon-Funktion, ein Telefonat via Internet
Zwiegespräch:	Je nach Provider (Anbieter) heißt diese Funktion auch Telegramm, Flüsterbox, Messenger … Im Zwiegespräch unterhalten sich immer nur zwei Personen. Nur die beiden Beteiligten können lesen, was geschrieben wird.

Nachtrag
Second Life

Second Life (zweites Leben) ist eine Spielplattform im Internet, die seit einem guten halben Jahr auch für deutsche Spieler zugänglich ist. Diese Spielplattform ist eigentlich erst ab 18 Jahren freigegeben, jedoch von Kindern und Jugendlichen jederzeit einfach zu erreichen, weil keine Alterskontrollen beim Betreten „des zweiten Lebens" durchgeführt werden. Wie lebt es sich in dieser Welt?

Auszug aus der Beschreibung von Second Life im Internet:

Second Life ist eine virtuelle Welt – eine dauerhaft bestehende 3D-Umgebung, die vollständig von ihren Bewohnern erschaffen und weiterentwickelt wird. In dieser gewaltigen und schnell wachsenden Onlinewelt können Sie praktisch alles erschaffen oder werden, was Sie sich vorstellen können. Durch die integrierten Tools für die Inhaltserstellung sind Ihrer Kreativität keine Grenzen gesetzt, und Sie können Objekte in Echtzeit und in Zusammenarbeit mit anderen erstellen. Eine unglaublich detaillierte, digitale Figur („Avatar") ermöglicht es Ihnen, durch zahlreiche Einstellungen Ihre Persönlichkeit in Second Life auf vielfältige Weise auszudrücken. Die realitätsnahe Simulation der Umgebungsphysik in Second Life, die auf einem Backbone aus Hunderten miteinander verbundenen Computern ausgeführt wird und mit der Bevölkerung wächst, lässt Sie in eine lebensechte, interaktive Welt eintauchen, die mehrere zehntausend Hektar umfasst. Sie können 3D-Inhalte entwerfen und verkaufen, Land erwerben und bebauen, und Sie können virtuelles Geld in Form einer Mikrowährung verdienen, die in reales Geld umgetauscht werden kann. Mit anderen Worten: Sie können innerhalb von Second Life ein echtes eigenes Unternehmen aufbauen.

   Sind Sie neugierig geworden, wie diese farbenfrohe Welt, in der der Fantasie keine Grenzen gesetzt sind, wohl aussieht? Die Second Life-Software ist einfach zu installieren, das Erkunden der Welt ist ein Kinderspiel, und darüber hinaus erwarten Sie in Second Life viele freundliche Bewohner, die Ihnen bei den ersten Schritten gerne behilflich sind.

Wenn Sie 3D-Entwickler, Unternehmer, Künstler, Spiele- oder Softwareentwickler sind, wird Sie Second Life mit Sicherheit begeistern. In Second Life können Sie Ihrer Kreativität freien Lauf lassen wie sonst in keiner anderen Onlinewelt. Treten Sie ein, suchen Sie einen „Sandbox"-Bereich, und beginnen Sie mit dem Entwurf eigener Objekte.

Die Möglichkeiten in Second Life sind nahezu unbegrenzt. Hier einige Beispiele:

Erkunden Sie ...
Eine grenzenlose Welt voller Überraschungen und Abenteuer

– Erforschen Sie eine lebendige 3D-Landschaft voller erstaunlicher Orte und fesselnder Sehenswürdigkeiten.
– Besichtigen Sie Wohngegenden, Einkaufszentren, Nachtclubs, Sportstadien, Kirchen, Bibliotheken und noch vieles mehr. So ziemlich alles, was es in der realen Welt gibt, werden Sie auch in Second Life finden.
– Erleben Sie Abenteuer in Schlössern, Raumstationen, Verliesen, Städten im Wilden Westen oder hoch oben in den Wolken. Lassen Sie Ihre Träume lebendig werden.
– Gehen Sie zu Fuß, fahren Sie mit dem Zug, oder reisen Sie in einem Flugzeug oder einer fliegenden Untertasse. Gondeln, Sportwagen, mechanische Einhörner, mächtige Schlachtschiffe, Riesenschnecken, qualmende Riesenroboter oder Besen, die durch die Lüfte fliegen mit einer Prise Sternenstaub. Sie können sich aber auch allein mit der Kraft Ihres Willens fortbewegen, denn jeder Bewohner in Second Life besitzt die angeborene Fähigkeit der Teleportation und des Fliegens.

Erschaffen Sie ...
Alles, was Sie sich vorstellen können

– Ändern Sie das Aussehen Ihrer Figur nach Belieben: Ein fantastischer Superheld, ein mythisches Ungeheuer oder einfach ein Spiegelbild Ihrer selbst sind nur ein paar der vielen Möglichkeiten.
– Ändern Sie Ihre virtuelle Welt mit einfachen, aber leistungsstarken Tools für die Erstellung von 3D-Objekten: Bauen Sie Häuser, entwerfen Sie Einrichtungen, Kleidung, Schmuck oder Kunstgegenstände.
– Machen Sie sich mit der Linden Script Language vertraut, und hauchen Sie Ihren Schöpfungen Leben ein: Erstellen Sie Kanonen, die abgefeuert werden können, oder Fahrzeuge, mit denen Sie zu Wasser, zu Lande oder in

der Luft reisen können. Entwickeln Sie in Second World abwechslungs-reiche Spiele aus Ihrem Lieblingsgenre.

- Arbeiten Sie zusammen mit anderen Bewohnern an verschiedensten Projekten. Bauen Sie gemeinsam eine komplette Stadt, oder entwickeln Sie ein professionelles Spiel.

Kaufen und verkaufen Sie ...
Virtuelle Waren und Dienstleistungen

- Investieren Sie Zeit und Ideen in ein vollständig integriertes Wirtschafts-system.
- Machen Sie Werbung für Ihre Produkte, und verkaufen Sie sie an Konsumenten in einer Onlinewelt, deren Bevölkerungszahl mit der einer Stadt vergleichbar ist.
- Tauschen Sie Ihre Linden-Dollar gegen echtes Geld und umgekehrt.
- Spenden Sie Ihre Einkünfte für Projekte in Second Life oder für gemeinnützige Zwecke und Organisationen in der realen Welt.
- Entscheiden Sie selbst, wie sehr Sie im realen Leben von Ihren Anstrengungen in Second Life profitieren möchten.

Treffen Sie Leute ...
Neue und interessante Menschen warten auf Sie

- Schließen Sie sich einer ständig wachsenden und vielfältigen Community an, und lernen Sie Menschen aus aller Welt kennen.
- Haben Sie Spaß und seien Sie aktiv, gemeinsam mit anderen Bewohnern in einer kurzweiligen Onlinewelt.
- Feiern Sie, solange Sie möchten, in Nachtclubs, auf Modenschauen, einer Vernissage oder auf extravaganten Kostümbällen.
- Werden Sie Gastgeber bei gesellschaftlichen Anlässen, sei es, um neue Bekanntschaften zu machen, Spaß zu haben oder Geld zu verdienen.
- Verlieben Sie sich, heiraten Sie in einem virtuellen Standesamt, und geben Sie öffentlich Ihre Verbindung mit Ihrem Second Life-Partner bekannt.

Spielen Sie ...
Second Life bietet Spiele jeder Größe und jeden Genres

- Nehmen Sie in Second Life mit anderen oder allein an Dutzenden von Spielen teil, die von Gamern für Gamer entwickelt wurden.

- Stellen Sie sich der Herausforderung, und spielen Sie mit anderen Bewohnern Ego-Shooter, Fantasyrollenspiele, Puzzle- und Strategiespiele, die alle von Bewohnern in Second Life selbst entwickelt wurden.
- Gehen Sie auf Schatzsuche, und durchforsten Sie die Welt nach den überall versteckten Gegenständen, oder nehmen Sie an mörderischen Verfolgungsjagden teil, in denen jeder Bewohner plötzlich zum tödlichen Gegner werden kann!
- Vertreiben Sie sich die Zeit mit Brettspielen oder bei Abenteuern mit spannenden Geschichten, oder nehmen Sie an Gesellschaftsspielen teil, die Ihre Geschicklichkeit und Ihr Glück herausfordern.

Besitzen Sie ...
Eigenes Land und die Früchte Ihrer Arbeit und Kreativität

- Schaffen Sie sich eine solide Grundlage. Behalten Sie die Rechte an allen Dingen, die Sie in Second Life entwerfen und erstellen.
- Kaufen, verpachten und verkaufen Sie Land.
- Bebauen Sie Ihren Grundbesitz, sei es für private oder geschäftliche Zwecke oder für Projekte aller Art.
- Nehmen Sie an Onlineauktionen teil, und ersteigern Sie die Dinge, die Sie benötigen.
- Sie behalten die Rechte am geistigen Eigentum für alle Objekte, die Sie in Second Life entwerfen. Die Früchte Ihrer Arbeit gehören Ihnen ganz allein.

Die Basisversion dieser „Zweiten Welt" lässt sich kostenlos besuchen. Für ein paar Dollar kann jeder Mitspieler zum Beispiel das Recht erwerben unabhängig zu bauen. Möchte man die „Premium-Version" spielen, so kostet das schon ein bisschen mehr, dafür kann man aber beispielsweise auch auf dem Land bauen und zwischen „Klimazonen" wählen oder gleich eine ganze Insel erwerben, auf der man sich „einen Vergnügungspark meiner Träume" bauen kann ...

Die Faszination dieser „Zweit-Welt" auf Menschen jeden Alters scheint sehr groß zu sein, denn täglich kann Second Life tausende neue Mitglieder registrieren.

Die hier so positiv und harmlos anmutende Internet-Welt scheint allerdings auch ein paar Schattenseiten zu haben. So erschienen erst kürzlich bundesweit Berichte in unterschiedlichen Medien, die von sexueller Gewalt gegen Kinder berichteten – verübt, live in der virtuellen Welt:

Zitat „Der Tagesspiegel" vom 09. 05. 2007 (S. 32):

Mitten in einem dichtbebauten Gebiet auf der Hauptinsel von „Second Life"
tut sich eine Lichtung zwischen den virtuellen Bauwerken auf: Villen, Casinos,
Denkmäler – und dann ein offener Platz. Ein freies Grundstück in einem der an-
gesagtesten Bezirke von „Second Life"? Der Grund erschließt sich, wenn man in
die Luft geht. Für einen Avatar, so nennt man die virtuellen Spielfiguren in
„Second Life", kein Problem. Es sieht ein wenig so aus, wie die fliegende Insel
aus der Verfilmung von „Gullivers Reisen". Das Eiland dürfen nur Mitglieder
betreten. Der Nachbar des Grundstücks weiß, was auf der geheimen Insel los ist:
Das sei ein Club für virtuellen Sex. Mittlerweile sei das ein offenes Geheimnis,
dass dort Avatare mit dem Äußeren von Kindern virtuellen Geschlechtsverkehr
haben …

… Avatare können jede beliebige Gestalt annehmen, auch die von Kindern.
Und einige Spieler nutzen das in „Second Life" für abartige Praktiken, stellen sich
zum Beispiel mit ihrem Kinderavatar Pädophilen als Sexpartner zur Verfügung.
„Age Play" wird diese Praxis genannt … Es sei vor allem problematisch, dass
auch Kinder und Jugendliche „Second Life" uneingeschränkt nutzen könnten …

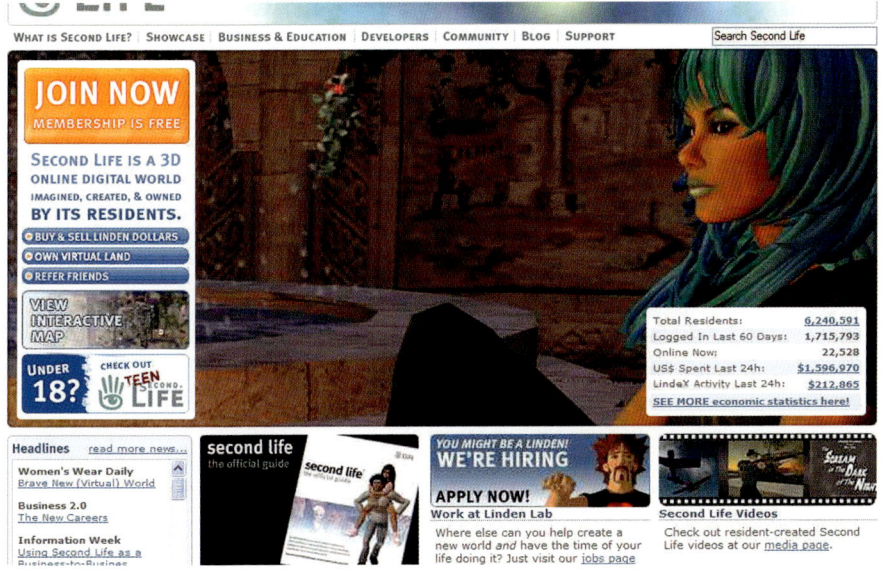

Second Life … Wer nicht fest mit beiden Beinen im Leben steht,
kann hier schnell zu Fall kommen …

Einzelfälle? Das wird man kaum annehmen können, wenn man das „Vorlauf-Prozedere" von Second Life im Internet betrachtet. Der Umgang in Chatrooms, die Möglichkeiten der „Spiele" oder auch die Präsentation von Menschen über Homepages ließ schon länger den Schluss zu, dass sich so mancher User leider ungünstig entwickeln würde. Die Vorkommnisse in „Second Life" zeigen sehr präzise, welche Folgen die Nutzung der „grenzenlosen" zweiten Welt haben kann und lässt grob erahnen, wie grenzenlos die Möglichkeiten unterschiedlicher Persönlichkeiten und deren individueller Entwicklung noch sein können.

Die Illusion, das eigene „kleine Leben" für ein paar Stunden täglich abstreifen zu können und in einer unkontrollierten Welt, in der fast alles frei zu haben ist, „zu leben", wird für manche Menschen nicht nur zur Sucht werden. Wer in dieser Welt abtaucht und nicht fest mit „beiden Beinen im Leben steht", läuft Gefahr, sich vielleicht irgendwann in keiner Welt mehr wirklich zurechtzufinden. Die Neu-Kreation des eigenen „Ichs" wird manchen vielleicht dazu verführen, seine reale Existenz wie eine bereits gebraucht Diskette zu überschreiben und weitestgehend zu verdrängen/abzulegen. Die grenzenlosen Möglichkeiten, sich in dem virtuellen zweiten Leben entfalten zu können, wird vielleicht zudem dazu führen, dass weit mehr Menschen als bis heute gedacht zu menschlichen „Monstern" mutieren, deren Handlungsweisen und Motivationen nicht nachvollziehbar erscheinen.

Beate Krafft-Schöning, Mai 2007

Nachschlag
Offene Gedanken

Wir haben dieses Buch geschrieben, um aufzuklären. Sicher geht es nicht darum, das Internet beziehungsweise Medien allgemein zu verteufeln. Aber sicher muss es jedem verantwortlich Erziehenden darum gehen, dass das Internet mit seinen Möglichkeiten der Entfaltungsfreiheit des Individuums, gepaart mit unbeschränkt zugänglichen Informationen, nur „abgesichert" in Kinderhände gegeben wird. Generell muss künftig sicher auch über den Umgang von Kindern mit Medien nachgedacht werden, denn

- Medienkonsum kann einen Menschen verändern,
- Medienkonsum kann süchtig machen,
- Medienkonsum kann krank machen,
- Medienkonsum kann dazu führen, dass Menschen anderen Menschen Schaden zufügen.

Keine Mutter und kein Vater würden ihrem Kind ein Spielzeug schenken, wenn auf der Verpackung die oben genannten „Hinweise" vermerkt wären … oder doch? Wenn man den politischen, schulischen und elterlichen Umgang mit den Medien der „Jugend" so betrachtet, könnte man den Eindruck haben, als hätten die Verantwortlichen die „Hinweise" *und* die Spielanleitung weder gelesen noch begriffen. Dabei erscheint „das Spiel" erfrischend einfach, bunt und lehrreich. Und wird auch so verkauft und immer wieder gerne genommen.

Jedes Pharmaunternehmen würde die Zulassung für ein Medikament mit derartigen Nebenwirkungen und nachweisbaren Opfern verlieren. PC-Spiele-Produzenten, Internet-Provider und Handyanbieter machen, trotz steigender Opferzahlen, munter Kasse. Und das, obwohl die „Nebenwirkungen" mittlerweile bekannt sind. Jedenfalls dem, der kritisch nachfragt.

Der, der bis heute auf so genannte Fachleute vertraut, deren Motivation *für* ein bestimmtes Mediums zu sprechen, nicht ganz klar ist, ist sicher selber daran Schuld, wenn er nicht wirklich aufgeklärt wird. Der, der den staatlichen Stellen glaubt, die mit der Bildung der Jugend betraut sind, darf seine Hände insoweit in Unschuld waschen, als er davon ausgehen muss, dass hier „Fachleute" tätig sind. Doch leider haben diese so genannten „Fachleute" in den allermeisten Fällen nicht wesentlich mehr Ahnung von der Materie als er selbst.

Es mutet ein wenig grotesk an, dass ausgerechnet im Medien- und Informationszeitalter so viel Unkenntnis zu so einem so gigantisch großen und für Kinder und Jugendliche so gigantisch wichtigen Themenkomplex vorherrscht. Oder führen zu viele Informationen und zu schnelle Entwicklungen vielleicht zu immer mehr Unkenntnis und Desorientierung?

Sicher ...

... erhält man nirgends so viele Informationen, wie im Internet ...

... kann das Internet die kulturelle und sprachliche Vielfalt fördern ...

... bietet das Internet eine schnelle und kostengünstige Kommunikation ...

... kann das Internet soziale Randgruppen oder auch Behinderte und ältere Mitbürger integrieren ...

... bietet das Internet viele Möglichkeiten zur beruflichen Orientierung oder auch Qualifikation ...

... nutzt der eine oder andere die neuen Möglichkeiten auch zu den oben aufgeführten Zwecken ...

... kann man mit PC-Spielen auch spielend lernen und sich amüsieren ...

... kann man mit einem Fotohandy tolle Urlaubsbilder machen ...

... nur ...

– leider boomen im Internet nicht gerade die Bildungs- oder Kulturangebote, sondern Sex and Crime.

– leider boomen in der Spiele-Szene nicht gerade pädagogisch wertvolle Lernspiele, sondern vielfach frauenfeindliche Gewaltspiele.

– leider boomen auf dem Handymarkt nicht kindersichere Handys, die lediglich den Zweck erfüllen, mal schnell zu Hause anzurufen, um von der Schule abgeholt zu werden. Nein, es muss das Hochleistungsteil sein, mit dem ich auch mal die Vergewaltigung der Mitschülerin im Bild festhalten werden kann.

Es ist Zeit, hinter die Kulissen zu schauen und den Medienkonsum von Kindern und Jugendlichen sehr genau und vor allen Dingen kritisch unter die Lupe zu nehmen. Es ist fast zu spät, um die destruktive Entwicklung einer Generation, die bereits die neue Medienwelt in vollen Zügen genossen hat, aufzuhalten. Es scheint sehr wahrscheinlich, dass der bisher so freizügige Umgang, den Kinder und Jugendliche mit Internet und Handys pflegen, noch andere Folgen haben wird als die bisherigen „Erscheinungen".

Wahrscheinlich sind wir erstmalig in der Geschichte der Menschheit mit dem Phänomen konfrontiert, dass sich eine ganze Generation von Kindern in einer Welt – der Welt der neuen Medien – bewegt – quasi darin lebt –, von der ihre Eltern, medienweltlich völlig separiert – keine Vorstellung haben. Lediglich die Auswirkungen dieser Entwicklungen, die teils ausschließlich durch den massenhaften Konsum von Internet, Spielen und Handys möglich wurden, bekommt die Gesellschaft hin und wieder zu sehen. Kinder, die vergewaltigen, Kinder, die Amok laufen, Kinder, die sich am Leid anderer ergötzen. Die Empathie sinkt und die Gewaltbereitschaft steigt. Ähnlich verhält es sich mit Lern- oder auch den sozial emotionalen -Fähigkeiten ganz allgemein.

Wie viel Zeit will man dem „Experiment" noch geben? Die Probanden sind doch bereits außer Rand und Band. Und was machen die Laborchefs? Sie freuen sich, wenn sie PC's und Internetzugänge „geschenkt" bekommen – für die Bildung der Jugend. Sie diskutieren, welches Ballerspiel gut und welches schlecht ist. Und sie lamentieren gegen die hysterischen Kritiker, die nicht reif genug für die Moderne zu sein scheinen. Alte Werte werden über Bord geworfen, alte Zöpfe abgeschnitten. Immer hinein die Welt der Dauer-Stimuli und Rastlosigkeit. Aber bitte nicht wundern, wenn der Konsum von Psychopharmaka bei Grundschülern weiter steigt und immer mehr Kinder an ADS leiden. Wer modern sein und mithalten will, sollte keine Fragen stellen, der Masse folgen und opferbereit sein. Denn die Moderne kostet. Nicht nur eine Menge Geld, sondern auch eine Menge „heiler Kinderseelen". Aber keine Sorge, die werden ja auch mal groß. Und pflegen dann im Altersheim die liebe Mutter, den lieben Vater und den alten Lehrer, oder vielleicht doch nicht? Naja, die Hoffnung stirbt zuletzt. Hoffen wir mal darauf, dass die Pfleger von Morgen nicht zu schnell zur erlösenden Spritze greifen, weil ihnen das Leben der lieben Mutter, des lieben Vaters oder des alten Lehrers schlichtweg zu teurer oder nutzlos erscheint oder einfach zu viel Arbeit macht. Gelernt ist gelernt. Weg mit Schaden, die Schwachen halten nur auf und „nur die Harten komm' in Garten".

Vielleicht wäre es unter anderem auch im Hinblick auf „Ausfälle" wie in Emsdetten oder Wetter doch einmal dringend an der Zeit, über einen sinnvollen und verantwortungsvollen Umgang mit den neuen Medien und den dadurch gegebenen Möglichkeiten und Gefahren für Kinder nachzudenken. Aufklärung, Prävention und auch Verbote wären sicher sinnvoll, um Kinder und Jugendliche zu schützen.

Wir haben sehr viel zu verlieren. Wenn wir heute nicht handeln, heißt es morgen vielleicht „Game over!" Lernen wir aus der Vergangenheit und der Gegenwart für die Zukunft unserer Kinder!

Weitere Veröffentlichungen von den Autoren

„Jugendschutz im Internet", (Rainer Richard, Weka Verlag)

www. kindersindtabu.de (2001, Beate Schöning)

Chat-Guide für Erwachsene (2001, Beate Schöning)

Chat-Guide für Kinder/Jugendliche (2001, Beate Schöning)

„NetFriends" – eine Jugenddokumentation für die Präventionsarbeit in Schulen und Jugendeinrichtungen (Unterstützt von der Stiftung „Wir helfen", Köln, 2003, Beate Schöning)

„Net(t)Chat" – eine Dokumentation für die Aufklärungsarbeit mit erwachsenen Erziehenden (Lehrer, Eltern, Erzieher, Polizisten u. v. m., 2004, Beate Schöning)

Die Autoren

Beate Krafft-Schöning (41), Journalistin, recherchiert seit dem Jahr 2000 im Internet zum Thema „Sexuelle Gewalt gegen Kinder im Internet". Eher zufällig stieß sie, durch einen Hinweis aus dem World Wide Web, auf die hier gegebenen Missstände. Seither bemüht sie sich durch weitere Recherchen und Veröffentlichungen der Problematik in Zusammenarbeit mit unterschiedlichen Medien (TV, Print, Hörfunk), in Vorträgen für Eltern, Kinder, Schulung von Fachpersonal (u. a. Lehrer, Erzieher, Polizei) und selbst entwickelten Präventionsmitteln um Aufklärung und Prävention.

Rainer Richard (47), Kriminalhauptkommissar und IT-Sachverständiger beim Polizeipräsidium München. Deutschlands erster Internet-Fahnder. Durch die tägliche Konfrontation mit den dunklen Seiten des Internets kristallisierte sich schon schnell das Bedürfnis heraus, Aufklärungsarbeit bei Eltern und Erziehungsberechtigten durchzuführen. Seit 1996 engagiert sich der Familienvater insbesondere in seiner Freizeit bei der Weiterbildung von Eltern und Lehrern zum Thema Jugendmedienschutz.

'Er'-lesene Kompetenz
zum Thema 'Jugend und Medien'

suchen · finden · nutzen

www.vistas.de

Der Medienverlag